航母舰载机着舰风险
分析与控制技术

王立鹏　朱齐丹　张　智　张　雯　著

哈尔滨工程大学出版社

Harbin Engineering University Press

内 容 简 介

本书共分为9章，分别为舰载机着舰数学模型、航母运动及舰尾流场数学模型、舰载机着舰区域空间及综合仿真平台、舰载机飞行员着舰行为模型、舰载机着舰风险建模技术、舰载机进场飞行风险建模技术、舰载机复飞风险建模技术、舰载机人工着舰抑制风险控制技术、舰载机自动着舰抑制风险控制技术。本书各章均从数学模型及仿真数据分析角度对相关信息做深入描述。

本书既可为舰载机飞行控制研究人员提供技术指导，也可供海军航空兵学习参考使用。

图书在版编目(CIP)数据

航母舰载机着舰风险分析与控制技术/王立鹏等著. —
哈尔滨：哈尔滨工程大学出版社，2020.8
ISBN 978 – 7 – 5661 – 2721 – 1

Ⅰ．①航… Ⅱ．①王… Ⅲ．①航空母舰 – 舰载飞机 –
自动着陆控制 – 风险分析 Ⅳ．①V271.4

中国版本图书馆 CIP 数据核字(2020)第 143941 号

选题策划　唐欢欢　雷　霞
责任编辑　张玮琪　张如意
封面设计　博鑫设计

出版发行　哈尔滨工程大学出版社
社　　址　哈尔滨市南岗区南通大街 145 号
邮政编码　150001
发行电话　0451 – 82519328
传　　真　0451 – 82519699
印　　刷　哈尔滨市石桥印务有限公司
开　　本　787 mm×960 mm　1/16
印　　张　16.75
字　　数　322 千字
版　　次　2020 年 8 月第 1 版
印　　次　2020 年 8 月第 1 次印刷
定　　价　75.00 元

http://www.hrbeupress.com
E-mail：heupress@ hrbeu.edu.cn

前　　言

在近现代战争中,航空母舰(后简称航母)一直发挥着巨大作用。1950 年朝鲜战争爆发,美军发动了著名的仁川登陆战,使朝鲜人民军陷入被动,扭转了战局。在中国人民志愿军入朝作战之后,美海军以其强大的海基航空兵,一直袭扰中国人民志愿军的后方补给线。

1955—1975 年间发生的越南战争,与越南民主共和国(北越)的简陋航空装备相比,美军以其强大的海基航空兵,在保持制空权的同时,肆无忌惮地对北越的地面目标实施空袭,并且对地面部队实现近距离的火力支援。

1990—1991 年的海湾战争期间,伊拉克在入侵科威特后不到一个小时的时间内,美国海军就以艾森豪威尔号航母和独立号航母两只航空母舰编队,组成具有强大火力的航母战斗群,派往海湾地区,这显示出航母可以作为美军快速反应部队的先头部队,实现全球性军事干预。美军出动 A - 10 等舰载攻击机对伊拉克地面部队进行全天候的打击,而著名的重型舰载战斗机 F - 14 和多用途舰载机 F/A - 18 负责空中掩护任务,日出动量达到 2 000 ~ 3 000 架次。据美军统计,在联合国多国地面部队开始进攻时,入侵科威特地区的伊拉克部队由于美军的空中打击而造成的伤亡达到 1/4 以上,重型装备损失达到 30% ~ 45% 。可见航母是美军快速反应的有利和有效工具。

在舰载机所有工作阶段中,引导着舰阶段的危险系数最高,最容易出现严重事故,因此舰载机着舰安全性问题是航母最重要的技术问题之一。舰载机进舰着舰过程充满风险,进场飞行阶段的状态偏差容易造成舰载机撞舰事故或无法钩索而复飞,着舰末段的落点偏心偏航容易造成阻拦索断裂或舰载机因左右受力不均而侧翻,因此有效分析引导着舰过程风险和采取相应的控制措施,对着舰过程安全性的研究具有重大的理论研究和实际应用意义。本书将以舰载机着舰安全性为研究目标,针对人工着舰方式和自动着舰方式,分别开展风险分析并采取有针对性的控制措施抑制风险。本书中舰载机的相关数据来自已公开的美国 F/A - 18 大黄蜂舰载机相关文献,航空母舰的相关数据来自已公开的美国小鹰号航空母舰相关文献,书中其他数据均是在 F/A-18 大黄蜂舰载机及小鹰号航空母舰数据的基础上开展计算机仿真后所得。

本书共分为 9 章,分别介绍舰载机着舰数学模型、航母运动及舰尾流场数学模型、舰载机着舰区域空间及综合仿真平台、舰载机飞行员着舰行为模型、舰载机着舰风险建模技术、舰载机进场飞行风险建模技术、舰载机复飞风险建模技术、舰载机人工着舰抑制风险控制技术、舰载机自动着舰抑制风险控制技术。

本书的研究工作得到了国家自然科学基金(61803116,61603110)、中央高校基本科研业务费专项资金(3072019CFJ0405,3072020CF0410)的资助,在此表示特别感谢。

本书得到了下列人员的仔细审查:刘志林、孟浩、原新、蔡成涛、陆军、苏丽、王立辉、吕晓龙、曾博文、杨震、栗蓬、闻子侠、姜星伟、董然、鲁鹏、杨智博、李莹,在此一并表示衷心的感谢。

希望本书的基础研究工作成果会对我国从事航空母舰研究的专业技术人员有所帮助,为我国航空母舰事业的发展做出贡献。

著　者

2020 年 6 月

目　　录

绪论 ……………………………………………………………………… 1

第1章　舰载机着舰数学模型 …………………………………………… 15

　　1.1　着舰过程相关坐标系 ………………………………………… 15

　　1.2　舰载机进舰着舰运动模型 …………………………………… 19

第2章　航母运动及舰尾流场数学模型 ……………………………… 25

　　2.1　航母运动模型 ………………………………………………… 25

　　2.2　航母舰尾流场模型 …………………………………………… 27

第3章　舰载机着舰区域空间及综合仿真平台 ……………………… 35

　　3.1　安全着舰区域 ………………………………………………… 35

　　3.2　纵向回路安全着舰窗口 ……………………………………… 36

　　3.3　横向回路安全着舰窗口 ……………………………………… 40

　　3.4　舰载机着舰综合仿真平台构建 ……………………………… 44

第4章　舰载机飞行员着舰行为模型 ………………………………… 46

　　4.1　飞行员着舰行为建模原理 …………………………………… 46

　　4.2　重要信息感知模型 …………………………………………… 50

　　4.3　关注模式协调策略 …………………………………………… 54

　　4.4　操纵动作随机误差概率模型 ………………………………… 58

　　4.5　飞行员模型仿真分析 ………………………………………… 62

第5章　舰载机着舰风险建模技术 …………………………………… 78

　　5.1　舰载机着舰横向风险建模 …………………………………… 78

　　5.2　舰载机着舰纵向风险建模 …………………………………… 112

第6章　舰载机进场飞行风险建模技术 ……………………………… 130

　　6.1　进场飞行风险建模原理 ……………………………………… 130

　　6.2　进场飞行风险样本数据 ……………………………………… 131

　　6.3　进场飞行风险数学模型 ……………………………………… 139

第7章 舰载机复飞风险建模技术 ·················· 145

7.1 复飞风险建模原理 ·················· 145

7.2 复飞风险建模区域的选取 ·················· 146

7.3 复飞风险样本集的处理 ·················· 153

7.4 基于 BP 神经网络的纵向风险评价 ·················· 159

7.5 基于最大剩余净高的复飞风险定义 ·················· 166

7.6 复飞风险模型综合分析 ·················· 169

第8章 舰载机人工着舰抑制风险控制技术 ·················· 177

8.1 构建 LSO 指令集及飞行员响应动作策略 ·················· 178

8.2 人工着舰下 LSO 与飞行员协同仿真 ·················· 194

第9章 舰载机自动着舰抑制风险控制技术 ·················· 200

9.1 舰载机进场动力补偿系统和甲板运动补偿系统设计 ·················· 201

9.2 基于预测控制的自动着舰引导律设计 ·················· 208

参考文献 ·················· 251

绪　　论

一、舰载机的重要意义

与其他作战工具相比,舰载机具有快速出入战场,实施高效打击的能力,用于打击空中、水面、水下和地面作战目标,而航母作为舰载机的搭载平台,几乎可以将舰载机的作战半径扩大到地球的每一个角落。因此,航母是海军夺取和保持制空权、制海权的重要工具。航母的快速发展始于第二次世界大战中日本海军与美国海军在太平洋的几次大规模海战,如珍珠港海战、珊瑚海海战、中途岛海战及菲律宾海战,都体现了航母作为舰载机运载平台的巨大作用。航母不仅可以夺得制海权保障海上运输线的安全,还可以为登陆部队提供空中支援。这预示着"巨舰大炮制胜理论"时代的结束,航母时代的到来。

航母是军队快速反应的有利和有效工具,航母战斗群有很强的战斗力,是因为它所搭载的舰载机有很强的攻击性,如美国海军的 E－2C 舰载预警机用于探测并获取战场信息;F/A－18 大黄蜂舰载机定位于夺取制空权与对地支援。与岸基战机的特点不同,航母上用于降落战机的斜角甲板仅有 200 多米,而用于起飞的飞行甲板也仅为 300 多米。现代战机主要以喷气式战机为主,一般在岸上跑道需要滑跑上千米的距离才能起飞。因此,现代航母尝试搭载垂直起降的舰载机,而垂直起降方式的舰载机如鹞式战机,其最大缺点是以垂直方式起飞时耗油量较大,这就制约了鹞式战机的航程、作战半径和载弹量,由此引起的后勤保障也较困难。因此,主流的舰载机以固定翼战机为主。例如美国海军的航空母舰,采用加装蒸汽弹射器的方法减小舰载机起飞距离,采用增加阻拦系统的容量来阻拦现代战机。20 世纪 50 年代苏联也着手研制舰载机,苏联的舰载机主要是苏－33,它采用鸭式的气动布局来提高起飞和着舰时的升阻比,改善舰载机起飞和着舰性能。但是与美国海军的舰载机相比,苏－33 在某些方面处于劣势,如美国海军使用弹射起飞,舰载机可以挂载更多的燃油和弹药;而苏联海军使用滑跃起飞,这会导致舰载机的起飞质量受到限制,因此在燃油和弹药的挂载量方面不及美国海军舰载机。舰载机从起飞到着舰过程中最危险的环节是着舰环节。首先,舰载机的着舰环境很恶劣,舰载机要在较强的气流干扰下降落在 200 多米长的斜角甲板上,而且由于受海浪的影响,航母的船体也会产生相应的横摇、纵摇、偏航和垂荡运动,造成舰载机跟踪理想航迹比较困难。其次,飞行员在着舰过程中容易受到各种因素的干扰,使着舰航迹受到影响。舰载机着舰要求尾钩必须挂住布置在航空母舰斜角甲板上四道绳索中的一道。如果尾钩落地点与理想着舰点之间距离过大会很危险,容易造成事故率。美军官方公布的 1964 年的着舰事故统计数据表明:舰载机在白天着舰的事故率高达 0.031% ,在夜间的着舰事故率高达 0.1% 。为了降低舰载机的着舰事故率,美国海军一直致力于研究一种全自动的安全着舰系统,这种系统受能见度、天气、自然环境等因素影响较小。美军称这种系统为舰载机自动着舰系统(automatic carrier landing system, ACLS)。

航母已成为海军的核心战斗力量,是获得制海权、制空权的有效工具[1],可有效地开展反舰、反潜、防空、对地攻击任务,其攻击效果是海军其他舰艇无法比拟的[2]。数十年以来,美国航母始终像幽灵一样游荡在中国周边,现在仍保留了 10 艘航母,其中,"斯坦尼斯号"和"里根号"常驻亚太地区,遏制中国的意图昭然若揭[3-4]。而自 2012 年辽宁号航母正式服役起到 2016 年 10 月首艘国产航母开展设备安装,我国航母事业在有条不紊地推进,特别值得一提的是 2012 年 11 月 23 日,我国国产舰载机飞鲨歼 – 15 由海军某舰载航空兵部队长戴明盟操控,首次实现在辽宁号航上成功着舰和起飞的测试任务,这是我国航母舰载机着舰技术标志性的里程碑。

航母拥有火力强大、数量众多的舰载机,可实现有效的军事打击,而舰载机的安全性问题也是航母最重要的技术问题之一,在舰载机所有工作阶段中,进场着舰阶段的危险系数最高,也是最容易出现严重事故的阶段[5]。在舰载机着舰过程中,影响其安全性的因素有以下五方面:第一,舰载机着舰过程时间较短。从马歇尔航线转弯后进入下滑道入口(距舰尾 0.75 n mile,约 1 400 m)到舰载机阻拦挂索,大约持续 20 s,飞行员需要在如此短时间内操控舰载机完成着舰任务,难度可想而知。第二,着舰过程扰动因素较多。航母始终处于运动状态,特别是横摇、纵摇和升沉对舰载机跟踪理想下滑道影响较大,并且舰尾流扰动不可避免,会影响舰载机横纵向位置的调整,严重时容易导致舰载机纵向位置失控撞击舰尾而机毁人亡,或者横向位置失控撞击甲板上其他飞机和设备。第三,与在陆地机场降落方式相比,在海上航行的航母甲板上参照物很少,飞行员仅能依靠菲涅尔透镜光学助降系统(fresnel lens optical landing system, FLOLS)及将航母甲板作为参照物。第四,人工着舰过程飞行员主观性较强,其操控水平、特殊情况处置能力及心理素质等对人工着舰效果影响较大。第五,自动着舰引导律抑制扰动能力对自动着舰效果影响较大,并且自动着舰引导律往往以消除状态偏差为唯一目标,并无针对性的抑制风险的理念。

根据美军公开的着舰事故数据,舰载机事故中,80%的事故出现在着舰阶段[6]。在1964年这一年内,美国海军舰载机昼夜着舰事故率分别为0.031%和0.1%[7-8],2011—2012年间,美国海军共出现11起A类着舰事故[9]。因此,对舰载机着舰过程安全性的研究具有重要的理论研究和实践应用意义。我国航母事业蒸蒸日上,海军战略也逐步由近海防御型转变为远洋攻防型,需要对舰载机着舰过程安全性问题开展深入的研究。

二、舰载机着舰安全性技术发展现状

在舰载机着舰安全性方面,国内外学者尝试从不同角度开展研究工作,通常先分析安全性影响因素,然后采用不同的方法来提高安全性,比如学者针对阻拦过程中的弯折波(图0-1)开展深入的研究工作,以此确定弯折波对阻拦系统安全性的影响。

图0-1　阻拦过程中的弯折波

国外学者对飞机着舰安全性研究的开展较早,文献[10]是俄罗斯中央气动力学研究所学者在权威期刊上发表的关于提高飞机飞行及着舰安全性的文章,该文献介绍了气流场及天气环境对飞机安全性的影响,重点围绕四个方面开展介绍:舰尾流模拟产生装置、多机之间交互影响、气流扰动影响、气流扰动的分解与析构。特别是该文献的理论通过风洞和实机试验加以验证,并给出了飞机着舰过程气流扰动特性和安全距离值,研究成果较有价值。文献[11]采用最优控制和水平集方法开展对高维度飞机模型自动着舰安全性的研究工作,提出一种混合系统可达集的数值计算方法,专门用于自动着舰系统安全性分析与设计,并验证了该方法在飞机的着舰过程中位置下降、保持固定俯仰角及阻拦挂索时的有效性。同时,该文献计算最大可控不变集和集值控制律来保证着舰状态能够在安全状态集内,以此保证飞机的安全性。文献[12]围绕自动引导律提高飞机全天候、全工况性能开展研究,将飞行控制系统处理突发事件的能力作为改善性能的核心,并在自动引导律开发过程中考虑正常/异常工作模式,并建立飞机安全性分析模型,作为引导律设计的辅助工具。

由于我国航母事业不断发展,国内研究人员对着舰安全领域也开展了较深入的研究。例如,文献[13]专门针对舰载机着舰任务提出了面向安全的多维状态空间的建模方法,建立系统状态表征数据与舰载机着舰安全特性之间非线性关系,并以美国 F - 14A 舰载机在企业号航母上真实着舰数据为样本,通过分析提取样本数据中影响着舰安全性的变量特征来建立舰载机着舰多维状态空间模型。在建模过程中采用多元统计方法来降低系统维度,简化获得独立变量的处理过程,最终构建这些独立变量与着舰安全性的数值关系。文献[14]将舰机适配性作为研究核心,以美国和俄罗斯的舰载机数据为研究对象,重点分析了舰载机和环境因素对着舰安全性的影响,值得一提的是,该文献定量给出了安全逃逸甲板长度等数据,为我国舰载机着舰安全性研究提供了重要参考。文献[15]从舰面效应这个全新的角度来研究着舰安全性,这里的舰面效应是指舰载机接近舰尾时,机翼下部气流场结合甲板运动形成的特有的力学作用效果。该文献结合舰载机运动模型,详细研究了舰面效应影响,并提出飞行员操控修正方式、自动着舰引导律修正方式及移动理想着舰点补偿方式来抑制舰面效应的控制策略,进而达到提高着舰安全性的目的。文献[16]重点围绕人 - 机 - 环因素,通过模糊控制方法搭建舰载机进舰过程安全性模型,综合考虑人工着舰过程飞行员操控驾驶杆和油门杆的主观性,并利用模糊控制模型逼近飞行员着舰行为,利用仿真手段深入分析着舰安全性因素的影响效果,该文献较深入和全面地介绍了着舰安全性,对本书的研究启发意义较大。文献[17]以 F - 18 舰载机的 117 组实际着舰数据为研究对象,对着舰状态组成的多维状态空间模型加以扩展,利用贝叶斯方法对着舰样本数据开展分析工作,提出判断舰载机着舰状态(安全或危险)的方法,通过与其他方法对比验证了该方法的鲁棒性。这里重点说明一下,该文献深入描述了着舰状态安全边界的动态特性,而不是将着舰状态组成的安全状态空间作为一个静态包络,使得该文献中安全着舰状态判别方法更为合理,具有实际应用意义。

三、着舰安全性控制策略技术发展现状

1. LSO 辅助决策技术研究现状

在人工着舰方面,航母舰载机着舰指挥官(LSO)以特殊的视角为飞行员提供着舰辅助指令,可提高着舰安全性。LSO 于 1922 年首次应用于美国兰利号航母,用于辅助舰载机执行着舰任务。LSO 在舰尾某一角落观测舰载机整个着舰过程,利用手中摄像机进行拍摄来评价飞行员着舰水平。飞行员因为视野原因无法获得着舰区域视野时,LSO 所在位置可以观测到飞行员缺失的视野,并利用肢体语言和手中标志辅助飞行员开展着舰任务。

在 LSO 辅助决策技术发展初期,LSO 手持旗板有一套规范标准动作,根据舰载机不同飞行状态,LSO 执行不同动作,为飞行员提供飞行状态的指引。从 20 世纪 50 年代至今,航母斜角甲板结构被广泛采用,通过 FLOLS 向飞行员提供准确的引导下滑信息,但是仅依靠 FLOLS 仍然出现很多着舰事故,将 LSO 与 FLOLS 两者结合来协助飞行员完成着舰任务,在 20 世纪中期,着舰事故率从 3.5% 下降至 0.7%。

随着科技不断发展,LSO 所使用的设备也逐渐多样化,抗干扰无线电、视频电视平视显示器(HUD)电子屏等为 LSO 提供更加准确的信息。图 0 - 2 为美国海军 LSO 工作现场。

| (a) | (b) |

图 0 - 2　美国海军 LSO 工作现场

现阶段 LSO 与飞行员的指令交互仍然以人工判断为主,国内外学者对 LSO 自动指令也做了一定的理论研究。文献[18]是美国 LSO 培训学校出版的 LSO 手册,比较全面地介绍了 LSO 工作过程中所涉及的一些设备及其工作原理,如光学助降系统、改进型菲涅尔透镜光学助降系统、人工操控视觉助降系统、集成起飞和

回收电视监控系统、LSO 工作台及设备、航母灯光及标识、电子辅助着舰、阻拦系统、蒸汽弹射系统、岸基助降系统、岸基阻拦系统、空中交通控制中心、机上灯光、环境因素、陆上着舰练习、任务报告、飞机数据（E-2C、E-2C Plus、C-2A、S-3A/B、EA-6B、F-14A/B/D、F/A-18A/B/C/D、T-45、T-2C）、LSO 相关指挥准则、设备等。文献[19]来自哈尔滨工程大学专门从事舰载机起降安全性研究的课题组,研究人员在模糊控制理论基础上,利用人工着舰纵向影响因素,建立 LSO 纵向纠偏指令模型,模糊规则包含了大部分 LSO 常用指令,并通过仿真手段验证建模方法的正确性。文献[20]是北京航空航天大学从事舰载机方面研究的课题组提出的 LSO 建模方法,结合神经网络和模糊控制建立 LSO 辅助决策模型,并考虑甲板运动情况,建立甲板预估模型,通过仿真对比,验证 LSO 指令在人工着舰过程中的有效性。文献[21]和文献[22]是海军航空兵学院针对 LSO 指挥站位的眼位开展的研究,以俄罗斯库兹涅佐夫号航母为研究对象,详细分析了 LSO 眼位变化对其辅助决策的影响。

2. 自动着舰系统研究现状

在自动着舰方面,国外已积累了几十年的理论研究和实际应用成果。舰载机自动着舰技术可追溯到 1948 年,美国首先提出自动着舰引导需求,并研制出以 AN/SPN-10 着舰引导雷达为核心设备的自动着舰引导系统。由于当时科学技术水平的限制,该着舰引导雷达的自动着舰精度不高,不能获得飞机的进舰速度等状态,从实用的角度来讲,该自动着舰系统的应用较少[23]。到 20 世纪 60 年代,贝尔宇航公司以 AN/SPN-10 为基础,设计制造 AN/SPN-42 型着舰引导雷达,其中大量应用固态器件和数字技术,大大提高了系统的可靠性和稳定性[24],美国海军将其应用于航母上,用于实际的着舰引导任务,真正意义的自动着舰系统初见雏形。

AN/SPN-42 系统作用于航母后方 7.5~15 km 内,舰载机进入该范围内,自动着舰引导雷达对其持续跟踪,计算获得该舰载机位置及其他着舰状态,并结合测量获得的航母甲板运动状态,通过着舰引导计算机预报航母甲板未来时刻的运动状态,并求解舰载机的理想下滑轨迹[25-30]。然后根据舰载机当前着舰状态和期望着舰状态的比较,将着舰状态偏差作为输入量,利用引导控制律得到舰载机倾斜转弯角度和高度下降速率等指令,将指令通过数据链发送给飞机,由飞机上的飞控系统和油门系统实时修正着舰轨迹,最终保证舰载机能够按照期望下滑轨迹完成安全有效的着舰任务[31-33]。美国海军在 1970—1982 年对 AN/SPN-42 系统进行了 4 000 余次飞行试验验证,在该自动着舰系统的作用下,舰载机可不分昼夜、在时刻运动的甲板上完成着舰任务,使舰载机的着舰成功率大大提升,当时美国海军的航母普遍装备 AN/SPN – 42 系统[34 – 37]。

20 世纪 80 年代,美国的德事隆防务系统公司在 AN/SPN – 42 自动着舰系统的基础上研制了 AN/SPN – 46 自动着舰系统[38]。AN/SPN – 46 系统采用单脉冲跟踪雷达,与 AN/SPN – 42 系统所应用的圆锥扫描跟踪雷达相比,前者具有更高的精密跟踪测量能力和双波段自动捕获能力,并且可以实现在线测试和自动诊断故障的功能。值得一提的是,AN/SPN – 46 系统可与空中交通管制雷达 AN/SPN – 43、精密进近雷达 AN/SPN – 35、距离/速度测量雷达 AN/SPN – 44 等联网,形成舰载机综合进近着舰系统。目前,美国一些新近服役的航母上配备了 AN/SPN – 46 自动着舰系统。

此外,美国也在研究利用全球定位系统(GPS)来实现舰载机自动着舰的相关技术。从 20 世纪 90 年代开始,美国的 GPS 正式投入使用,利用 GPS 的舰载机着舰技术的研究同步开展。美国国防部于 1996 年提出了联合精密进近与着陆系统(JPALS)。2001 年,美国海军试验中心利用 F/A – 18 舰载机和美国雷神公司研制的 JPALS 依靠 GPS 引导功能完成了第一次自动着舰试验,根据参与试验的着舰指挥官和试飞员的说法,该 JPALS 的自动引导性能已超过当时使用的其他自动着舰系统[39 – 40]。另外,当时的北大西洋公约组织也在着手研究 JPALS。

自动着舰系统工作原理:舰载机处于着舰下滑过程时,雷达捕获并始终跟踪正在进舰的舰载机,将实时的距离、方位、俯仰角信息以数字编码的方式传给计算机,同时结合稳定平台获得的航母甲板运动姿态传给计算机,计算机完成大量复杂的数据运算,获得飞机在大地坐标系下的精确位置,自动着舰系统根据飞机此时的状态偏差,利用满足不同类型飞机的引导律,求解飞机驾驶杆和油门杆应输出的操纵量,通过数据链发送给飞机,飞机通过飞控系统控制执行机构完成对飞机的控制,最终实现自动着舰任务[41]。以 AN/SPN – 46 系统为例[42],航母上主要的自动着舰设备包括:①精密跟踪测量雷达;②航母运动测量装置;③舰载计算机;④数据链发射机。舰载机上主要的自动着舰设备有:①雷达跟踪增强系统;②数据链;③飞行控制计算机;④进场推力补偿系统。

近些年,随着我国对航母和舰载机领域的不断重视和深入规划,国内学者也开展了对舰载机全自动着舰的研究。哈尔滨工程大学的朱齐丹教授带领团队长期从事舰载机自动引导律的探索,文献[43 – 46]介绍了其团队充分利用预测控制方法、滑模变结构等方法的优点,对舰载机在纵向和横侧向的引导律设计、甲板运动补偿及抑制舰尾流扰动等方面开展的研究,各种方法的控制效果较好。西北工业大学在航空领域有多年的技术积累,学者们对自动着舰引导律的研究较为深入,文献[47－49]介绍了较为有代表性的引导律设计方法——滑模变结构方法、模糊比例积分微分(PID)方法等,并将智能控制算法与传统控制方法相结合,取得较好的控制效果。文献[50]和文献[51]描述了北京航空航天大学研究人员对自动着舰系统的设计方法,充分考虑航母运动对舰载机自动着舰过程的影响,在甲板运动补偿方面取得了较多成果。南京航空航天大学的杨一栋教授从事多年航母和舰载机方面的研究,该团队尝试不同的控制方法实现自动引导律的设计工作,如文献[52－54]在自动着舰引导律的多样化方面贡献较大。另外,国内其他学者也针对舰载机自动着舰这一特殊任务开展研究工作,从甲板运动补偿、舰尾流抑制、控制系统稳定性等侧重点出发,形成的成果较为突出,如文献[55－57]。总的来讲,国内学者对自动着舰系统的研究多以理论研究为主,达到实用化的目标仍需较长的时间。

3. 抑制舰尾流技术研究现状

舰尾流的扰动不可避免。舰尾流是由于航母运动与周边空气作用产生的紊流,主要作用在海平面以上100 ft①范围内,航母舰尾的不稳定流场对舰载机进场着舰影响巨大,舰尾流速度分量与舰载机空速形成的合力使舰载机产生瞬时位置抖动,可能出现纵向位置衰减现象,在靠近舰尾时,较大的舰尾流可能导致飞机撞击舰尾而机毁人亡,为此无论在人工着舰过程还是自动着舰过程中,抑制舰尾流场扰动是必须要解决的问题。学者们长期开展舰尾流的相关研究。在舰载机着舰过程舰尾流的研究方面,学者主要针对两个方向开展研究:一是对舰尾流准确模拟和快速计算,二是有效抑制舰尾流对舰载机着舰过程的扰动影响。

常用的舰尾流建模方法包括以下四种:

(1)频域方法

通过给出紊流频谱特性,采用现代控制理论在频域内研究紊流对舰载机着舰系统的影响,进而研究舰尾流的时域特性,使用范围为线性系统,并且要求使用能够在频谱内给出的紊流表示方式。频域方法很难应用通用的频谱模型来对舰尾流场各成分开展建模工作,通用的频谱模型仅能在航母尾部一定区域内对空间划分网格,建立各种频谱矩阵。工作中,应结合实际测量得到的数据,对不同位置开

---

① 1 ft = 0.304 8 m。

展拟合工作,加以建立综合舰尾流场数学模型。

（2）流体动力学理论计算方法

在对航母外部结构精确建模的基础上,根据空气动力学原理与航母外部结构及运动特性,综合建立方程,开展数值求解过程。流体动力学理论计算方法常通过现有的商用软件开展计算,如 CFD＋＋流体计算软件等。该方法需要对航母舰尾数千米内三维空间建立上千万个网格,对每个网格开展流体力学计算,该方法需要大量的计算时间,因此常采用并行计算的方式,并在高性能计算集群中完成计算,对硬件环境要求较高。

（3）实际工程化方法

与流体动力学理论计算方法不同,工程化方法往往从舰尾流的成因及物理特性出发。现在无论是学术界还是工程界,较为常用的是美军标 MIL－8785C 的舰尾流场模型,该模型也给出了航母舰尾流场中气流的速度场。将舰尾流分为以下四种类型:①随机自由大气紊流;②稳态航母尾流扰动;③航母运动引起的周期性扰动;④随机航母尾流扰动。可对每种类型分别建模。例如,文献[58]和文献[59]中详细介绍了舰尾流每部分的建模过程,是对舰尾流数值建模的典型代表文献。

（4）数据库方法

数据库方法更倾向于将存储的已知的舰尾流实测数据供使用者参考。数据库中的舰尾数据以离散形式存储,在使用前需要查询和插值,形成线性连续的尾流数值。该方法有个较大的问题:不同的船型、环境及运动特性的航母,能够使用的数据是不同的,数据库中需要包含巨大数量的舰尾流数据,因此该方法的使用较少。

在舰载机着舰过程中如何有效抑制舰尾流对飞机的扰动作用方面,文献[60]采用基于模型参考模糊自适应的舰尾流抑制方法,但该方法中比例微分(PD)参数由模糊控制计算求得,并不能实现最优化效果,同时从该文献的控制律结构图中可以看出,由于系统滞后,无法实时抑制舰尾流对飞机的扰动作用;文献[61]采用非线性动态逆方法补偿舰尾流作用,但该方法无法处理舰载机着舰参数不精确的问题;文献[62]采用了 H_∞ 方法抑制舰尾流,但扩展后的系统矩阵维数高,物理上难以实现;文献[63]分析了抑制有界扰动相关理论,并推导了线性矩阵不等式(LMIs)的形式,但该文献并未考虑扰动矩阵不可逆的情况;文献[64]将横纵向控制回路分开讨论,纵向采用全信息预见控制消除纵向偏差,横侧向采用 PID 算法消除扰流导致的侧偏距;文献[65]采用模糊控制和积分滑模控制设计自动着舰控制系统,利用模糊控制解决尾流导致的滑模抖振问题,但并未解决某些状态不可测导致模糊输入的不确定问题;文献[66]采用积分反步滑模法,解决计算膨胀和抖振问题。

四、飞机降落/着舰阶段风险建模技术发展现状

由于舰载机进舰着舰过程风险直接影响其安全性,且与陆上降落相比,空中飞行的舰载机的风险更容易造成机毁人亡的事故,为此,舰载机着舰过程的风险始终是学者们热衷研究的方向。由于学者们研究的侧重点不同,研究的方法也表现出多样化。

文献[67]通过支持向量机和模糊集理论建立舰载机降落的风险评估系统。通过对模糊集理论的分析完成舰载机降落安全敏感度的参数辨识任务,依靠参数辨识确定模型数值形式,并利用支持向量机模型的训练,对两类着舰样本进行分辨以确定最优分类超平面,以此建立着舰参数和安全性之间的关联。该文献采用企业号航母 635 个真实着舰样本开展理论研究,具有较强的说服力。由于样本中存在连续和离散的数据,该文献采用模糊集理论处理不同的类型数据,避免无法识别数据对风险建模的影响,并且通过消除样本数据的噪声来抑制扰动数据对模型的影响。

文献[68]和文献[69]为北京航空航天大学学者专门针对舰载机着舰过程开展安全性分析与建模的研究成果,文中从实用性的角度分析影响舰载机着舰安全的影响因素,并提出舰载机着舰虚拟风险的概念,该风险由风险概率、风险严重度及时间余度组成。根据 1 978 组真实着舰样本数据,并根据80%以上的样本遵循的事实,得出风险概率、风险严重度与时间余度负相关等规律。文献重点分析了时间余度与着舰安全性的数学关系,并以事件树的方式解释最小化着舰过程风险的原理,文献中将着舰过程的所有环节扩展为事件树,着舰目标为事件树的根部,逐层细化的事件为事件树的枝叶,将最顶层的事件进行风险度分析,组成事件树风险模型。

文献[70]分析了飞机着陆/起飞超出跑道和降落未到达跑道的影响因素,包括着陆区域气流、跑道状况、起飞和着陆要求距离、跑道可利用距离、跑道障碍物、跑道安全尺寸范围等,利用历史数据建立飞机安全着陆和起飞风险模型,该风险模型能够精确计算燃料在飞机起飞和降落过程中的变化,为飞机任务的计划规划和实际操控提供了重要的参考价值。类似地,文献[71]从风险拓扑概率分布的数学角度出发,建立横向和纵向降落空间风险模型,着重分析了飞机在跑道降落时

的风险分布,模型通过历史数据不断更新,形成一个动态的三维风险网络,这个三维风险网络表示飞机降落区域的三维空间风险分布,用以表示过去一段时间内飞机降落过程风险统计情况,并且考虑了空中交通情况和环境的影响,这是一个客观新颖的建模思路,该文献采用蒙特卡洛两步法确定风险模型量化数值。但该方法并不分析风险因素的来源,在解释风险成因方面缺少透彻的分析。文献[72]提出了风险空间的概念,该文献从高维风险的角度建立飞机飞行风险空间,风险空间的基础是飞机的运动状态,利用实时飞行状态来计算相应的飞行风险,这里的风险控制并不是可预测的,也就是说这个实时计算风险值并不预测未来目标,而是单纯地将当前情况下的风险加以规避,目的十分明确,可以达到消除飞行风险的目的。另外,该文献也提出了节点、单元及更新时间的概念,在风险空间的描述中,以离散的时间作为抑制风险的操控动作序列,并且更新时间可根据实际情况适当调整,具有一定的自适应能力。

有一些文献重点分析风险成因,对影响飞机降落或着舰的所有因素进行深度挖掘,如文献[73]是美国波音军用飞机公司工作人员在美国航天航空学会(AIAA)会议上发表的论文,该论文以喷气式军用飞机为例,建立飞机飞行风险模型,并在此基础上,在横向和纵向两个方向设计飞行轨迹控制策略,通过优化飞机的操控时间、飞机燃料、飞行位置和飞机飞行风险来实现控制飞机轨迹的目的,并且通过奇异摄动方法来完成对飞机运动模型的降阶工作,实现静态最优化,避免动态降阶的复杂情况,然后利用带有斐波那契搜索的庞特里亚金最小值原理实现最小化性能指标的目的。类似地,文献[74]详细分析飞机降落着陆过程的风险,并将其分为飞行风险、人口聚集地规避风险、天气风险及冲出跑道风险,并在抑制风险过程中充分考虑飞机的燃料量和燃料消耗率、降落区域可利用跑道距离、冲出跑道的有效防护距离、地面其他装置的有效避让、地面工作人员的安全避让等因素。针对所有的组成风险,分别建立风险模型和性能指标,并针对各情况分别开展仿真分析工作,验证模型的准确性。

文献[75-77]针对飞机飞行风险问题,引入能量-状态方程来最小化飞行风险,并将飞行风险问题转化为飞机操控时间、燃料控制量及飞行轨迹的控制问题。这三个文献提出的方法都是将速度作为飞机的控制量,这对飞机来讲是不容易实现的,大多数任务都要求飞机保持恒定的飞行速度,并且这些文献中强化了对飞机操控时间的约束,同时弱化了其他因素(如飞行轨迹、燃料控制量)的影响,对某些任务来说是不合理的。

近些年国内外学者常将飞机的风险与飞行员相关联,文献[78]介绍了飞行员风险决策和风险行为的相关内容,其中比较全面地描述了关于飞行员风险的研究现状和内容。美国 Hunter 教授在文献[79－83]中比较系统地介绍了关于飞行员的风险态度、风险知觉、风险容忍和风险行为,同时这些文献还对灾难事件界定、航空风险态度界定做了详细的描述,在飞行员风险研究领域的成果较多。文献[84]以中国的飞行员数据为例,说明风险容忍、风险知觉和灾难态度对安全操作的影响。文献[85]在论述风险容忍过程中,提出了风险规避的思想,该文献提出的风险规避虽然仅针对飞行环境而言,但是该思路较为新颖。

另外,还有一些学者比较有创意地将飞行员在飞机飞行过程的舒适度作为飞机风险开展研究,文献[86]介绍了通过控制律的设计来提高飞机运动过程中飞行员的舒适度,并以大量真实数据为例来验证方法的可行性,该文献根据驾驶杆的操控数据来分析影响飞行员舒适度的因素,采用特征实现法则来处理数据,对本书有较大的启发。文献[87]采用概率神经网络和回归神经网络建立飞行员操控舒适度模型,重点分析了舒适度的主观性,并详细介绍了数学模型推导过程。文献[88]基于预测控制的思想,重新设计了飞行控制系统的内环和外环,内环用于无约束条件下轨迹的跟踪,外环重点考虑气动特性、飞机结构及机上舒适度需求,设计思路十分新颖。文献[89]针对扰动情况和飞行员舒适度特点开展改善舒适度的控制方法,并以飞机结构和气动数据为基础来推导控制律。

五、人工着舰飞行员行为模型技术发展现状

现阶段舰载机着舰方式仍然以人工着舰为主,根据文献[90]的介绍,70%以上的舰载机事故与飞行员的判断错误和决策失误有关,因此国内外学者对舰载机飞行员的驾驶行为开展长期的建模研究工作。到目前为止,常用的飞行员行为建模方法可分为三种:①采用传递函数形式构建的结构模型;②采用现代控制理论建立的智能模型;③采用时间或动作序列建立的离散行为模型。纵观飞行员行为建模论文和研究报告,前两种方法的应用较多。

飞行员结构模型的研究始于 20 世纪 80 年代,较有代表性的人物是美国的Hess 教授,他主要对飞行员开展结构化处理,从飞行员的控制机理出发,采用不同的传递函数来设计飞行员具有不同功能的子模块。Hess 教授在飞行员模型的研究领域发表了很多论文,通过采用不同的设想和实现手段,不断修改和完善搭建的飞行员模型,进而提出一些更为通用的飞行员行为模型。

飞行员行为智能模型的发展主要源于近些年智能控制理论的飞速发展,如模糊控制、神经网络、遗传算法或者多种智能控制方法相结合。以模糊神经网络为

例,学者们充分利用模糊控制来处理不确定信息的优势和神经网络自学习的特点,模拟人脑面对状态偏差的决策过程。

飞行员离散行为模型多采用时间序列的理论来描述飞行员的离散动作,该模型在数字式飞行模型试验研究方面较有优势,其差分方程可表示为

$$y_t = -a_1 y_{t-1} - a_2 y_{t-2} - \cdots - a_n y_{t-n} + b_1 x_{t-1-\tau} + b_2 x_{t-2-\tau} + \cdots + b_n x_{t-n-\tau}$$

上式也可写成 Z 传递函数的形式:

$$G_p(Z^{-1}) = \frac{y_t(Z^{-1})}{x_t(Z^{-1})} = \frac{b_1 Z^{-1} + b_2 Z^{-2} + \cdots + b_n Z^{-n}}{1 + a_1 Z^{-1} + a_2 Z^{-2} + \cdots + a_n Z^{-n}} Z^{-n} + \zeta(Z)$$

式中　τ——延迟时间;

　　　$\zeta(Z)$——白噪声;

　　　a_*, b_*——常量参数;

　　　y_*——飞行员操控动作序列值;

　　　x_*——飞机状态偏差;

　　　G_p——传递函数。

通常情况下,$3 \leqslant n \leqslant 4$。

以上三种方法概括了飞行员行为建模的常用方法,在此基础上,学者们针对这些方法开展详细的飞行员行为建模理论研究工作。文献[91]采用传递函数的方式建立飞行员模型,传递函数中的参数根据满足一定的频域要求加以确定。文献[92]引入飞行员获取信息过程的模型,特别的是该文献重点分析和论述了飞行员模型核心参数的确定过程。文献[93]同样通过传递函数的形式建立了自适应的飞行员模型,这个模型能够有效抑制环境参数的突变和其他扰动因素的影响。文献[94]搭建了一个飞行员–舰载机综合仿真系统,通过在传递函数中引入高频前馈项来改善系统的动态特性。文献[95]利用 H_∞ 方法从频域角度分析飞行员模型的参数,模拟飞行员在时域中的行为特点,以达到较好的仿真效果。在文献[96]中,作者从另一个角度来研究飞行员行为原理——飞行员获取的视觉信息、机动行为误差、控制能力和技巧,更深入地剖析飞行员行为原因。并且该文献作者采用仿真手段获得大量相关的模型曲线以验证该方法的正确性。值得一提的是,文献[97]比较新颖地采用滑模变控制策略的方法完成飞行员建模工作,该方法能够针对位置偏差的大小来采取不同的控制策略。该模型通过切换动作的方式,在一定程度上有了离散时间或动作的特点,但不是完全意义的飞行员离散动作模型。文献[90]和[98]建立了一个集神经网络和隐马尔科夫于一体的舰载机飞行员模型,该模型能够控制飞机顺利完成着舰任务。文献[99]介绍了一个应用于 LSO 训练系统的飞行员模型,在该文献的附录 E 部分,详细介绍了飞行员对下

滑偏差、对中偏差、LSO 指令等的响应过程，同时作者提出了动态分配控制下沉率和漂移率的执行动作幅度的思想，对后期研究人员探索通过离散动作序列方法模拟飞行员行为有很大启发。

国内学者对飞行员模型的研究起步较晚，特别是对着舰阶段的飞行员行为建模研究与国外相比较少，因此大多研究方法与国外的方法类似，如文献[100 - 103]采用传递函数的方法，从频域角度来确定传递函数参数，这与文献[96]采用的方法类似，仿真效果较好。文献[104]详细分析了飞行员神经肌肉的数学模型，并采用变策略的方式建立飞行员行为模型，其核心仍然依赖传递函数的思想。文献[105]从飞行员的认知角度来考虑飞行员动作原因。另外，浙江大学刘雁飞[106]上在其博士论文中，以驾驶汽车为研究对象，详尽阐述了驾驶员的行为建模过程，并且提出了舒适度的概念，其与舰载机着舰过程的风险内涵是一致的。

以上研究人员所建立的飞行员模型包括传递函数描述、频域分析方法、神经 - 肌肉模型和变策略方法等，这样建立的飞行员模型主要用于飞机飞行品质的分析过程，所以仅需模型在频域特性上或者外特性上代表飞行员的特性即可，而不需要关心飞行员时序动作、响应策略、能力差别等各项细节问题，本书建立的飞行员模型主要用于研究飞行员与 LSO 辅助决策的配合问题，所以建立了更加具有拟人特性的飞行员模型。

六、本书的主要内容

本书依托国家自然科学基金及相关项目，深入开展舰载机着舰过程安全性的研究工作，以 F/A - 18 大黄蜂舰载机及小鹰号航母为研究对象，构建舰载机着舰环境模型，分别建立舰载机着舰风险、进场飞行风险、复飞风险等风险数学模型，并利用模糊控制、神经网络及模型预测控制等算法，针对舰载机人工着舰和自动着舰两种方式开展着舰风险分析和控制策略的研究，分别以 LSO 辅助决策技术和自动着舰引导律作为人工着舰和自动着舰过程的控制策略，以达到有效抑制舰载机引导着舰过程风险、提高着舰安全性的目的。本书一方面可为舰载机着舰安全性的研究提供一条以风险为核心的理论探索之路，另一方面可为我国舰载机实际着舰过程提供重要的理论创新成果。

第1章 舰载机着舰数学模型

为了能够建立一个客观准确的风险模型,并可验证控制策略的准确性,需要一个参数精确的仿真平台作为本书的模型基础。本章将详细介绍舰载机着舰模型的建模过程,其中舰载机着舰模型将采用 F/A – 18 大黄蜂舰载机的气动数据,后文中涉及的舰载机模型均为 F/A – 18。

1.1 着舰过程相关坐标系

与航母相关的坐标系包括大地坐标系、航母本体坐标系、着舰坐标系,所有的坐标系均满足右手定则,具体如图 1 – 1 所示[107]。

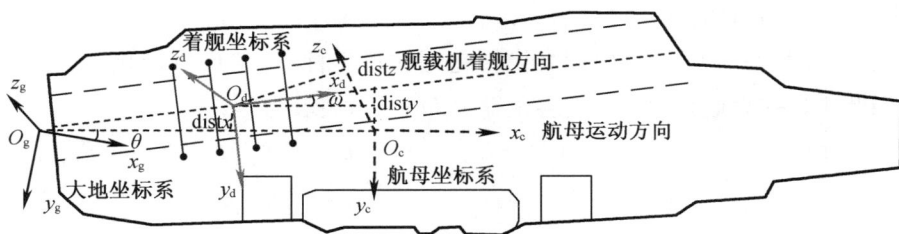

图 1 – 1 着舰甲板相关坐标系示意图

1. 大地坐标系:$O_g x_g y_g z_g$

大地坐标系的原点 O_g 位于大地上某一点,为便于后文的处理,本书将原点 O_g 设定在仿真试验时航母初始位置的海平面上。其中 x_g 轴指向北方,y_g 轴指向东方,z_g 轴垂直于海平面向下。

2. 航母本体坐标系:$O_c x_c y_c z_c$

航母本体坐标系的原点 O_c 位于航母的摇摆中心,x_c 轴平行于甲板面,并指向船首方向,y_c 轴平行于甲板面,并指向航母右舷,z_c 轴垂直于甲板面指向船底。

3. 着舰坐标系:$O_d x_d y_d z_d$

着舰坐标系的原点 O_d 位于航母甲板第 2 道、第 3 道阻拦索围成矩形的几何中心(航母共有 4 道阻拦索,自船尾向船首阻拦索编号分别为 1 ~ 4 号),x_d 轴垂直于阻拦索指向船首方向,y_d 轴平行于阻拦索指向航母右舷,z_d 轴垂直于甲板面指向船底。

在图 1 - 1 中,设 x_2 轴和 x_1 轴的夹角为 ω,distx 和 disty 分别表示理想着舰点在航母坐标系的横纵向坐标值,并且,本书中涉及的进舰距离是飞机在着舰坐标系 x_d 轴上的坐标值。假设飞机在着舰坐标系中坐标为 $\boldsymbol{P}_{a2}(t) = (x_{a2}(t), y_{a2}(t), z_{a2}(t))$,下滑道入口处的进舰距离为 P_{dist},航母航速为 V_c,期望的航迹角为 γ,系统仿真步长为 Δt,所以 $\boldsymbol{P}_{a2}(t)$ 可以表示为公式(1 - 1),其中,$k = 1, 2, 3, \cdots$。

$$\begin{cases} x_{a2}(t) = P_{dist} - [V_d(t)\cos\gamma - V_c\cos\omega] \cdot k\Delta t \\ y_{a2} = 0 \\ z_{a2}(t) = x_{a2}(t)\tan\gamma \end{cases} \quad (1-1)$$

式中,$V_d(t)$ 为实时的期望速度。

着舰坐标系可以通过坐标变换转化到航母坐标系,然后再转化到大地坐标系,因此飞机在大地坐标系的期望位置 $\boldsymbol{P}_a(t)$ 可以表示为

$$\boldsymbol{P}_a(t) = [x_a(t), y_a(t), z_a(t)] = \boldsymbol{L}_y[\theta_s(t)][\boldsymbol{L}_z(\omega)\boldsymbol{P}_{a2}(t) + \boldsymbol{T}_1] + \boldsymbol{T}_2(t)$$

$$(1-2)$$

公式(1 - 2)中,变换矩阵为

$$\boldsymbol{L}_z(\omega) = \begin{bmatrix} \cos\omega & \sin\omega & 0 \\ -\sin\omega & \cos\omega & 0 \\ 0 & 0 & 1 \end{bmatrix}$$

$$\boldsymbol{L}_y(\theta_s(t)) = \begin{bmatrix} \cos(\theta_s(t)) & 0 & -\sin(\theta_s(t)) \\ 0 & 1 & 0 \\ \sin(\theta_s(t)) & 0 & \cos(\theta_s(t)) \end{bmatrix}$$

$$\boldsymbol{T}_1 = \begin{bmatrix} distx & & \\ & disty & \\ & & distz \end{bmatrix}$$

$$\boldsymbol{T}_2(t) = \begin{bmatrix} P_{sx}(t) & & \\ & 0 & \\ & & P_{sz}(t) \end{bmatrix}$$

公式（1－2）中，$\theta_s(t)$ 为航母的实时纵摇值，$P_{sx}(t)$ 和 $P_{sz}(t)$ 分别为航母在大地坐标系中实时的位置。

与舰载机相关的坐标系包括地面坐标系、牵连地面坐标系、舰载机机体坐标系、气流坐标系和航迹坐标系[108－110]。

（1）地面坐标系 $C_g：O_g x_g y_g z_g$

地面坐标系的原点 O_g 位于航母初始位置的海平面上。x_g 轴指向北方，y_g 轴指向东方，z_g 轴指向船底。

（2）牵连地面坐标系 $C_{ag}：O_{ag} x_{ag} y_{ag} z_{ag}$

牵连地面坐标系原点 O_{ag} 位于舰载机机体质心，并跟随舰载机运动。x_{ag} 轴指向北方，y_{ag} 轴指向东方，z_{ag} 轴垂直向下，指向地心。

（3）舰载机机体坐标系 $C_{ab}：O_{ab} x_{ab} y_{ab} z_{ab}$

舰载机机体坐标系原点 O_{ab} 位于舰载机机体质心。x_{ab} 轴位于舰载机机身纵向对称面内，指向机首；z_{ab} 轴位于舰载机机身纵向对称面内，指向下方；y_{ab} 轴垂直于 x_{ab} 轴和 z_{ab} 轴所在平面，指向右方。

（4）气流坐标系 $C_{air}：O_{air} x_{air} y_{air} z_{air}$

气流坐标系原点 O_{air} 位于飞机机体质心。x_{air} 轴与飞机空速矢量 $\mathbf{V}_{air}$ 同向；z_{air} 轴位于飞机机身纵向对称面内，与 x_{air} 轴垂直；y_{air} 轴垂直于 x_{ab} 轴和 z_{ab} 轴所在平面，指向右方。

（5）航迹坐标系 $C_{track}：O_{track} x_{track} y_{track} z_{track}$

航迹坐标系原点 O_{track} 位于舰载机机体质心。x_{track} 轴与航迹速度矢量 $\mathbf{V}_{track}$ 同向；z_{track} 轴与 x_{track} 轴垂直，并位于 x_{track} 轴所在铅垂平面内；y_{track} 轴垂直于 x_{track} 和 z_{track} 所在平面，指向右方。

需要注意，在飞机着舰仿真过程中，牵连地面坐标系经常被使用，这是为了更方便与其他坐标系对比，根据牵连地面坐标系与舰载机机体坐标系，可定义舰载机的 3 个姿态角：滚转角 φ、俯仰角 θ 及偏航角 ψ，如图 1－2 所示。

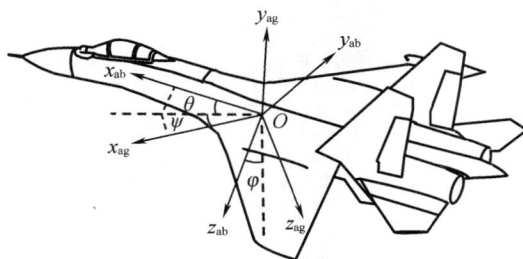

图 1－2　舰载机姿态角示意图

舰载机 3 个姿态角的定义如下:

①滚转角 φ:舰载机本体系 $x_{ab}-z_{ab}$ 平面与通过轴 z_{ab} 铅垂平面的夹角,规定沿 x_{ab} 正方向看,铅垂平面顺时针转动时滚转角为正。

②俯仰角 θ:本体系的轴 x_{ab} 与 $x_{ag}-y_{ag}$ 平面的夹角,规定 x_{ab} 位于 $x_{ag}-y_{ag}$ 平面上方时俯仰角为正。

③偏航角 ψ:本体系的轴 x_{ab} 在 $x_{ag}-y_{ag}$ 平面的投影与轴 x_{ag} 的夹角,投影偏向右方时偏航角为正。

根据舰载机本体坐标系和气流坐标系,可定义舰载机迎角 α 和侧滑角 β,如图 1-3 所示。

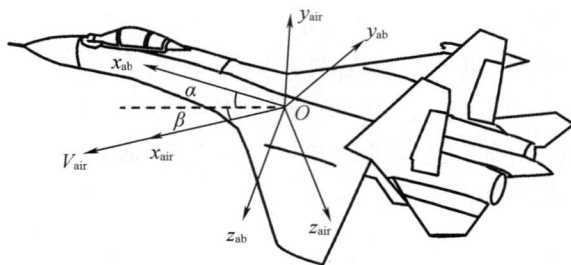

图 1-3 舰载机迎角和侧滑角示意图

迎角 β 和侧滑角 β 定义如下:

①迎角 α:气流速度 V_{air} 在本体系 $x_{ab}-z_{ab}$ 平面的投影与 x_{ab} 的夹角,规定投影线在 x_{ab} 下方时 α 为正。

②侧滑角 β:气流速度 V_{air} 与本体系 $x_{ab}-z_{ab}$ 平面的夹角,V_{air} 偏向于 $x_{ab}-z_{ab}$ 平面右侧时 β 为正。

根据牵连地面坐标系和航迹坐标系,可定义舰载机的航迹倾斜角 γ 及航迹方位角 χ,通常简称航迹倾斜角为航迹角,航迹方位为航向角,具体如图 1-4 所示。

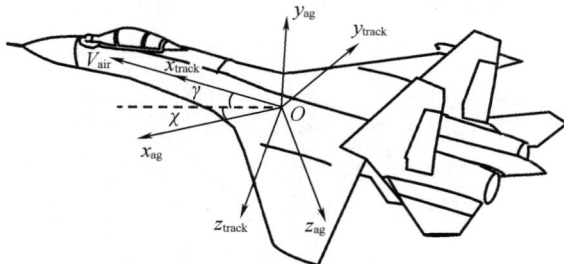

图 1-4 舰载机航迹角和航向角示意图

舰载机的航迹角和航向角定义如下：

①航迹角 γ：航迹速度 V_{track} 与 $x_{ag} - y_{ag}$ 平面的夹角，V_{track} 偏向上方时 γ 为正。

②航向角 χ：航迹速度 V_{track} 在 $x_{ag} - y_{ag}$ 平面投影与 x_{ag} 的夹角，投影偏向右方时 χ 为正。

由牵连地面坐标系、舰载机本体坐标系、气流坐标系及航迹坐标系的以上描述可知这四个坐标系的变换关系如下，其中 $R_*(\times)$ 表示绕 * 轴旋转 × 度；$\boldsymbol{L}_*$ 表示变换矩阵，后文中均采用这种方式加以表示。

（1）牵连地面坐标系至本体坐标系

$$
\begin{cases}
C_{ab} = \boldsymbol{L}_{bg} \cdot C_{ag} \\
\boldsymbol{L}_{bg} = R_x(\varphi) R_y(\theta) R_z(\psi) \\
= \begin{bmatrix}
\cos\theta\cos\psi & \cos\theta\sin\psi & -\sin\theta \\
\sin\varphi\sin\theta\cos\psi - \cos\varphi\sin\psi & \sin\varphi\sin\theta\sin\psi + \cos\varphi\cos\psi & \sin\varphi\cos\theta \\
\cos\varphi\sin\theta\cos\psi + \sin\varphi\sin\psi & \cos\varphi\sin\theta\sin\psi - \sin\varphi\cos\psi & \cos\varphi\cos\theta
\end{bmatrix}
\end{cases}
$$

$$（1-3）$$

（2）本体坐标系至气流坐标系

$$
\begin{cases}
C_{air} = \boldsymbol{L}_{airb} \cdot C_{airb} \\
\boldsymbol{L}_{airb} = R_z(\beta) R_y(-\alpha) = \begin{bmatrix}
\cos\beta\cos\alpha & \sin\beta & \cos\beta\sin\alpha \\
-\sin\beta\cos\alpha & \cos\beta & -\sin\beta\sin\alpha \\
-\sin\alpha & 0 & \cos\alpha
\end{bmatrix}
\end{cases}
\quad（1-4）
$$

（3）牵连地面坐标系至航迹坐标系

$$
\begin{cases}
C_{track} = \boldsymbol{L}_{trackg} \cdot C_{ag} \\
\boldsymbol{L}_{trackg} = R_y(\gamma) R_z(\chi) = \begin{bmatrix}
\cos\gamma\cos\chi & \cos\gamma\sin\chi & -\sin\gamma \\
-\sin\chi & \cos\chi & 0 \\
\sin\gamma\cos\chi & \sin\gamma\sin\chi & \cos\gamma
\end{bmatrix}
\end{cases}
\quad（1-5）
$$

1.2　舰载机进舰着舰运动模型

F/A - 18 大黄蜂舰载机六自由度着舰运动模型包括受力方程、力矩方程及姿态角变化方程。

（1）舰载机受力方程

舰载机所受合力由发送机推力、空气动力及地球引力共同作用，舰载机受力方程可用公式（1-6）表示，相关气动参数详见文献[111]和文献[112]。

$$\begin{cases} \dot{V} = -\frac{1}{M}(D\cos\beta - Y\sin\beta) + g(\cos\varphi\cos\theta\sin\alpha\cos\beta + \sin\varphi\cos\theta\sin\beta - \\ \qquad \sin\theta\cos\alpha\cos\beta) + \frac{T}{M}\cos\alpha\cos\beta \\[4pt] \dot{\alpha} = -\frac{1}{MV\cos\beta}L + q - \tan\beta(p\cos\alpha + r\sin\alpha) + \frac{g}{V\cos\beta}(\cos\varphi\cos\theta\cos\alpha + \\ \qquad \sin\alpha\sin\theta) - \frac{T\sin\alpha}{MV\cos\beta} \\[4pt] \dot{\beta} = \frac{1}{MV}(Y\cos\beta + D\sin\beta) + p\sin\alpha - r\cos\alpha + \frac{g}{V}\cos\beta\sin\varphi\cos\theta + \\ \qquad \frac{\sin\beta}{V}(g\cos\alpha\sin\theta - g\sin\alpha\cos\varphi\cos\theta + \frac{T}{M}\cos\alpha) \end{cases}$$

$$(1-6)$$

式中　　V——进舰速度；

　　　　α——迎角；

　　　　β——侧滑角；

　　　　D——气动阻力；

　　　　L——气动升力；

　　　　Y——气动侧力；

　　　　T——发动机推力；

　　　　M——飞机质量；

　　　　q—俯仰角速度；

　　　　r—偏航角速度；

　　　　p—滚转角速度。

其中，V、γ、α、β 作为舰载机 3 个着舰状态。

（2）舰载机力矩方程

舰载机所受力矩包括俯仰力矩、偏航力矩和滚转力矩。舰载机力矩方程可由公式（1－7）表示，相关气动参数详见文献［111］和文献［112］。

$$\begin{bmatrix} \dot{p} \\ \dot{q} \\ \dot{r} \end{bmatrix} = \begin{bmatrix} \dfrac{I_{zz}}{k} & 0 & \dfrac{I_{xz}}{k} \\ 0 & \dfrac{1}{I_{yy}} & 0 \\ \dfrac{I_{xz}}{k} & 0 & \dfrac{I_{xx}}{k} \end{bmatrix} \left(\begin{bmatrix} l \\ m \\ n \end{bmatrix} - \begin{bmatrix} 0 & -r & q \\ r & 0 & -p \\ -q & p & 0 \end{bmatrix} \begin{bmatrix} I_{xx} & 0 & -I_{xz} \\ 0 & I_{yy} & 0 \\ -I_{xz} & 0 & I_{zz} \end{bmatrix} \begin{bmatrix} p \\ q \\ r \end{bmatrix} \right)$$

$$(1-7)$$

式中　　m——俯仰力矩；

　　　　n——偏航力矩；

l——滚转力矩；

I_{**}——某一坐标轴的惯量距或某两轴的惯量积。

其中，q、r、p 作为舰载机 3 个着舰状态。$k = I_{xx}I_{zz} - I_{xz}^2$。

（3）舰载机姿态角变化方程

舰载机姿态角变化方程可用公式（1 – 8）表示，相关气动参数详见文献[111]和文献[112]。

$$\begin{bmatrix} \dot{\varphi} \\ \dot{\theta} \\ \dot{\psi} \end{bmatrix} = \begin{bmatrix} 1 & \sin\varphi\tan\theta & \cos\varphi\tan\theta \\ 0 & \cos\varphi & -\sin\varphi \\ 0 & \sin\varphi\sec\theta & \cos\varphi\sec\theta \end{bmatrix} \begin{bmatrix} p \\ q \\ r \end{bmatrix} \qquad (1-8)$$

1.2.1　舰载机作用力描述

舰载机着舰过程所受的力主要包括发动机推力 P，空气动力 F_{air} 及地球引力 G。下面具体描述各作用力的数学形式。

（1）发动机推力

本书以 F/A – 18 大黄蜂舰载机为研究对象，其具有双发动机，发动机推力方向与舰载机机体坐标系 x_{ab} 轴方向一致，发动机仅控制推力大小，不通过喷管来调整推力方向。发动机推力大小与舰载机飞行速度 V、飞行高度 H、迎角 α 及油门开度 δ_p 有关系，数学表达式为

$$P = F(V, H, \alpha, \delta_p) \qquad (1-9)$$

（2）空气动力

舰载机所受的空气动力可分解为气动升力 L、气动侧力 Y 及气动阻力 D。

气动升力 L 数学表达式为

$$L = C_L \frac{1}{2}\rho V^2 S \qquad (1-10)$$

气动侧力 Y 数学表达式为

$$Y = C_Y \frac{1}{2}\rho V^2 S \qquad (1-11)$$

气动阻力 D 数学表达式为

$$D = C_D \frac{1}{2}\rho V^2 S \qquad (1-12)$$

式中　ρ——空气密度；

　　　S——舰载机参考面积；

　　　C_L、C_Y、C_D——气动升力系数、气动侧力系数和气动阻力系数。

　　　C_L、C_Y、C_D 的数学表达式为

$$\begin{cases} C_L = C_L(Ma,\alpha,\delta_{\text{ele}}) \\ C_Y = C_Y(Ma,\beta,\delta_{\text{rud}}) \\ C_D = C_D(Ma,\alpha,\beta,\delta_{\text{ele}},\delta_{\text{rud}},\delta_{\text{ail}}) \end{cases} \quad (1-13)$$

式中　δ_{ele}、δ_{rud}、δ_{ail}——升降舵舵偏角、方向舵舵偏角、副翼舵偏角；

　　　Ma——马赫数。

（3）地球引力

地球引力与舰载机的质量有关，在着舰过程中，舰载机的质量随着燃料的消耗而减小，但考虑到着舰过程持续时间相对较短，因此燃料的消耗量与舰载机本身质量相比可忽略不计，地球引力表达式为

$$G = mg \quad (1-14)$$

1.2.2　舰载机作用力矩描述

舰载机着舰过程的气动力矩主要有俯仰力矩 m、偏航力矩 n 和滚转力矩 l。下面具体描述各力矩的数学表达式。

（1）俯仰力矩表达式为

$$m = C_m \frac{1}{2}\rho V^2 S c_A \quad (1-15)$$

（2）偏航力矩表达式为

$$n = C_n \frac{1}{2}\rho V^2 b S \quad (1-16)$$

（3）滚转力矩表达式为

$$l = C_l \frac{1}{2}\rho V^2 b S \quad (1-17)$$

式中　c_A——机翼平均气动弦长；

　　　b——机翼展长；

　　　C_m、C_n、C_l——俯仰力矩系数、偏航力矩系数、滚转力矩系数。

C_m、C_n 和 C_l 可表示为

$$\begin{cases} C_m = C_m(Ma,\alpha,\delta_{\text{ele}},q) \\ C_n = C_n(Ma,\alpha,\beta,\delta_{\text{ail}},\delta_{\text{rud}},r,p) \\ C_l = C_l(Ma,\alpha,\beta,\delta_{\text{ail}},\delta_{\text{rud}},r,p) \end{cases} \quad (1-18)$$

F/A-18 大黄蜂舰载机着舰过程要求进舰速度为 70 m/s，航迹角为 8.4°，下滑角为 3.5°，其平衡态见表 1-1[113]。

表 1-1　F/A-18 大黄蜂舰载机平衡态

进舰速度 $V/(\mathrm{m \cdot s^{-1}})$	迎角 $\alpha/(°)$	侧滑角 $\beta/(°)$
70.0	8.4	0
滚转角速度 $p/(° \cdot s^{-1})$	俯仰角速度 $q/(° \cdot s^{-1})$	偏航角速度 $r/(° \cdot s^{-1})$
0	0	0
滚转角 $\varphi/(°)$	俯仰角 $\theta/(°)$	偏航角 $\psi/(°)$
0	4.9	0

考虑到后文中的控制规律和算法推导,本书将舰载机的非线性着舰方程式(1-6)至公式(1-8)在表 1-1 的着舰平衡点处线性化,通过 Matlab 中的 trim 函数,得到舰载机着舰的线性数学模型为

$$\begin{cases} x(k+1) = Ax(k) + Bu(k) \\ y(k) = Cx(k) + Du(k) \end{cases} \tag{1-19}$$

式中,状态量 $x = \{V, \beta, \alpha, p, q, r, \varphi, \theta, \psi\}$,控制量 $u = \{\delta_{\mathrm{ail}}, \delta_{\mathrm{rud}}, \delta_{\mathrm{ele}}, T\}$,系统矩阵 A、控制矩阵 B、观测矩阵 C 及前馈矩阵 D 为

$$A = \begin{bmatrix} -0.136 & 0 & -76.07 & 0 & 0 & 0 & 0 & -30.335 & 0 \\ 0 & -0.027 & 0 & 0.143 & 0 & -0.99 & 0.137 & 0 & 0 \\ -0.001 & 0 & -0.724 & 0 & 1 & 0 & 0 & 0.047 & 0 \\ 0 & -4.465 & 0 & 0.992 & 0 & 0.913 & 0 & 0 & 0 \\ 0 & 0 & 0.256 & 0 & -0.167 & 0 & 0 & 0 & 0 \\ 0 & 0.516 & 0 & 0.045 & 0 & -0.204 & 0 & 0 & 0 \\ 0 & 0 & 0 & 1 & 0 & -0.202 & 0 & 0 & 0 \\ 0 & 0 & 0 & 0 & 1 & 0 & 0 & 0 & 0 \\ 0 & 0 & 0 & 0 & 0 & 1.02 & 0 & 0 & 0 \end{bmatrix}$$

$$B = \begin{bmatrix} 0 & 0 & -1.64 & 0.001 \\ -0.017 & 0.023 & 0 & 0 \\ 0 & 0 & -0.057 & 0 \\ 4.932 & 0.548 & 0 & 0 \\ 0 & 0 & -1.652 & 0 \\ -0.022 & -0.377 & 0 & 0 \\ 0 & 0 & 0 & 0 \\ 0 & 0 & 0 & 0 \\ 0 & 0 & 0 & 0 \end{bmatrix}$$

$$C = \text{diag}\{1,1,1,1,1,1,1,1,1\}$$

前馈矩阵 D 为零矩阵。

综上所述,本章以 F/A-18 大黄蜂舰载机为研究对象,建立其着舰过程的动力学和运动学模型,并通过着舰平衡态将非线性模型变换为线性模型,为后文提供舰载机着舰的数学模型。

第 2 章　航母运动及舰尾流场数学模型

在舰载机着舰过程中,航母运动及舰尾流对着舰安全性影响极大,有时较大的甲板横纵摇和剧烈的舰尾流扰动可能导致舰载机撞击舰尾或甲板上的其他设备,造成机毁人亡的严重事故。为此应对航母运动及舰尾流扰动进行精准建模,为舰载机人工和自动着舰提供模型数据。本书的航母相关数据出自美国小鹰号航母的公开资料。

2.1　航母运动模型

虽然安全着舰区域在航母甲板的固定位置,但是航母的平移和摇动会使航母安全着舰区域发生变化,进而影响理想下滑道,因此需要建立航母的运动模型。由于航母的推力沿纵轴方向,航母的横摇很小,本书暂时忽略横摇影响。航母纵摇可通过推力计算,与推力成正比例关系。其他 4 个自由度与航母航速和所在海域的海况有关,根据已有的研究成果,通常情况下航母运动可采用正弦曲线叠加组合的形式表示。根据美国航母的公开数据,在中等海况下,航母以 30 kn 的航速直航,纵摇 θ_c、横摇 φ_c、艏摇 ψ_c 和垂荡 Z_c 的数学表达式为[114]

$$\theta_c = 0.5\sin(0.6t) + 0.3\sin(0.63t) + 0.25 \tag{2-1}$$

$$\varphi_c = 2.5\sin(0.5t) + 3.0\sin(0.52t) + 0.5 \tag{2-2}$$

$$\psi_c = 0.25\sin(0.7t) + 0.5\sin(0.1t) \tag{2-3}$$

$$Z_c = 4.0\sin(0.6t) + 1.0\sin(0.2t) \tag{2-4}$$

但是实际上,航母的运动是一个随机过程,不能用固定的函数表示,在工程实践中,往往使用频谱模型法。大量实船试验表明,航母在海浪作用下的运动是一个各态遍历的随机过程,理论研究常将单位白噪声作用在成型滤波器上,得到航母时域运动模型。以下各式为美国埃塞克斯号航母在航速为 8 kn,海浪中心高度为 5.2 m 的情况下的横摇 φ_c、纵摇 θ_c 和垂荡 Z_c 的功率谱,摇动单位为度(°),升沉单位为米(m)。

$$\varphi_c(s) = \frac{0.238s}{(s^2 + 0.089s + 0.137)(s^2 + 0.12s + 0.25)} \tag{2-5}$$

$$\theta_{c}(s) = \frac{0.334s}{(s^2 + 0.22s + 0.303)(s^2 + 0.384s + 0.41)} \qquad (2-6)$$

$$Z_{c}(s) = \frac{0.354s(s + 0.04)}{(s^2 + 0.16s + 0.16)(s^2 + 0.22s + 0.302)} \qquad (2-7)$$

通过公式(2-5)至公式(2-7),在 Matlab 中利用单位白噪声和滤波器对航母的运动仿真,曲线如图 2-1 和图 2-2 所示。

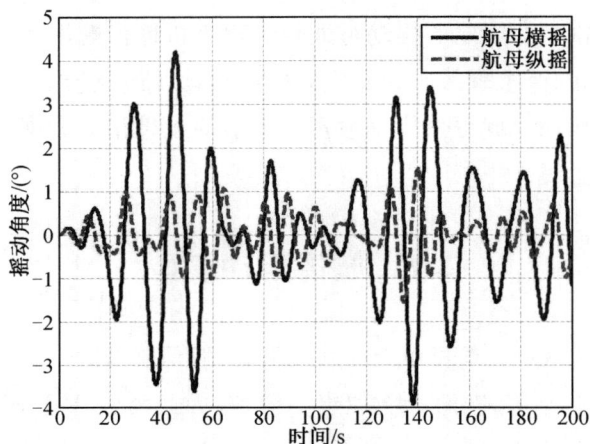

图 2-1　航母横纵摇仿真曲线

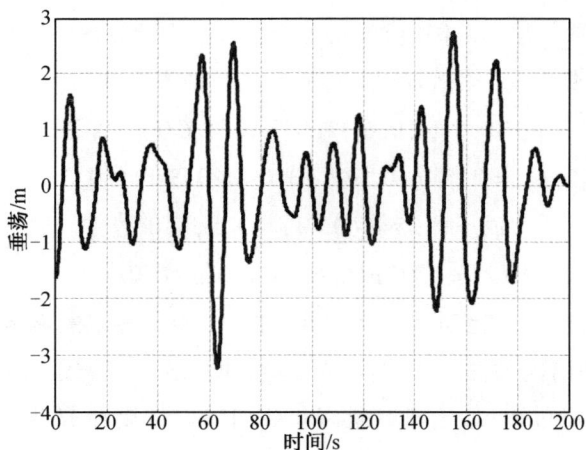

图 2-2　航母垂荡仿真曲线

2.2　航母舰尾流场模型

舰尾流扰动始终是舰载机着舰过程不可避免的影响因素,并对着舰效果影响巨大。0.3 m/s 的水平阵风和垂直阵风可以分别产生 0.12 m/s 和 0.39 m/s 的垂直速度误差[114],而在纵向上,垂直速度误差会造成较大的水平落点偏差,导致舰载机挂索靠前或无法钩索,进而直接影响舰载机着舰效果,严重时甚至能够造成机毁人亡的着舰事故。在舰尾流中,舰尾流稳态分量的影响最大,在舰尾流中起主导影响作用,如不抑制舰尾流稳态分量的扰动,可导致舰载机出现 39 m 的水平着舰误差,因此需要重点考虑舰尾流影响及有效抑制舰尾流的措施。

根据美军标 MIL – F – 8785C 建立的舰尾流场扰动模型,舰尾流由以下四部分组成:

(1)舰尾流稳态分量:u_1、w_1;

(2)自由大气紊流分量:u_2、v_2、w_2;

(3)舰尾流随机分量:u_3、v_3、w_3;

(4)舰尾流周期性分量:u_4、w_4。

将舰尾流分解为三个垂直方向的分量,分别为纵向尾流分量 u_{aw}、横向尾流分量 v_{aw} 和垂向尾流分量 w_{aw}。纵向尾流分量 u_{aw} 沿水平面平行于甲板风方向,指向飞机着舰方向。横向尾流分量 v_{aw} 沿水平面指向飞机右侧。垂向尾流分量 w_{aw} 垂直于水平面向下。各分量可表示为

$$\begin{cases} u_{aw} = u_1 + u_2 + u_3 + u_4 \\ v_{aw} = v_2 + v_3 \\ w_{aw} = w_1 + w_2 + w_3 + w_4 \end{cases} \qquad (2-8)$$

由于舰尾流的水平分量和垂直分量对舰载机着舰影响最大,容易引起舰载机纵向波动而产生着舰偏差,甚至产生撞舰事故,后文中将主要针对这两个方向的舰尾流加以抑制,为此本书主要针对舰尾流的水平分量和垂直分量开展建模工作。

2.2.1　舰尾流稳态分量仿真

舰尾流稳态分量是由于航母迎着风行驶过程中,气流从平坦甲板流过,然后经过舰尾向下流出而形成。由于舰尾流在垂向上看类似于雄鸡尾部的形状,因此常被俗称为雄鸡尾流。舰尾流稳态分量与距离航母纵摇中心的长度有关,在甲板

风 v_{wod} 为 15 m/s 的情况下,美军标 MIL - F - 8785C 给出了舰尾流稳态分量的变化曲线,如图 2 - 3、图 2 - 4 所示。

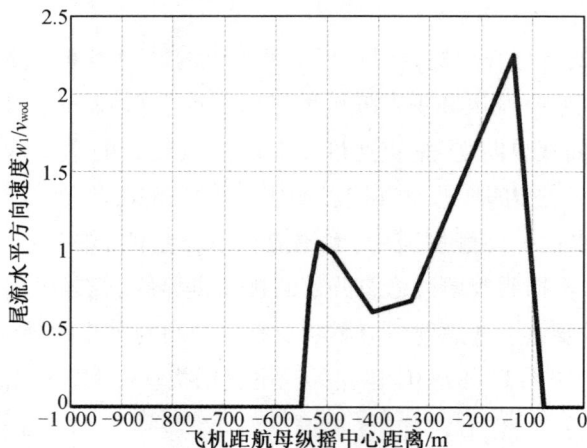

图 2 - 3   舰尾流稳态分量水平分量曲线

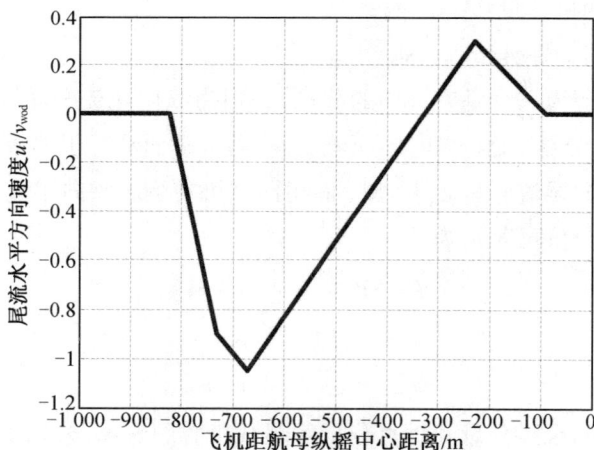

图 2 - 4   舰尾流稳态分量垂直分量曲线

国外学者也有采用时域仿真的方式建立雄鸡尾流的数学模型,该模型在垂直方向上只考虑下沉风,不考虑上扬风,水平方向为顺风。数学表达式为

$$u_2 = -0.007\,2t^5 + 0.113\,7t^4 - 0.591t^3 + 1.355\,2t^2 - 0.64t + 1.171\,5 \quad (2-9)$$

$$w_2 = -0.000\,1t^5 - 0.006\,6t^4 + 0.069\,8t^3 + 0.338\,9t^2 - 2.627\,9t - 0.114\,9$$

$$(2-10)$$

根据公式(2 - 9)和公式(2 - 10)可得到时域中雄鸡尾流仿真曲线如图 2 - 5

和图 2 - 6 所示。

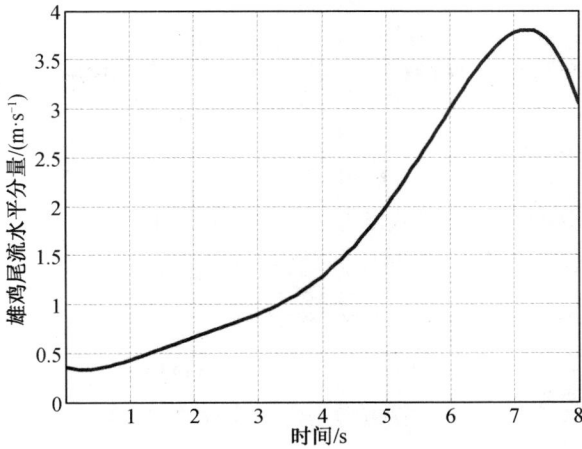

图 2 - 5　水平稳态分量曲线

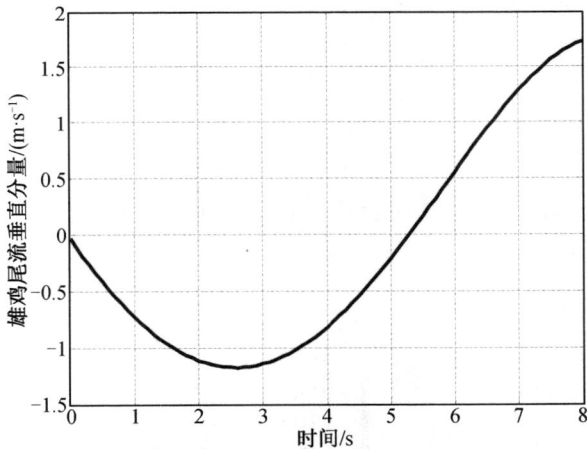

图 2 - 6　垂直稳态分量曲线

2.2.2　自由大气紊流分量仿真

自由大气紊流分量与舰载机和航母空间位置及姿态无关,仅与空气本身的属性有关。

通过美军标 MIL - F - 8785C 给出的自由大气紊流分量空间功率谱密度的形式可推导出自由大气紊流分量的时间频谱为

$$\begin{cases} S_{u_1}(\omega) = \dfrac{1}{v_{ku}} \cdot \dfrac{200}{1 + (100\omega/v_{ku})^2} \\ S_{v_1}(\omega) = \dfrac{1}{v_{kv}} \cdot \dfrac{939[1 + (400\omega/v_{ku})^2]}{[1 + (1\,000\omega/v_{ku})^2][1 + (133.3\omega/v_{ku})^2]} \\ S_{w_1}(\omega) = \dfrac{1}{v_{kw}} \cdot \dfrac{71.6}{1 + (100\omega/v_{ku})^2} \end{cases} \quad (2-11)$$

式中，v_{ku}、v_{kv} 和 v_{kw} 分别表示空气速度在三个方向的分量。

$$S(\omega) = K^2 \cdot \frac{T_1^2\omega^2 + 1}{(T_2^2\omega^2 + 1)(T_3^2\omega^2 + 1)} \quad (2-12)$$

$$|G(\mathrm{j}\omega)| = \sqrt{\pi} \cdot \sqrt{S(\omega)} \quad (2-13)$$

公式（2-12）中的时间功率谱均为单边谱，都能化为公式（2-13）的形式，式中 k、T_1、T_2 和 T_3 均为待定参数。再根据平稳随机过程理论，可得对应 $S(\omega)$ 的成型滤波器 $G(s)$[115]。通过公式（2-12）和公式（2-13）可得到自由大气紊流的滤波器形式，水平分量和垂直分量分别为

$$G_{u1}(s) = \frac{1.729}{0.458s + 1} \quad (2-14)$$

$$G_{w1}(s) = \frac{4.105}{7.489s + 1} \quad (2-15)$$

将单位白噪声作为输入量通过以上两个滤波器，可获得水平和垂直分量曲线，如图 2-7 和图 2-8 所示。

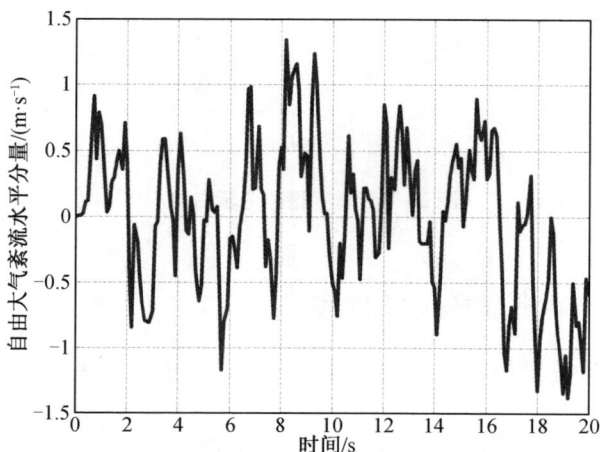

图 2-7　紊流水平分量曲线

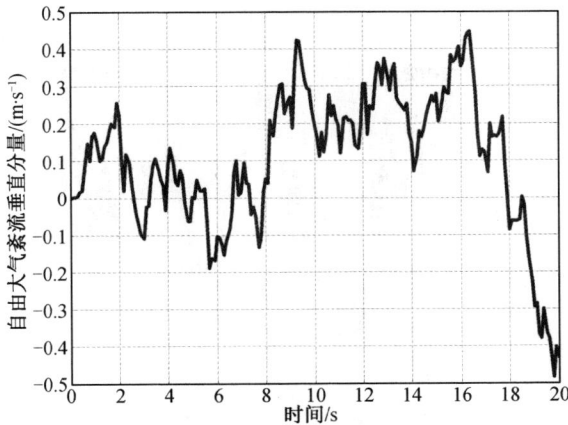

图 2 - 8　紊流垂直分量曲线

2.2.3　尾流随机分量仿真

美军标 MIL - F - 8785C 指出尾流随机分量可利用成型滤波器获得,如图 2 - 9 所示。

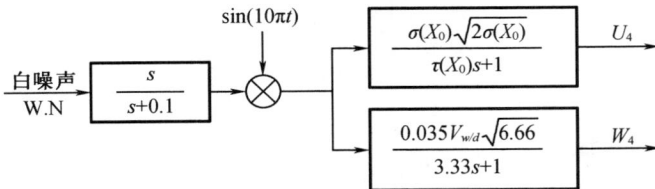

图 2 - 9　尾流随机分量滤波方法

图 2 - 9 中 $\sigma(X_0)$ 和 $\tau(X_0)$ 是与进舰距离有关的均方根和时间变量,仿真曲线 如图 2 - 10、图 2 - 11 所示。

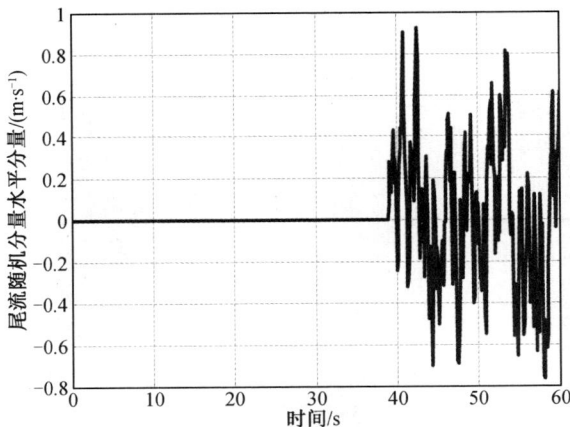

图 2 - 10　尾流随机分量水平分量曲线

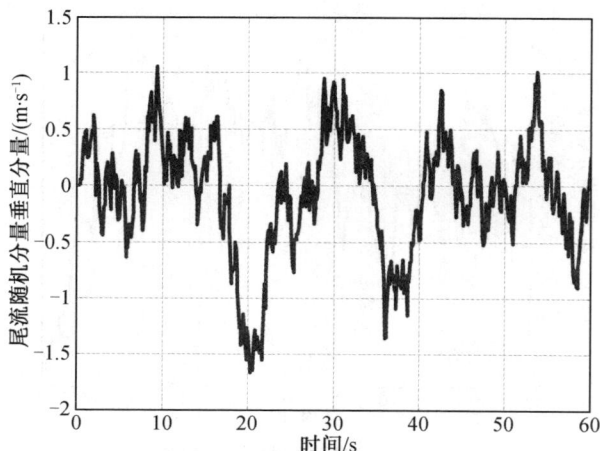

图 2 - 11 尾流随机分量垂直分量曲线

2.2.4 尾流周期性分量仿真

周期分量是航母纵摇运动产生的,与航母的运动参数有关,数学模型为

$$u_4 = \theta_C V_{\text{wod}}(2.22 + 0.000\,9 X_0)C \qquad (2-16)$$

$$w_4 = \theta_C V_{\text{wod}}(4.98 + 0.001\,8 X_0)C \qquad (2-17)$$

式中 V_{wod}——甲板风;

       θ_C——航母纵摇幅值;

       X_0——进舰距离;

       C——上述变量的余弦表达式。

$X_0 < 681$ m 时, $u_4 = 0$ m/s; $X_0 < 773$ m 时, $w_4 = 0$ m/s。

一种典型工况下尾流周期分量如图 2 - 12、图 2 - 13 所示。

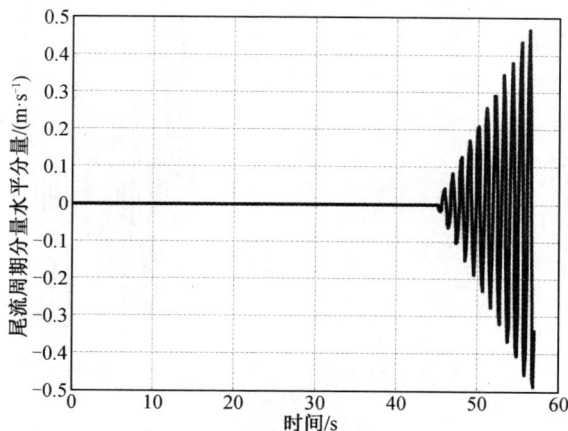

图 2 - 12 尾流周期分量水平分量曲线

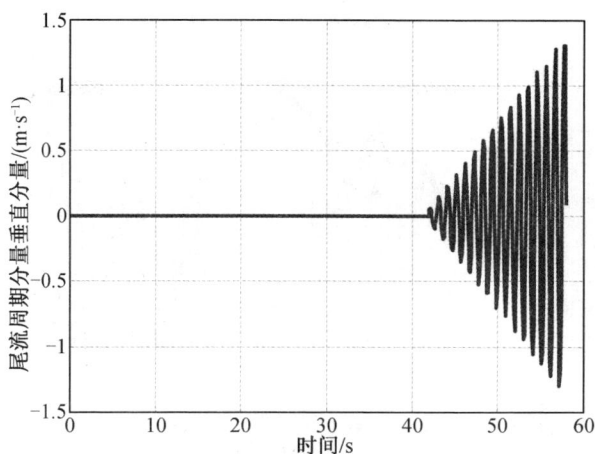

图 2 - 13　尾流周期分量垂直分量曲线

2.2.5　舰尾流场综合仿真模型

综合前面各节所述的舰尾流稳态分量、自由大气紊流分量、尾流随机分量及周期性分量可得舰尾流的综合仿真模型,仿真曲线如图 2 - 14 和图 2 - 15 所示。

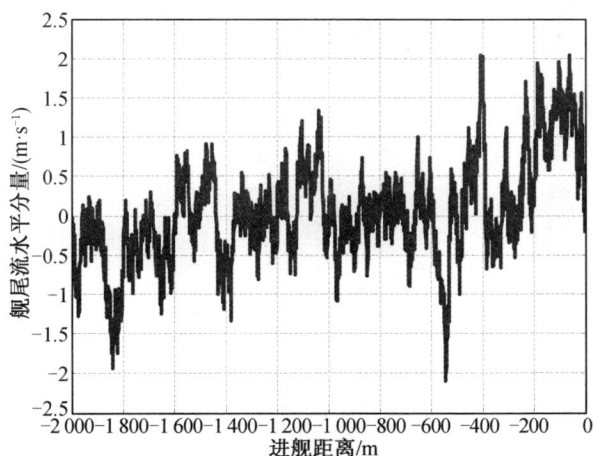

图 2 - 14　舰尾流水平分量曲线

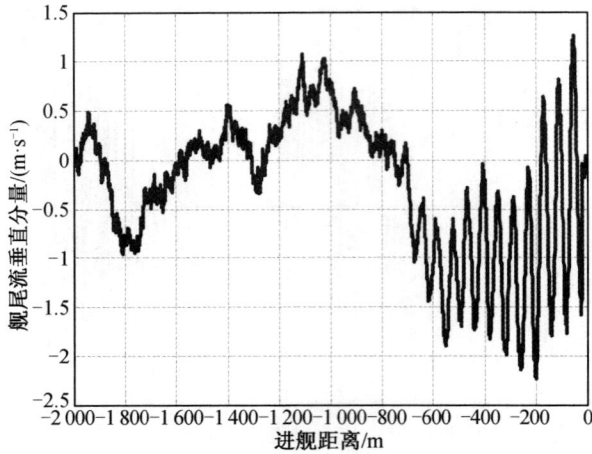

图 2 − 15　舰尾流垂直分量曲线

　　综上所述,本章建立了航母运动模型和舰尾流场数学模型,以上模型可提供真实模拟舰载机着舰环境中的甲板运动信息和气流扰动信息,为后续人工着舰和自动着舰抑制风险策略提供一定的数据基础。

第3章 舰载机着舰区域空间及综合仿真平台

舰载机着舰末端阻拦过程由舰载机尾钩与航母甲板上的阻拦索相互作用完成,使飞机最终停在甲板上,该过程是航母着舰最危险的阶段。本章将对着舰甲板区域的空间分布做分析,划定安全着舰区域,为后文着舰风险模型提供辅助数据。

3.1 安全着舰区域

本书以美国小鹰号航母为对象开展研究,书中涉及的航母均是小鹰号航母。该航母斜角甲板长度约220 m,宽度为39 m,斜角甲板中心线与航母纵轴线夹角为11.2°,共有四道阻拦索,从舰尾向舰首阻拦索编号分别为1~4号,1号索距舰尾54 m,相邻索间距为12 m,阻拦索长度为30 m,理想着舰点位于第2道和第3道阻拦索围成矩形的几何中心。甲板俯视图如图3-1所示。

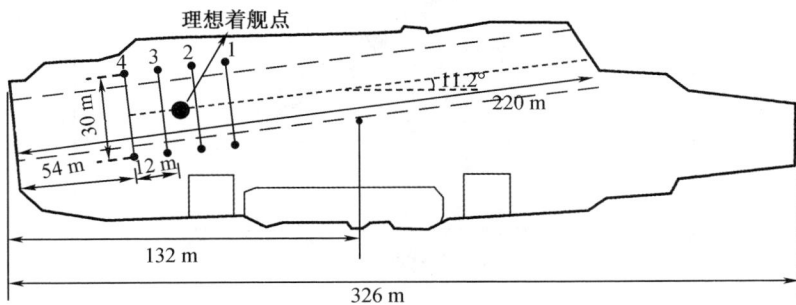

图3-1 航母甲板俯视图

根据图3-1所示甲板俯视图概貌,在纵向上,飞机尾钩接触甲板时的落点需要在第4号阻拦索和舰尾之间的区域,考虑到飞机越靠近舰尾,越容易发生撞击舰尾的事故,本书定义纵向安全着舰区域为4号阻拦索与1号阻拦索向舰尾延伸12 m的0号阻拦索(虚拟索,不存在)之间的空间,横向安全着舰区域为着舰区域对中线两侧20 m区域内。

3.2 纵向回路安全着舰窗口

由于不同初始下滑偏差的舰载机落点纵向位置是不同的,本书将通过仿真的手段,分析不同初始下滑偏差对其纵向着舰安全性的影响。首先做如下规定:舰载机高于理想下滑道时下滑偏差为正,舰载机低于理想下滑道时下滑偏差为负。

现将仿真环境的初始条件设定如下:舰载机在距舰 926 m 处进入下滑道,无初始对中偏差,空速为 70 m/s,舰载机初始下滑偏差分别为 +8 m、+6 m、+4 m、+2 m、-2 m、-4 m、-6 m、-8 m。得到不同初始下滑偏差情况下舰载机纵向航迹和俯仰角曲线如图 3-2、图 3-3 所示。

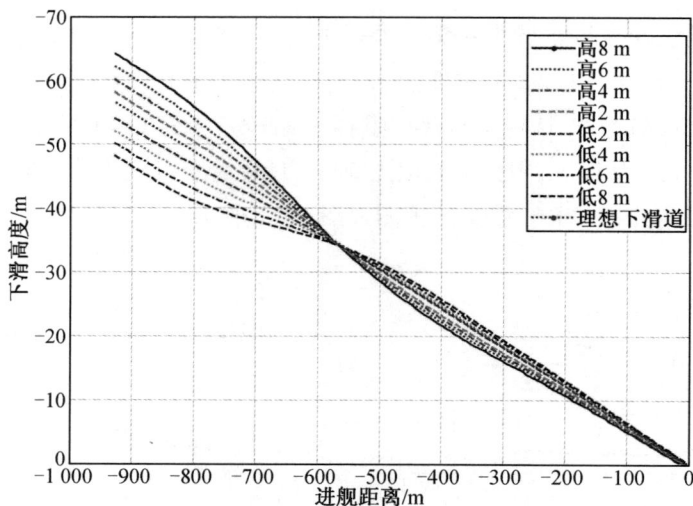

图 3-2 不同初始下滑偏差时纵向下滑曲线

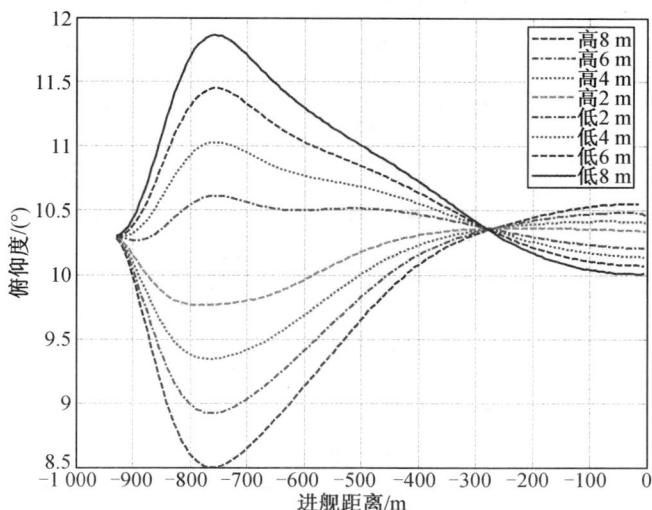

图 3 - 3   不同初始下滑偏差时俯仰角曲线

从仿真曲线中可以看出,当舰载机在进入下滑道高于理想下滑航迹时,飞行员通过驾驶杆前推操作使舰载机接近理想下滑道。但由于飞行控制系统性能的限制,在下滑航迹调整过程中将产生超调。舰载机初始下滑偏差越大,即飞机的高度越高时,舰载机俯头飞行时,俯仰角的变化越大,纵向着舰轨迹的超调量越大,着舰风险也随之越大。当舰载机在进入下滑道低于理想下滑航迹时,飞行员通过驾驶杆后拉操作使舰载机接近理想下滑道。舰载机初始下滑偏差越大,即飞机的高度越低时,俯仰角变化越大,纵向着舰轨迹的超调量也越大,着舰风险也越大。不同初始下滑偏差情况下的落点纵向偏差见表 3 - 1。

表 3 - 1   不同初始下滑偏差情况下的落点纵向偏差

初始下滑偏差/m	+8	+6	+4	+2	-2	-4	-6	-8
落点纵向偏差/m	-8.27	-5.37	-4.13	-1.24	1.23	3.45	4.66	6.86

通过图 3 - 3 所示的不同下滑偏差情况下舰载机俯仰角变化曲线,可以分析舰载机出现下滑偏差情况下下滑轨迹的调节过程。当舰载机初始纵向位置高于理想下滑道时,舰载机通过纵向引导控制律,产生一个较小的期望俯仰角,此信号与实际俯仰角比较,将差值传递给飞行姿态控制系统,飞行姿态控制系统作用于升降舵,并使其下偏,舰载机减小俯仰角来缩小实际俯仰角与期望俯仰角之间的差值,从而达到跟踪纵向理想航迹的目的。但由于飞机自身调整能力有限,结果

会出现稳态误差,且初始下滑偏差越大,纵向超调就越大,产生的稳态误差就越大,最终实际着舰点与理想着舰点的纵向偏差也越大,这样可能会造成着舰危险。

通过前文的分析可以知道,影响舰载机纵向回路安全着舰的核心因素是舰载机的进舰距离和初始下滑偏差值,只有对不同进舰距离、不同初始下滑偏差进行大量的仿真试验,才能够清晰地得到舰载机纵向回路的安全飞行区域,进而可以确定纵向安全着舰窗口的边界值。本书通过从 X 位置至 AR 位置之间不同进舰距离处设定不同的初始下滑偏差进行仿真,根据舰载机着舰点是否在安全着舰区域内来判定这样的初始条件是否为安全着舰的初始条件,以 1/4 n mile 处初始下滑偏差为 −20 ~ 20 m 为例进行 40 次仿真试验。舰载机落点纵向分布及舰尾净高分布如图 3 −4、图 3 −5 所示。

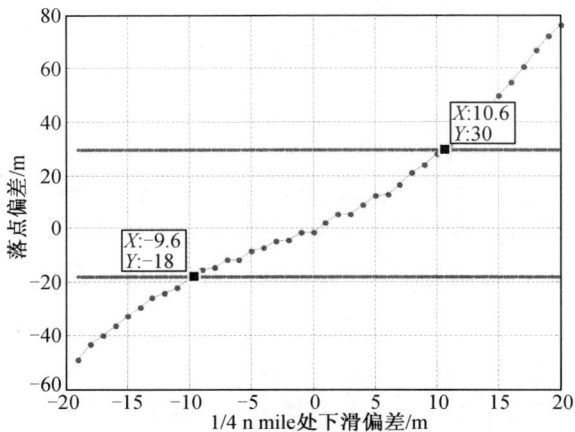

图 3 −4　不同初始下滑偏差舰载机落点纵向分布图

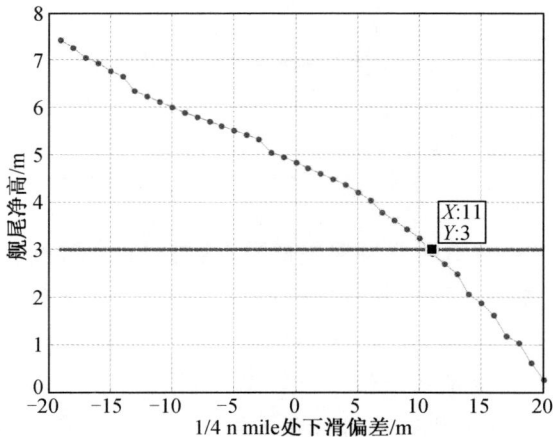

图 3 −5　不同下滑偏差舰载机舰尾净高分布图

从前文安全着舰区域的概念可知,纵向安全区域的边界为理想着舰点前方 18 m 到理想着舰点后方 30 m,如果舰载机着舰点超出此范围,可能导致无法钩索或有撞击舰尾的危险,这是不允许的。因此在这样的限制之下,从图 3 – 4 可以得到舰载机距舰距离 1/4 n mile 处纵向安全飞行范围为 – 9.6 ~ 10.6 m。同时再考虑舰尾净高的影响结果,在图 3 – 5 不同初始下滑偏差与舰尾净高分布图中可以看出,当初始偏差在 +11 m 以上时,舰尾净高在 3 m 以下,根据参考文献,舰载机通过舰尾时应该具有 3 m 的最小安全裕量。综合考虑落点纵向偏差和舰尾净高因素,1/4 n mile 允许的初始下滑偏差范围为 – 9.6 ~ 10.6 m。再进行角度转化,可以获得 1/4 n mile 处的安全着舰窗口范围为 – 1.19° ~ 1.31°。

通过上述方法可以获得其他位置的不同初始下滑偏差时的仿真数据,这里不做赘述。因此本书可以得到不同进舰距离下允许的初始下滑偏差和纵向安全着舰窗口的大小,见表 3 – 2,表中角度为在 3.5°理想下滑道上下的角度值。

表 3 – 2　不同进舰距离允许初始下滑偏差和纵向安全着舰窗口

进舰距离/n mile	允许初始下滑偏差/m	纵向安全着舰窗口/(°)
1/2	[– 25.8,25.2]	[– 1.60,1.56]
3/8	[– 17.8,17.8]	[– 1.47,1.47]
1/4	[– 9.6,10.6]	[– 1.19,1.31]
3/16	[– 8.6,8.8]	[– 1.42,1.45]
1/8	[– 5.8,6]	[– 1.44,1.48]
1/16	[– 2.2,3]	[– 1.09,1.48]
AR(舰尾)	[– 1.8,2]	[– 1.29,1.43]

根据表 3 – 2 的统计数据,利用 Matlab 软件仿真可以得出纵向着舰的安全飞行区域和安全着舰窗口范围的二维图形,如图 3 – 6 所示。图中圆圈为仿真数据,曲线上其他点为利用 Matlab 拟合出来的平滑曲线效果。

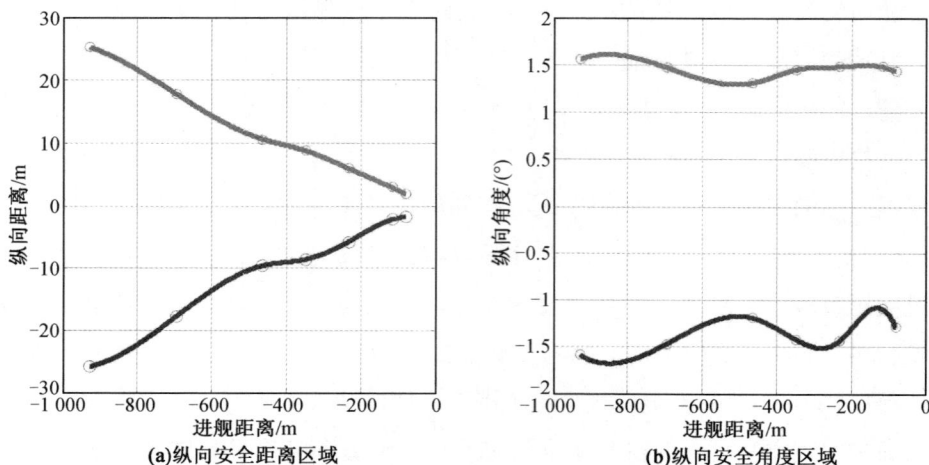

(a)纵向安全距离区域　　　　　　　(b)纵向安全角度区域

图 3-6　进舰过程纵向回路安全距离、角度区域

3.3　横向回路安全着舰窗口

由于不同初始对中偏差的舰载机落点横向位置是不同的,因此本节也将通过仿真的手段,分析不同初始对中偏差对其横向着舰安全性的影响。首先做如下规定:舰载机在对中线右侧时对中偏差为正,在对中线左侧时对中偏差为负。

现将仿真环境的初始条件设定如下:舰载机在距舰 926 m 处进入下滑道,无初始下滑偏差,空速为 70 m/s,舰载机初始对中偏差分别为 -8 m、-6 m、-4 m、-2 m、+2 m、+4 m、+6 m、+8 m。得到不同初始对中偏差情况下舰载机横向航迹和滚转曲线如图 3-7 和图 3-8 所示。

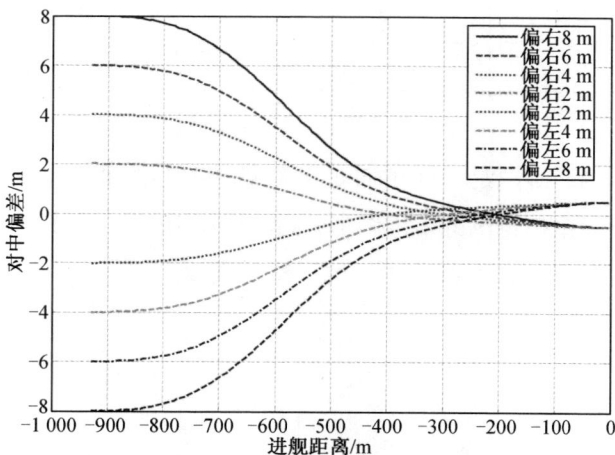

图 3-7　不同初始对中偏差时对中轨迹曲线

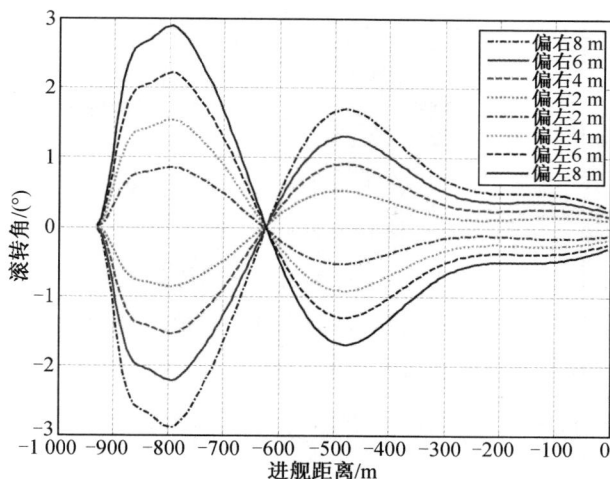

图 3 - 8　不同初始偏差时滚转角曲线

从仿真曲线中可以看出,由于飞机在进入下滑道时明显右偏于对中线时,飞行员通过向左扳动驾驶杆使舰载机向左接近对中线。但由于舰载机本身性能的限制,在对中航迹调整过程中将产生超调,舰载机初始对中偏差越大,即横向位置越偏右,滚转角的变化越大,横向着舰轨迹的超调量越大,着舰风险也随之越大。不同初始对中偏差情况下落点横向误差见表 3 - 3。

表 3 - 3　不同初始对中偏差情况下落点横向误差

初始对中偏差/m	+8	+6	+4	+2	-2	-4	-6	-8
落点横向偏差/m	2.75	1.77	1.43	0.51	-0.55	-1.74	-1.89	-2.15

比较表 3 - 3 中数据可以发现,初始对中偏差的正负对舰载机在对中轨迹调节过程中滚转角的变化幅度和最终着舰横向偏差的影响几乎是相同的。由此可见,对于不同初始对中偏差,无论正负,在确定安全飞行区域时可以等同对待。

通过图 3 - 8 中滚转角变化曲线,可以分析舰载机出现对中偏差时对中轨迹的调节过程。当存在正向的对中偏差,即舰载机在对中线右侧时,舰载机获得横侧向引导控制律,产生一个向左的期望滚转角信息,作用于飞行控制系统,右副翼下偏,同时左副翼上偏,导致舰载机右翼升力增大,同时左翼升力减小,这种合力的综合作用形成舰载机横侧向的操纵力矩,使舰载机向左加速滚转。由于在滚转过程中会产生侧滑角,控制系统将同时操纵方向舵右偏,以消除侧滑。由于飞机自身性能和调整能力的限制,最终对中结果会出现稳态误差,且初始对中偏差越大,其对中轨迹调整所需要的滚转角度越大。这个过程的调节时间越长,轨迹的超调量越大。

通过前文的分析,可以知道进舰距离和初始对中偏差是影响舰载机横侧向回路安全着舰的重要影响因素,只有对不同进舰距离、不同初始对中偏差进行大量的仿真试验,才能够清晰地得到舰载机横侧向回路的安全飞行区域,进而可以确定横侧向安全着舰窗口的边界值。本书通过从 X 位置至 AR 关键位置之间不同进舰距离处设定不同的初始下滑偏差进行仿真,根据舰载机着舰点是否在安全着舰区域内来判定这样的初始条件是否为安全着舰的初始条件,以 1/4 n mile 处初始下滑偏差为 $-45 \sim 45$ m 为例进行 90 次仿真试验。舰载机落点横向分布情况如图 3－9 所示。

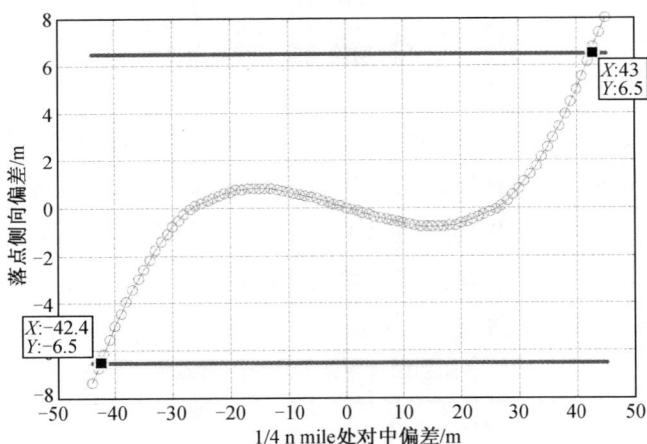

图 3－9　不同初始对中偏差舰载机落点横向分布图

根据横向安全着舰区域的定义,允许的舰载机横向落点范围在对中线左右 6.5 m 以内。由于不同的初始对中偏差导致落点横向分布有所不同,当初始对中偏差较大时,舰载机实际着舰点位于对中线左右 6.5 m 以外,因此通过仿真曲线可知,舰载机横侧向允许的初始对中偏差的范围为 $-42.4 \sim 43$ m。

通过上述方法可以获得其他位置的不同初始对中偏差时的仿真数据,这里不做赘述。因此本书可以得到不同进舰距离下允许的初始对中偏差和横侧向安全着舰窗口的大小,见表 3－4,表中角度为对中线左右的偏角。

表 3 – 4 不同进舰距离允许初始对中偏差和横侧向安全着舰窗口

进舰距离/n mile	允许初始对中偏差/m	横侧向安全着舰窗口/(°)
1/2	[-52.6,53.6]	[-3.25,3.31]
3/8	[-47.2,47.8]	[-3.89,3.94]
1/4	[-42.4,43]	[-5.23,5.3]
3/16	[-24.2,25]	[-3.99,4.12]
1/8	[-14,14.2]	[-3.46,3.51]
1/16	[-8,8]	[-3.95,3.95]
AR(舰尾)	[-7.2,7.2]	[-5.14,5.14]

根据表 3 – 4 中的统计数据,利用 Matlab 软件仿真可以得出横侧向着舰的安全飞行区域和安全着舰窗口范围的二维图形,如图 3 – 10 所示。图中圆圈为仿真数据,曲线上其他点为利用 Matlab 拟合出来的平滑曲线效果。

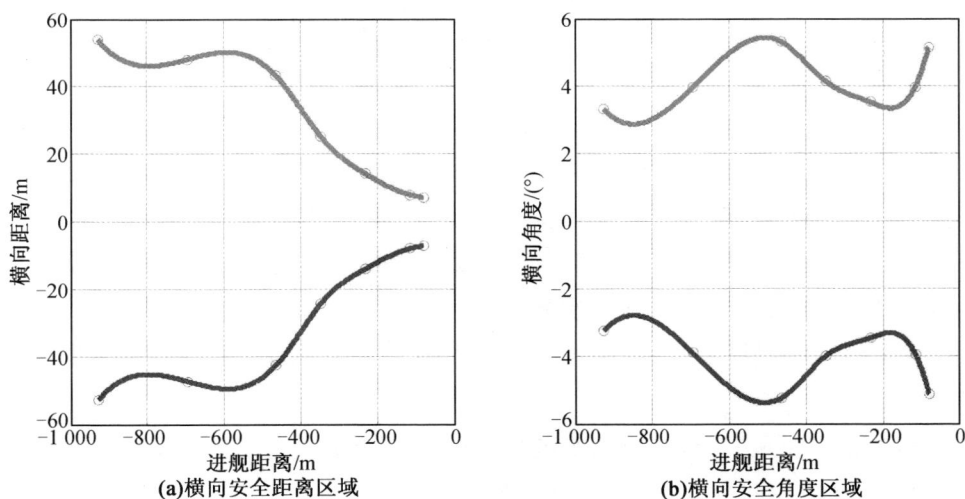

(a)横向安全距离区域   (b)横向安全角度区域

图 3 – 10 进舰过程横侧向回路安全距离、角度区域

综合本节的内容,根据上述全进舰过程中纵向回路和横侧向回路安全着舰飞行区域,可以确定全进舰过程舰载机安全着舰窗口的大小,这个窗口将随着舰载机进舰距离的不同而动态变化。

3.4　舰载机着舰综合仿真平台构建

结合前文介绍的舰载机着舰运动模型、航母运动模型、舰尾流扰动模型等,本节围绕即将开展研究的中心工作,搭建舰载机着舰综合仿真平台,总体结构如图3－11所示。

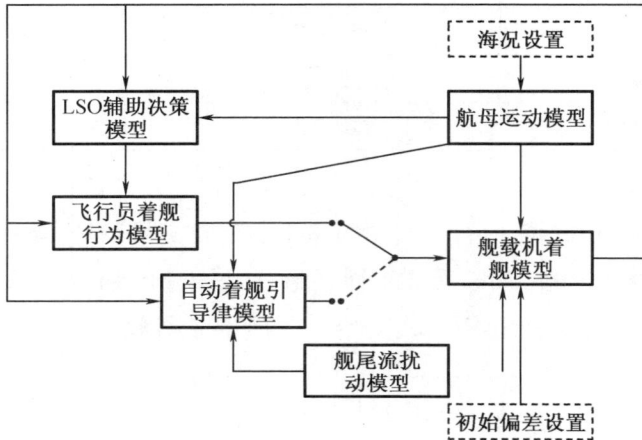

图3－11　着舰综合仿真平台工作原理图

在图3－11中,根据不同的仿真目的,着舰综合仿真平台可实现人工着舰回路和自动着舰回路两种回路的仿真任务,仿真模型包括舰载机的着舰模型、航母运动模型、舰尾流扰动模型、海况设置模块、LSO辅助决策模型和飞行员着舰行为模型。LSO辅助决策模型和飞行员着舰行为模型将在后续章节中详细介绍。综合仿真平台的仿真步骤如下所示:

(1)根据不同仿真任务设置回路切换开关,开展人工着舰回路仿真或自动着舰回路仿真,进一步确定着舰操控对象为飞行员着舰行为模型或者全自动着舰引导律。

(2)如启动人工着舰回路,将LSO辅助决策模型开启,使其接收舰载机和航母模型实时运动状态,并根据飞行员模型的操控状态发送辅助决策指令;如果启动自动着舰回路,将自动引导律系统开启,并启动舰尾流扰动模块。

(3)设置初始海况信息,确定航母运动模型的相关参数,进而设定舰载机着舰区域的运动环境;设置舰载机的初始下滑偏差(纵向偏差)、对中偏差(横向偏差)及初始姿态角,确定舰载机模型的空间位置和姿态。

（4）开启仿真时间推进功能，使仿真平台以固定时间步长迭代仿真，着舰综合仿真平台的仿真时间步长设定为 50 ms。本次仿真结束后返回步骤（1），准备下一次仿真。

为了更直观地反映舰载机和航母的运动过程，本节构建的舰载机着舰综合仿真平台的界面采用三维视景的形式加以显示，并设置多个观察视角用于实时观测仿真过程，舰载机飞行员视角和航母运动模型三维视景如图 3 – 12 和图 3 – 13 所示。

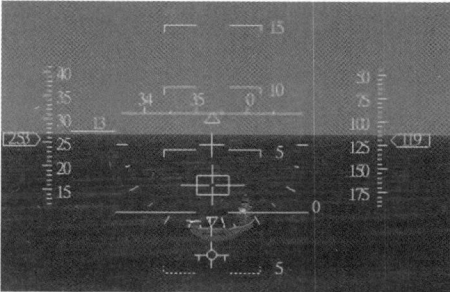

图 3 – 12　飞行员视角着舰视景

图 3 – 13　航母运动模型三维视景

本书依托实验室已有硬件设备构建着舰综合仿真平台软硬件（图 3 – 14），可实现人工着舰或自动着舰的仿真试验工作，并构建 LSO 辅助决策模拟平台，如图 3 – 15 所示，可用于人工 LSO 和自动 LSO 在着舰过程中发送指令给舰载机半物理仿真平台。

图 3 – 14　半物理着舰仿真平台

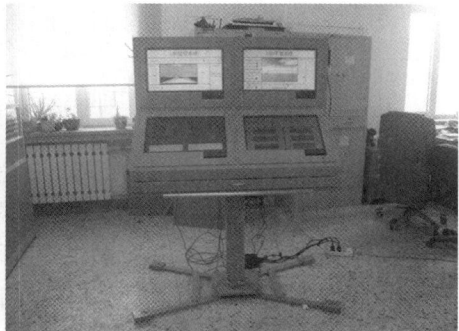

图 3 – 15　LSO 自动指令系统

综上所述，本章确立了舰载机着舰区域空间，通过仿真手段确立了量化的着舰区域划分边界，并建立了舰载机着舰综合仿真平台，整合了各种需要的数学模型。

第4章 舰载机飞行员着舰行为模型

根据国外研究报告提供的信息显示,70%以上的飞行事故与飞行员不合理的决策和不科学的判断有关[116-117]。这充分说明了飞行员自主行为因素对着舰效果影响巨大,因而需要建立一种能够模拟实际飞行员着舰动作并且能够区分不同飞行员着舰水平的行为模型。本章将从飞行员的行为机理、动作特点、思维方式出发,建立飞行员着舰行为模型。

4.1 飞行员着舰行为建模原理

飞行员是一类特殊群体,不仅具有操控舰载机完成着舰任务的特殊性,如根据FLOLS 提供的肉球角度信息和进舰距离,以准确地判断纵向偏差的大小,根据航母当前的位置和姿态,预判航母若干秒后的位置和姿态等,而且也具有人类所共有的通用特性,如获取信息的过程、针对不同情况所做的判断和决策的过程、根据大脑思考来进行相应执行动作的过程等。本章从通用化的角度总结出人的行为通用要素成分[118]:重要信息感知、能力指标划分、行为规则、知识数据库,如图4-1所示。

图4-1 行为通用要素图

（1）重要信息感知:行为的基础数据来源,是行为主体获得目标环境信息和关注的重要信息,对不关注的信息加以忽略。

（2）能力指标划分:量化行为主体的能力水平,用以划分不同等级的行为主体。

（3）行为规则:用来约束行为主体的动作,使其满足客观条件和规律。

（4）知识数据库:用以存储行为主体所掌握的知识和经验。

本书根据图4-1并从特定角度将通用模型加以改进,来满足实际飞行员的动作特征。

（1）将"行为规则"和"知识数据库"扩展为"关注模式协调策略"和"操纵动作随机误差概率模块";

（2）将飞行员的能力指标划分为①信息感知能力;②动作响应能力;③动作准

确度;④分心能力。不同飞行员可通过将以上不同能力指标进行组合来加以区分,也就是利用不同的能力指标来代表不同水平的飞行员。根据文献[117]对飞行员的分类,本书的飞行员模型被分为 6 个等级,能力由高到低分别表示为 Level – S、Level – A、Level – B、Level – C、Level – D、Level – E。

考虑到舰载机进场动力补偿系统并不能完全实现舰载机保持恒定速度的功能,仅可以在一定程度上自动调节油门,并且根据文献[119]的介绍,LSO 指令是包含油门指令的,也就是说在实际着舰过程中,飞行员需要通过控制油门杆来调控飞机进舰速度。综合以上原因,本书所建立的飞行员模型可以操控舰载机的部件包括驾驶杆和油门杆。

本章从实际飞行员的思维过程和动作特点出发,分析飞行员的动作机理,搭建飞行员行为模型,建模原理如图 4 – 2 所示。

飞行员模型共有三个回路,分别为纵向回路、横向回路和速度回路。根据前人的研究成果,纵向回路和横向回路之间的耦合较小,而速度回路主要由油门杆操控,与其他两个回路的影响也较小。因此本章飞行员模型将针对不同回路分开研究。在图 4 – 2 中,航母运动状态和舰载机飞行状态源于航母运动模型和舰载机着舰模型,这两个模型的建模工作已在第 2 章完成。重要信息感知模型用以模拟飞行员获取各种信息的过程,该模型共分为两个模块,分别为进舰距离感知模块和偏差感知模块,并且偏差感知模块受进舰距离感知模块计算输出的进舰距离影响。重要信息感知模型基于变分辨率离散化原理模拟输出飞行员感知的纵向偏差和横向偏差,同时离散的速度偏差可通过舰载机座舱中迎角指示器直接获得。这里需要注意,本书的飞行员模型从重要信息感知模型输出的三个回路的偏差开始,便是离散的信息,模块的输入输出都是离散值,这也是本书飞行员模型与其他前人建立飞行员模型的本质区别。根据各回路的偏差和当前感知的进舰距离,着舰风险模型实现模拟飞行员感受当前着舰状态下的各回路的危险程度,实际飞行员对危险程度的感受是经过长时间的积累获得的,这里将采用简化的方式处理。为了合理地开启或关闭横向回路、纵向回路和速度回路,在飞行员模型中引入一个虚拟概念——关注度,关注度是指飞行员模型对三个回路的分配的精力,关注度高,则表示飞行员对该回路分配的精力多,反之,飞行员对该回路分配的精力少,分配精力的多少决定各回路开启与否。关注模式切换器根据三个回路的不同风险值来求解三个回路的实时关注度,进而确定各回路开启或关闭,如果某个回路开启,则该回路的期望动作计算器根据当前感知的信息来计算飞行员在该回路应采取的操控动作值。同时,关闭的回路将终止后续计算,这种方式既符合实际飞行员的动作策略,又能够减少飞行员模型的计算负担。考虑到实际飞行员的输出动作与期望动作之间一定存在误差,这种误差不可避免,因此如图 4 – 2 所示,飞行员模型并不直接输出期望的动作值,而是通过建立的操纵动作随机误差概率模型从概率的角度在期望动作基础上,叠加一定的误差值,来表示飞行员最终的输出动作值,并模拟人反应时延的特点,最终动作通过延迟环节作用在舰载机的驾驶杆和油门杆上,用以操控舰载机执行元件开展着舰任务,而舰载机输出的着舰状态和航母的运动状态成为飞行员模型下一个步长的数据源,整个过程不断推进形成一个大的闭环系统。

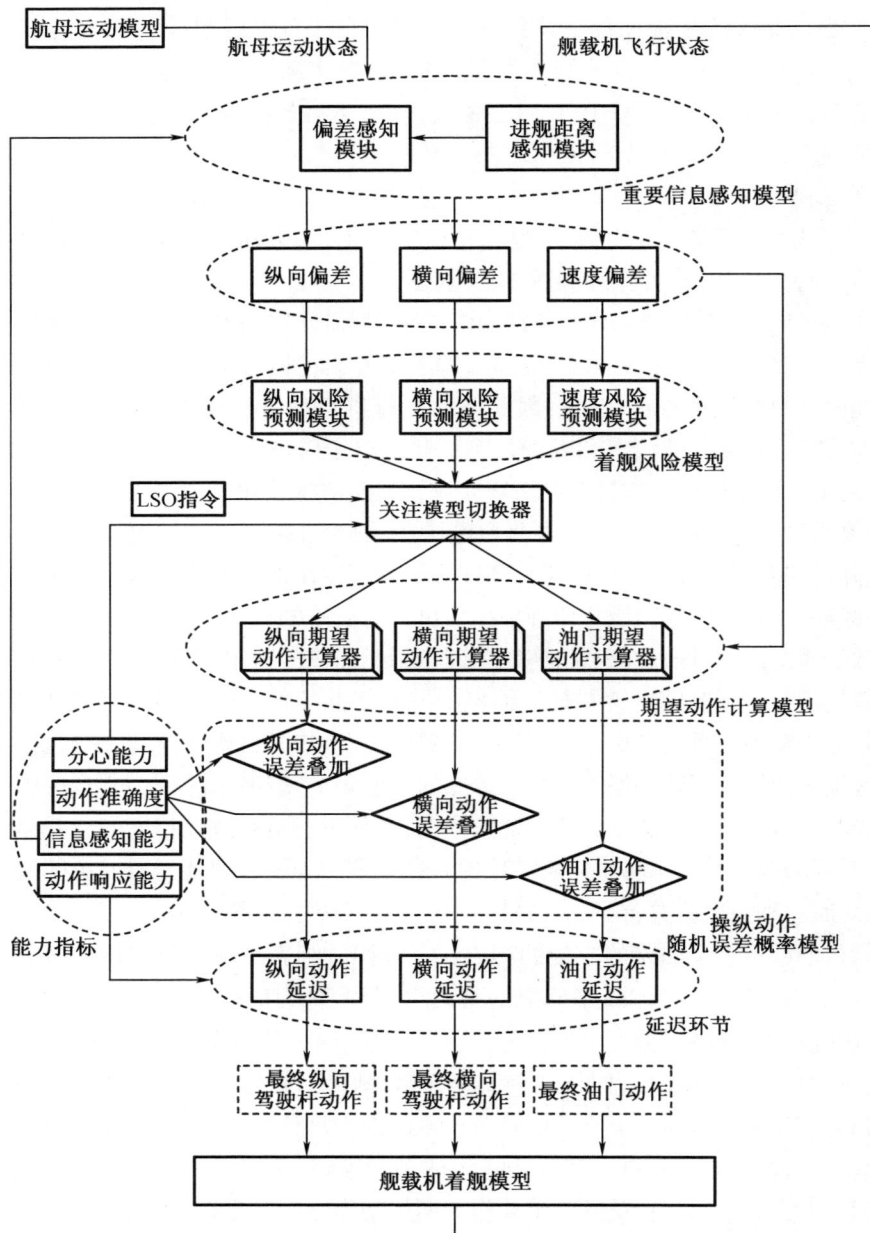

图4-2 飞行员着舰行为建模原理图

飞行员能力指标的划分在飞行员模型中影响其他模型及模块:信息感知能力影响重要信息感知模型,分心能力影响关注模型切换器,动作准确度影响操纵动作随机误差概率模型,动作响应能力影响延迟环节。飞行员能力指标的影响贯穿整个模型,从各个关键环节影响整个飞行员模型,因此通过调整不同的能力指标组合形式,可以模拟不同能力水平的实际飞行员的操控动作。

根据模拟器试验人员的操控动作特点,本书飞行员模型最终输出驾驶杆动作和油门杆动作采用离散的脉冲序列的方式,如图 4 - 3 所示。

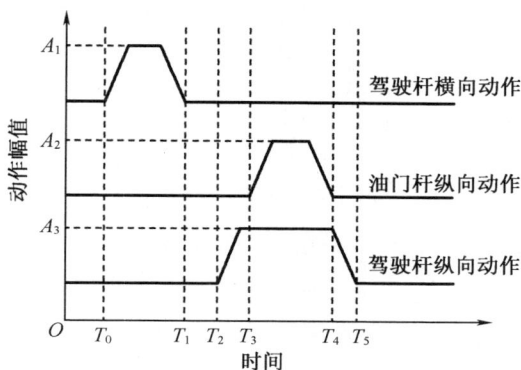

图 4 - 3　行为动作序列示意图

在图 4 - 3 中,驾驶杆和油门杆的被控动作均为离散的梯形脉冲形式。A_1、A_2 和 A_3 分别表示各动作的幅值大小,为标量值。这 3 个脉冲存在一定的互斥和不完全互斥的逻辑关系,如 $T_0 \sim T_1$ 时间段为驾驶杆横向动作执行阶段,$T_2 \sim T_5$ 时间段为驾驶杆纵向动作执行阶段,这两个脉冲不存在时间上的叠加情况,也就是驾驶杆不可以同时进行横向和纵向操控。假设在 T_3 时刻,驾驶杆在纵向上需要恢复到零位,不再执行操控动作,但是此时油门杆已经开始执行该回路需要进行的动作,驾驶杆纵向必须继续保持当前时刻的动作值;直到油门杆在 T_4 时刻恢复到零位后,驾驶杆纵向才被允许开始执行恢复到零位的动作;直到 T_5 时刻,驾驶杆纵向完成恢复零位的任务。这里需要注意,采用的是梯形脉冲而不是矩形脉冲,原因是飞行员从开始对驾驶杆和油门杆执行相应动作,到驾驶杆和油门杆到达最终输出动作是需要一定的时间的,尽管时间很短,但从实际情况和建模严谨性角度来讲,使用梯形脉冲而不采用矩形脉冲更加合理。

4.2 重要信息感知模型

舰载机飞行员在进舰着舰过程中获得的各种信息来自不同地方,纵向偏差来自 FLOLS,横向偏差来自与着舰甲板对中线的对比,速度偏差可从舰载机座舱中迎角指示器(AOA)获得,同时 LSO 指令来自 LSO 平台上着舰指挥官的决策指令,其他影响因素包括航母甲板的运动、舰尾流的扰动、其他自然环境(如光线、雨雪、大雾等)。下面将重点描述飞行员模型获得状态偏差信息和进舰距离的建模原理和模拟过程。

4.2.1 变分辨率离散化原理

在以往的研究成果中,通常不对飞行员获取信息的过程开展建模工作,仅以简化的方式使飞行员模型获得所有的外部状态信息,即使少数学者对飞行员获取信息的过程建模,最终的模型也通常是连续的或常分辨率的,并且输入输出信息是精确的[120-122],但是这是不符合现实情况的,因为当舰载机的进舰距离很大时,飞行员由于缺少明显的参照物进行对比,无论是 FLOLS 处间接提供的纵向偏差信息,还是通过视觉观察对中线获得的横向偏差信息,都与真实的纵向、横向偏差差距较大,而随着进舰距离的减小,航母可以作为明显的参照物,飞行员获得的偏差信息与实际的偏差信息差距也随之减小。根据这一事实可知以往的飞行员模型并未反映这一重要现象,本书提出采用变分辨率离散化的原理,模拟飞行员获取纵向偏差、横向偏差及进舰距离的过程。该原理有两个重要作用:

(1)采用变分辨率的方式,可反映和区分不同进舰距离对飞行员获取横纵向偏差信息的影响,以满足模拟实际飞行员在有无明显参照物情况下的视觉特点;

(2)采用离散化的方式,可使飞行员模型从数据源头处完成离散化数据的功能,保证整个飞行员模型内部信息都是离散的,并且三个回路最终输出皆是离散动作序列的形式。

飞行员进场着舰阶段有以下几个关键位置[123]:①X 位置;②IM 位置;③IC 位置;④AR 位置。此处采用前面章节搭建的舰载机着舰综合仿真平台的三维视景,将以上 4 个关键位置处的飞行员视野图像表示为图 4-4 至图 4-7 的形式。

图 4-4　X 位置视觉效果

图 4-5　IM 位置视觉效果

图 4-6　IC 位置视觉效果

图 4-7　AR 位置视觉效果

为突出各图对比效果,在各图上增加细虚线和粗实线,细虚线将二维图片等分为 28 块区域,粗实线围成的区域为飞行员视野中航母所占据的区域。如图 4-4 至图 4-7 所示,随着进舰距离越来越小,航母及甲板上各装置在飞行员视野中也越来越清晰和明显,二维图片中航母所占据的格数占各图总格数比例分别为 2/28、5/28、9/28 和 17/28,这也进一步验证了进舰距离不同的情况下,参照物明显程度也在随之变化的事实。根据以上特性,本书提出变分辨率离散化原理,以此处理连续的着舰偏差信息。这里以纵向偏差为例,整个着舰过程离散化形式的分辨率 f_{res} 可表示为

$$f_{res} = k_{inf} \cdot \frac{f_{inf} \cdot D_{gs}}{S_{app} \cdot k_d} \qquad (4-1)$$

式中　k_{inf}——信息感知能力系数;

　　　f_{inf}——飞行员采样信息的频率;

　　　D_{gs}——下滑道入口处的进舰距离;

　　　S_{app}——当前实时的进舰距离;

　　　k_d——飞行员在下滑道入口处采样周期。

通过公式(4-1)可确定飞行员模型在仿真中的获取信息的离散步长为 $1/f_{res}$。而为了计算每个推进步长感知的信息幅值,这里通过获得精确的连续状态值与期

望状态值之间的差值作为幅值计算输入值,考虑到飞行员对信息感知的模糊性及飞行员模型的复杂性,这里采取对精确状态偏差进行整数化处理,并在此基础上叠加一定的随机量,作为飞行员感知信息的幅值。因此,通过以上原理,以飞行员感知纵向偏差为例,飞机实际连续纵向偏差曲线和飞行员感知的纵向偏差曲线如图 4 - 8 和图 4 - 9 所示。

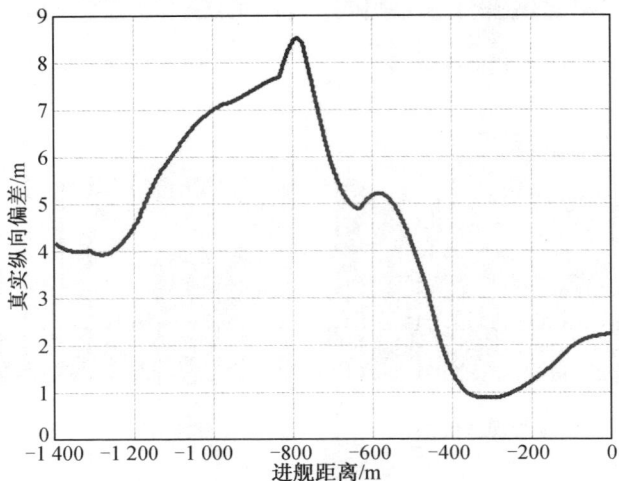

图 4 - 8　飞机实际连续纵向偏差曲线

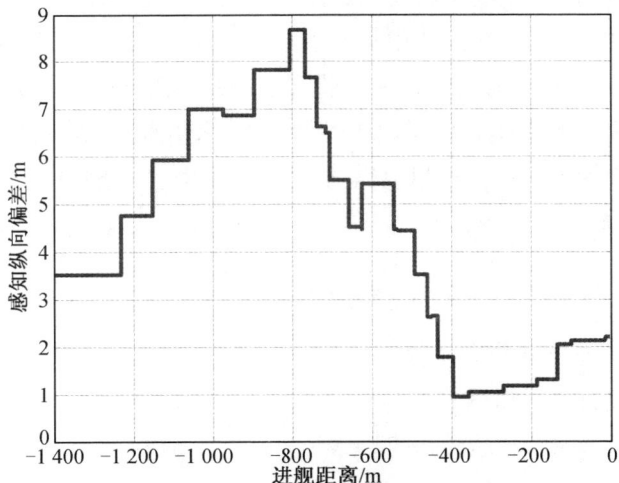

图 4 - 9　飞行员感知的纵向偏差曲线

　　通过图 4 - 8 和图 4 - 9 的对比,飞行员模型获取的纵向偏差表现为锯齿形,并且在不同的进舰距离处对连续纵向偏差曲线的分辨率是不同的,达到了模拟实际飞行员获取纵向偏差信息的效果。由于进舰距离、横向偏差、纵向偏差、漂移率、下沉率本质上是相同的,均采用公式(4-1)来模拟计算。本书假设飞行员等级从 Level – S 到 Level – E 的信息感知能力系数 k_{inf} 是线性离散变化的,并且相邻 k_{inf} 的差值是相等的,以简化信息感知模型建模过程。

值得一提的是,变分辨率离散化原理对建立飞行员行为模型有 3 个重要作用:

(1)能够区分同一飞行员在不同的进舰位置获取相关信息的准确度;

(2)能够区分不同飞行员获取相关信息的能力;

(3)能够降低计算的保守性,并且充分考虑实际飞行员获取信息的模糊性。

4.2.2　着舰危险度模型

到目前为止,国内外学者并没有形成统一的定义着舰危险度的概念,因此这里提出虚拟的着舰危险度概念。在实际着舰过程中,面对着舰状态偏差,飞行员可以根据自己的经验在短时间内清楚判断当前情况的危险程度,也就是说着舰危险程度与着舰状态偏差直接相关。影响纵向人工着舰危险度的因素包括纵向偏差、下沉率和进舰距离,影响横向人工着舰危险度的因素包括横向偏差、漂移率和进舰距离。考虑到本章目标为完成飞行员行为建模,而引导着舰过程的风险在飞行员模型中是一个虚拟的概念,为此本节简化着舰危险度在飞行员模型的设计过程,即纵向回路和横向回路的着舰危险度 R_{ver} 和 R_{lat} 分别为

$$R_{ver} = \frac{E_{ver} - V_{ver} \cdot \Delta t}{S_{app}} \tag{4-2}$$

$$R_{lat} = \frac{E_{lat} - V_{lat} \cdot \Delta t}{S_{app}} \tag{4-3}$$

式中　S_{app}——当前进舰距离;

　　　E_{ver}——飞行员模型感知的纵向偏差;

　　　V_{ver}——飞行员模型感知的下沉率;

　　　E_{lat}——飞行员模型感知的横向偏差;

　　　V_{lat}——飞行员模型感知的漂移率;

　　　Δt——时间步长。

由于舰载机座舱中的 AOA 指示器有 3 个标志,并能够反映 5 种离散的迎角状态信息[123],而迎角与速度是存在直接对应关系的,也就是说 AOA 指示器可以为飞行员提供舰载机离散的速度偏差信息。AOA 指示器提供迎角信息如图 4-10 所示。

对于飞行员模型的速度回路来讲,不用像横向回路或纵向回路那样,依靠变分辨率离散化原理来获取横向偏差或纵向偏差信息,而是通过 AOA 指示器自然

获得离散的速度信息,同时可直接反映3种速度危险状态,对应3种速度危险度。

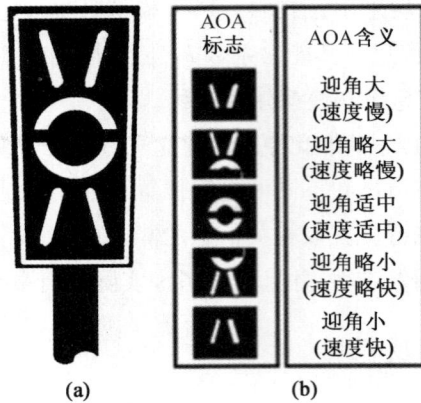

图4-10　AOA指示器及其标志含义

(1)高速度危险:对应速度过高或过低,本节定义该速度危险度的量化值取2.0。

(2)中速度危险:对应速度稍高或稍低,本节定义该速度危险度的量化值取1.0。

(3)无速度危险:对应速度适中,本节定义该速度危险度的量化值取0。

4.3　关注模式协调策略

在实际人工着舰过程中,飞行员需要针对不同的飞行状况切换各种操控策略,诸如在横向回路、纵向回路和速度回路之间切换注意力、改变某个回路的控制输入等[124-125]。根据这一事实,提出关注模式协调策略的建模原理,来构建关注模式切换器和期望动作计算器(这两个模块在整个飞行员着舰行为模型的位置可详见图4-2)。考虑到人的行为具有两个特性:①面对不同情况执行动作具有非线性;②反复执行动作积累经验后的自学习性。因此,本书采用适合模拟这两个特性的模糊控制方法来完成具体的建模工作。

4.3.1　关注模式

为了强调和区分飞行员对舰载机的操控对象,这里首先提出关注模式的概念,关注模式可分为如下4种:

(1)纵向回路关注模式:表示在纵向上操控驾驶杆,这里用"VM"表示。

(2)横向回路关注模式:表示在横向上操控驾驶杆,这里用"LM"表示。

(3)速度回路关注模式:表示操控油门杆,这里用"TM"表示。

（4）LSO 指令响应模式：表示飞行员根据 LSO 的指令对驾驶杆或油门杆执行相应的操控动作，这里用"RM"表示。

LSO 发送的指令分为信息性的、警告性的和命令性的，对于有些指令，飞行员将其作为参考，而还有些指令，飞行员需要被强制执行。为简化处理，这里规定：当 LSO 向飞行员发送指令，飞行员必须对指令做出相应的响应动作。换句话说，在以上 4 种模式中，LSO 指令响应模式的优先级是最高的。因此，4 种模式之间的关系可用表 4-1 表示。

表 4-1　关注模式关系表

	VM	LM	TM	RM
VM	−	×	¤	×
LM	×	−	¤	×
TM	¤	¤	−	×
RM	×	×	×	−

在表 4-1 中，"×"表示两个相应的模式是互斥的，也就是说，飞行员只能控制其中一种模式，例如，飞行员只能操控驾驶杆纵向或横向，不能同时操控这两种模式[126]。"¤"表示两种相应的模式不完全互斥，两种模式可同时进行，但在执行时间上存在一定的截断关系，例如，油门杆和驾驶杆纵向可以同时采取操控动作，但是在油门杆被控制期间，驾驶杆在纵向上需要保持原来的操控值。互斥和不完全互斥的思想在图 4-3 中已经通过二维图形的方式描述过，这里不再赘述。不完全互斥的截断时间用 T_{block} 表示，该变量与飞行员模型的分心能力系数 k_{dis} 有关，假设飞行员等级从 Level-S 到 Level-E 的分心能力系数 k_{dis} 是线性离散变化的，并且相邻 k_{dis} 的差值是相等的，以简化各关注模式的关系。

经过以上论述，另一个问题随之而来：飞行员模型如何在 4 种关注模式之间来回切换。为此本书引入关注度的概念，通过关注度的量化取值来判断各关注模式的优先执行顺序，关注度计算原理和实现方法将在下一节中详细描述。

4.3.2　关注模式模糊切换器

关注模式模糊切换器在飞行员模型中的作用是实时计算飞行员对 4 种关注模式的量化关注度，由于"RM"的优先级是最高的，一旦该模式启动，其他模式处于终止状态，为此本节不再分析该模式与其他模式之间的逻辑关系，仅对另外 3

种关注模式开展有关关注度的分析与研究。

飞行员启动某种关注模式或开启某个回路表示该模式或回路的危险度高，因此关注模式切换器的输入为纵向回路、横向回路和速度回路的危险度，危险度由前文介绍的着舰危险度模型加以计算获得，关注模式切换器的输出为各个回路的关注度量化值。考虑到模糊控制器的复杂性和飞行员的实际操控特性，本节制定关注模式模糊切换器的模糊规则原则，如下所示：

（1）模糊规则满足表 4－1 所示的互斥、不完全互斥关系。

（2）所有的关注度之和等于 1，各个关注度的变化区间为 0～1。这里需要注意，关注度允许出现叠加现象，叠加情况取决于飞行员模型的分心能力系数。

（3）在切换关注模式过程中，要充分考虑每个回路的难度，以降低飞行员模型的复杂性。这里所谓的难度，包括获取偏差信息、监听 LSO 指令等。

（4）当各种信息处于当前离散序列的边缘时，这些信息以一定概率融合到下一个步长中，以避免关注模式发生频繁切换的情况。

对于关注模式模糊切换器，输入为各回路的着舰危险度，这里的着舰危险度的具体描述分为 3 类，即无着舰危险、小着舰危险、大着舰危险，其着舰危险度的模糊描述分别被表示为 ND、SD 和 GD。输出为关注度的量化值，具体描述分为 7 类，即无关注、横向高关注、横向低关注、纵向高关注、纵向低关注、速度高关注、速度低关注，其关注度的模糊变量被描述为 NOF、HLF、LLF、HVF、LVF、HSF、LSF。

为实现真实模拟实际飞行员获得关注度的过程，本书邀请操控模拟器经验丰富的试验人员，讨论关注模式模糊切换器输入输出的模糊规则，使飞行员模型中模糊规则融入试验人员的宝贵经验，这也是本书建立的飞行员行为模型与前人建立模型的不同之处。具体的模糊规则见表 4－2。

表 4－2 关注模式模糊切换器模糊规则表

项目		横向回路着舰风险			纵向回路着舰风险		
		ND	SD	GD	ND	SD	GD
横向回路着舰风险	ND	NOF	LLF	HLF	NOF	LVF	HVF
	SD	LSF	LLF	HLF	LSF	LVF	HVF
	GD	HSF	HSF	HSF	HSF	HSF	HSF
纵向回路着舰风险	ND	—	—	—	NOF	LVF	HVF
	SD	—	—	—	LLF	LVF	HVF
	GD	—	—	—	HLF	HLF	HVF

4.3.3　期望动作计算器

人工着舰过程中,LSO 辅助决策指令与飞行员应执行的动作存在一定的对应关系,本书将在第 8 章中详细介绍 LSO 指令原理与建模过程,此处不赘述。为此,在关注模式为"RM"的情况下,这里不再详细讨论飞行员模型期望动作计算过程。

在纵向回路和横向回路中,期望动作计算器的输入为各个回路的着舰偏差和偏差变化率,输入的描述分为 7 类,有正大、中正、正小、零、负小、负中、负大,输入的模糊描述为 PB、PM、PS、ZE、NS、NM、NB。输出为相应回路的期望动作值,输出的描述分为 7 类,即正大、正中、正小、零、负小、负中、负大,输出的模糊描述为 PB、PM、PS、ZE、NS、NM、NB。

在速度回路中,考虑到飞行员对油门的操控频率与驾驶杆的参考频率相比较低,这里假设飞行员可以通过 AOA 指示器定量估计速度偏差,并且可以通过 AOA 指示器上所显示标志的切换频率来定量预估飞机加速度偏差。为此,速度回路的输入和输出的描述可分为 5 类,即正中、正小、零、负小、负中,输入和输出的模糊均描述为 PM、PS、ZE、NS、NM。

经过与飞行模拟器试验人员的详细讨论,确定试验人员在面对不同横向偏差及横向偏差变化率、纵向偏差及纵向偏差变化率、速度偏差及速度偏差变化率的情况下,所采取的控制策略不同。为此建立横向回路、纵向回路和速度回路期望动作计算器的模糊规则分别见表 4-3 至表 4-5。

表 4-3　横向回路期望动作模糊规则

横向偏差变化率	横向偏差						
	PB	PM	PS	ZE	NS	NM	NB
PB	NB	NB	NM	NM	NM	NS	ZE
PM	NB	NB	NM	NM	NM	ZE	ZE
PS	NM	NM	NS	NS	ZE	ZE	PS
ZE	NS	NS	NS	ZE	PS	PS	PM
NS	NS	NS	ZE	PM	PM	PM	PM
NM	ZE	ZE	PM	PM	PB	PB	PB
NB	ZE	ZE	PM	PM	PB	PB	PB

表 4 – 4　纵向回路期望动作模糊规则

纵向偏差变化率	纵向偏差						
	PB	PM	PS	ZE	NS	NM	NB
PB	NB	NB	NM	NM	NM	NS	ZE
PM	NB	NB	NM	NM	NM	ZE	ZE
PS	NM	NM	NS	NS	ZE	ZE	PS
ZE	NS	NS	NS	ZE	PS	PS	PM
NS	NS	NS	ZE	PM	PM	PM	PM
NM	ZE	ZE	PM	PM	PB	PB	PB
NB	ZE	ZE	PM	PM	PB	PB	PB

表 4 – 5　速度回路期望动作模糊规则

速度偏差变化率	速度偏差				
	PM	PS	ZE	NS	NM
PM	NM	NM	NM	NM	PS
PS	NS	NM	NM	NS	ZE
ZE	NS	NS	ZE	PS	PS
NS	NM	NS	PM	PS	PM
NM	NM	PM	PM	PM	PM

　　关注模式协调策略的核心思想是通过关注模式模糊切换器实现动态计算各个回路关注度的功能,以达到实时调整各个关注模式和操控回路优先级的目的。关注度越高,相应回路和模式的优先级也越高,本书建立的飞行员模型通过动态切换关注模式的方式来准确模拟实际飞行员的认知心理、动作动机及输出动作值等重要特性。

4.4　操纵动作随机误差概率模型

　　飞行员头脑中期望的动作值与实际输出的操控值始终会有误差[127],这是多方面原因造成的,首先是人的手臂输出动作具有模糊性和不可重复性,其次飞行员的反应是有时间延迟的,另外横向、纵向及速度回路切换频率高容易降低飞行员输出动作的准确性。飞行员期望动作可以通过 4.3 节期望动作计算器求解计算,本节将建立期望动作与实际动作的误差模型,进而计算出飞行员对驾驶杆和油门杆的操控值。为了描述飞行员输出最终动作,这里采用在飞行员期望动作的基础上叠加动作误差的方式,这样既符合实际飞行员最终动作的输出原理,又容易从数学角度加以实现。因此,飞行员的最终动作 M_{fl} 可表示为

$$M_{\mathrm{fl}} = M_{\mathrm{ds}} + M_{\mathrm{er}} \tag{4-4}$$

式中　　M_{ds}——期望动作值;

$\qquad M_{\mathrm{er}}$——动作误差。

通过 4.3 节的模糊控制理论的描述,M_{ds} 是已知的,下面将介绍计算 M_{er} 的过程。

科学研究表明,人的行为符合正态分布,因此飞行员的最终动作与期望动作满足正态分布关系。假设飞行员最终动作为连续性随机变量 X_{final},飞行员对驾驶杆或油门杆的操控值 x_{final} 为 X_{final} 的概率密度,所以有下式成立:

$$\gamma(x_{\mathrm{final}}) = \frac{1}{\sqrt{2\pi}\,\sigma_{\mathrm{action}}} \exp\left(-\frac{(x_{\mathrm{final}} - \mu_{\mathrm{desire}})^2}{2\sigma_{\mathrm{action}}^2} \right) \tag{4-5}$$

$$\int_{-M}^{+M} \gamma(x_{\mathrm{final}})\,\mathrm{d}x_{\mathrm{final}} = 1 \tag{4-6}$$

公式(4-5)和公式(4-6)表示 $X_{\mathrm{final}} \sim N(\mu_{\mathrm{desire}}, \sigma_{\mathrm{action}}^2)$。这里,最终动作所在的区间为 $M_{\mathrm{fl}} \in [-M, +M]$,本书将其定义为动作概率区间,$\mu_{\mathrm{desire}}$ 表示飞行员当前的期望动作值,σ_{action} 的物理意义是飞行员期望动作与最终动作的集中程度,并且这个参数是本节操纵动作随机误差概率模型的最重要的参数,它代表飞行员面临同一情况所做出不同执行动作的根本原因。公式(4-4)中的动作误差 M_{er} 受 σ_{action} 直接影响,不同飞行员通过期望动作计算器的求解,可能会得到相同期望动作值,但是由于他们是不同的个体,他们一定会得到不同的动作误差值,公式(4-5)和公式(4-6)揭示了两个不同的飞行员完成同一着舰任务时,不可能有相同的操纵动作和着舰落点结果,因此本书建立的飞行员模型从飞行员的动作特点和思维方式出发,更加符合实际飞行员的动作策略。

因此,M_{fl} 是一个随机概率模型,并且 M_{ds} 越大,M_{er} 和 σ_{action} 也随之越大。假设飞行员的期望动作值 M_{ds} 分别为 A_1、A_2 和 A_3,动作概率区间取 $M_{\mathrm{fl}} \in [-2\sigma, +2\sigma]$,由于飞行员执行动作准确度较高,对舰载机的操控熟练程度也较高,从概率论的角度来讲,动作概率区间为 $M_{\mathrm{fl}} \in [-2\sigma, +2\sigma]$,可保证飞行员的最终动作在动作概率区间的概率达到 95.5%,这个概率较高,可用来归纳出飞行员最终动作所包含的区域。飞行员最终动作 M_{fl} 的分布如图 4-11 所示。

图 4-11 中坐标系为动作分布直角坐标系,横轴为飞行员的期望动作 M_{ds},纵

轴为最终动作与期望动作的差值 $M_{fl} - M_{ds}$，也就是动作误差 M_{er}。实心圆点表示模拟器试验员针对目标动作值 A_1、A_2 和 A_3 所做出的实际动作，虚抛物线 C_1、C_2 和 C_3 代表试验员实际动作的集中程度，与标准正态分布的曲线走势基本是一致的，这 3 条曲线在坐标系中是虚拟的、不存在的。

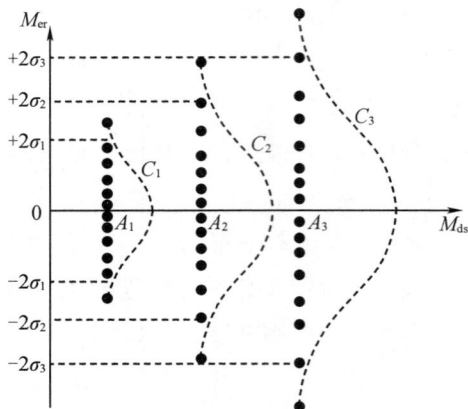

图 4 - 11　期望动作与最终动作正态分布图

在图 4 - 11 的基础上，如果将所有的期望动作都列出来，并且利用模拟器试验员对目标动作跟踪输出，获得实际动作值，将其放置到图 4 - 11 所示的坐标系中，可以得到最终动作的分布。根据以上方式，在飞行模拟器上采集试验人员的期望动作 M_{ds} 和最终动作 M_{fl} 作为样本数据。实际上，最终动作 M_{fl} 的实际分布是由方差可变的正态分布组成的二维平面，以飞行模拟器驾驶杆的横向操纵值为例，期望动作 M_{ds} 与最终动作 M_{fl} 的实际分布情况如图 4 - 12 所示。

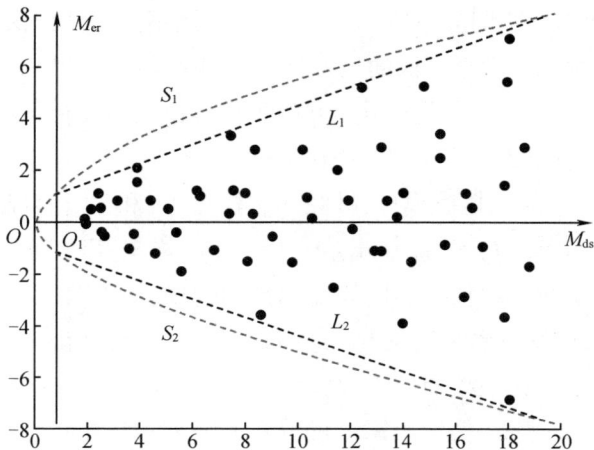

图 4 - 12　期望动作与最终动作实际分布

图 4 - 12 中,实心圆点表示模拟器试验人员根据所有期望目标动作所做出的实际动作值,虚抛物线 S_1 和 S_2 组成了最终动作的包络,在现实中,这个包络揭示了公式(4 - 5)和公式(4 - 6)表示的正态分布的标准差与飞行员期望动作之间的关系。这里简化处理实际动作包络,使用直线 L_1 和 L_2 代替曲线 S_1 和 S_2 来表示动作概率区间中 M_{ds} 和 M_{er} 的关系。需要注意,当期望动作 M_{ds} 接近 0 时,M_{ds} 特别小以至于飞行员无法通过操控驾驶杆达到 M_{ds} 的数量级上。所以,在图 4 - 12 中,$[0, O_1]$ 为飞行员最终动作的死区,这里不对该区域开展研究,此时坐标原点 O 向右平移至 O_1 点。

将动作概率区间 $[0, A_{max}]$ 分为 N 等分,根据图 4 - 12 的原理,将会对应 N 条不同的正态分布曲线,也就是说,将会有 N 个正态分布的均值和标准差,可表示为

$$\mu_{desire} = \{\mu_1 \quad \mu_2 \quad \cdots \quad \mu_N\} \tag{4 - 7}$$

$$\sigma_{action} = \{\sigma_1 \quad \sigma_2 \quad \cdots \quad \sigma_N\} \tag{4 - 8}$$

在公式(4 - 7)和公式(4 - 8)中,由于从飞行模拟器中获得了样本数据,μ_{desire} 是可知的,但是 σ_{action} 是未知的,求取 σ_{action} 是操纵动作随机误差概率模型的核心,才可以得到最终动作的计算模型。根据 σ_{action} 的物理意义,σ_{action} 可以表示为

$$\sigma_{action} = \sigma(M_{ds}, k_{ac}) \tag{4 - 9}$$

式中,k_{ac} 表示飞行员的动作准确度系数,其物理意义是飞行员从头脑中得到的期望动作值与实际输出的动作值之间的离散程度。从图 4 - 12 中可以看出,期望动作 M_{ds} 越大,σ_{action} 也越大,k_{ac} 影响期望动作与最终动作的差值,将公式(4 - 9)所示的关系简化为

$$\sigma(M_{ds}, k_{ac}) = k_1(k_{ac})M_{ds} + b_1(k_{ac}) \tag{4 - 10}$$

式中,k_1 和 b_1 都是关于 k_{ac} 的函数。进一步做简化处理,将 k_1 和 b_1 假设为关于 k_{ac} 的正比例函数,因此公式(4 - 10)可以表示为

$$\sigma = \sigma(M_{ds}, k_{ac}) = k_2 k_{ac} M_{ds} + b_2 k_{ac} \tag{4 - 11}$$

本书将 k_2 和 b_2 分别定义为动作误差叠加乘性因子和加性因子,并且假设飞行员等级从 Level - S 到 Level - E 的动作准确度系数 k_{ac}、动作误差叠加乘性因子 k_2 和加性因子 b_2 均为线性离散变化的,并且相邻 k_{ac}、k_2 和 b_2 的差值均是相等的。

那么,飞行员最终动作 M_{fl} 可以表示为

$$M_{fl} = Gsrd(\mu_{desire}, \sigma_{action}) \tag{4 - 12}$$

式中,$Gsrd(*, *)$ 表示正态分布函数,μ_{desire} 和 σ_{action} 分别通过公式(4 - 7)和公式(4 - 11)求取。

最后,考虑飞行员从制定决策到执行动作过程,实际上是从神经系统到运动

系统传递信息的过程,该过程必然需要一定的时间,利用延迟时间 T_{delay} 来模拟飞行员动作的延迟量, T_{delay} 受飞行员响应能力系数 k_{res} 影响。本书假设飞行员等级从 Level $-$ S 到 Level $-$ E 的响应能力系数 k_{res} 为线性离散变化的,并且相邻 k_{res} 的差值是相等的。

4.5　飞行员模型仿真分析

在前文搭建的舰载机着舰综合仿真平台上,本节将验证建立的飞行员模型的准确性、真实性及有效性。验证环节涉及的 LSO 指令采用自动计算生成的简化指令,指令详见参考文献[119],飞行员模型的等级分别为 Level $-$ A、Level $-$ B 和 Level $-$ C,为与实际飞行员动作对比,这里邀请有经验的飞行模拟器试验人员参与仿真验证环节,该试验人员的能力水平与 Level $-$ B 级飞行员模型的着舰水平相当。

本节中飞行员模型相关参数见表 4 $-$ 6。

表 4 $-$ 6　飞行员模型相关参数

参数	Level $-$ A	Level $-$ B	Level $-$ C
延迟时间 T_{delay} /s	0.2	0.3	0.4
动作准确度系数 k_{ac}	8.7	8.5	8.3
截断时间 T_{block} /s	0.1	0.3	0.5
采样频率 f_{inf}	20	20	20
信息感知能力系数 k_{inf}	8.9	8.6	8.3
动作误差叠加加性因子 b_2	1.5	2.8	4.1
动作误差叠加乘性因子 k_2	0.03	0.06	0.09

本节仿真过程的飞行员模型结构基于图 4 $-$ 2 所示的飞行员着舰行为建模原理,模型结构包括重要信息感知模型、着舰风险模型、关注模型切换器、期望动作模糊计算器、操纵动作随机误差概率模型和时间延迟环节。仿真模型结构如图 4 $-$ 13 所示。

在模型结构参数基础上,本节的仿真步骤如下所示:

(1)飞行员模型接收连续时变的舰载机着舰状态和航母运动状态,通过变分辨率离散化原理解算出飞行员感知的进舰距离、纵向偏差、横向偏差、下沉率和漂移率。通过 AOA 指示器,获得飞行员感知的进舰速度和加速度。

感知横向偏差、纵向偏差和速度偏差 → 信息感知模块

横向危险度估计器　纵向危险度估计器　速度危险度估计器

用于确定某个回路的开启或关闭 → 关注度模糊切换器

依靠随机偏差概率叠加方法求解最终动作 → 最终动作计算模块

在时间上延迟输出飞行员最终动作 → 延迟环节

→ 舰载机驾驶杆、油门杆

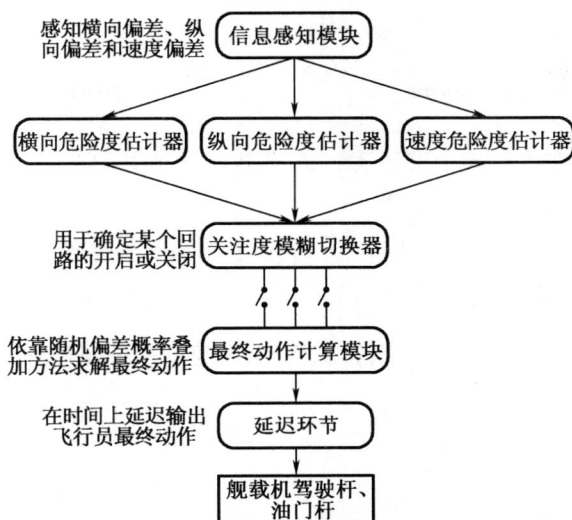

图 4 – 13　飞行员行为仿真模型结构

（2）通过感知离散的进舰距离、纵向偏差、横向偏差、下沉率和漂移率，计算飞行员感知纵向回路、横向回路和速度回路的风险值，利用关注模式模糊切换器计算各个回路的关注度数值，并以此确定各个回路的开启和关闭。

（3）通过步骤（2）确定开启的回路及该回路对应的偏差值和偏差变化率，利用期望动作模糊计算器求解飞行员在该回路应该执行驾驶杆或油门的操纵值，处于关闭状态的回路，停止计算和执行工作。

（4）基于步骤（3）计算的期望动作，操纵动作随机误差概率模型计算飞行员执行输出的最终动作，并且通过时间延迟环节输出到舰载机模型中的驾驶杆和油门杆中，以此控制舰载机的升降舵、副翼、方向舵和油门等执行机构上，控制飞机执行着舰任务。

（5）判断着舰仿真任务是否完成，如果完成着舰任务或中断仿真，则系统停止仿真工作，如果没有完成，跳转到步骤（1）。

本节共包括 4 个仿真试验：①飞行员模型与试验人员操控对比；②同一等级飞行员模型在不同工况下试验对比；③不同等级飞行员模型在相同工况下试验对比；④同一等级飞行员模型在有无 LSO 辅助决策下试验对比。

4.5.1　飞行员模型与试验人员操控对比

本次仿真工况如下所示：

（1）航母航速为 24 kn，着舰区域海况为 3 级；

（2）飞行员模型的等级为 Level – B；

（3）初始进舰距离为 – 1 400 m，初始横纵向偏差分别为 0 m 和 10 m，无初始速度偏差；

（4）试验人员在飞行模拟器上完成人工着舰任务，试验人员的操控水平相当于 Level – B 级飞行员模型。

飞行员模型和试验人员在以上工况下均完成一次着舰任务，以纵向回路为例，纵向偏差曲线和驾驶杆纵向操纵动作如图 4 – 14 和图 4 – 15 所示。

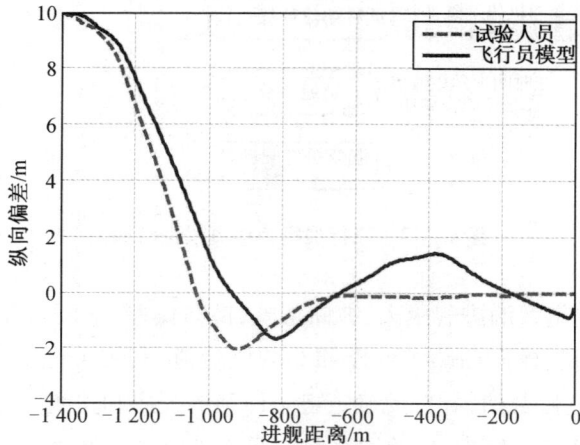

图 4 – 14　纵向偏差曲线

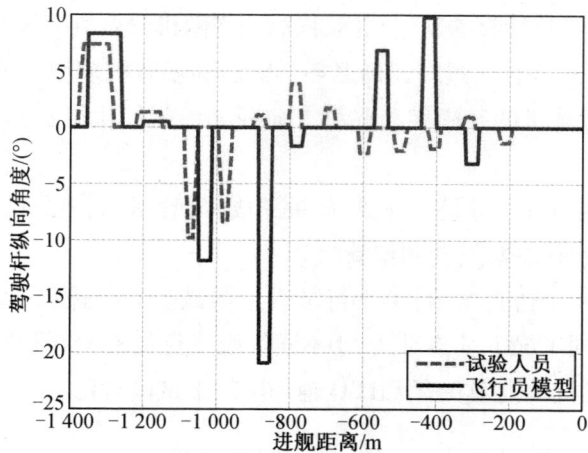

图 4 – 15　驾驶杆纵向操纵曲线

首先，根据图 4 – 3 所示的原理，飞行员模型的输出动作为离散的梯形脉冲，通过与图 4 – 15 对比可知,飞行员模型的最终输出动作与试验人员的实际动作十分相近,飞行员模型和试验人员都可以依靠驾驶杆离散动作来消除纵向偏差,这是本书建立飞行员模型与前人建立的连续动作的模型的本质区别。并且在图 4 – 15 中,当纵向偏差较大时,飞行员模型和试验人员采用大动作幅值和长时间执行操杆动作的策略;当纵向偏差较小时,飞行员模型和试验人员采用小动作幅值和短时间执行操杆动作的策略。特别值得一提的是,当进舰距离较小时,飞行员模型和试验人员在纵向操纵驾驶杆时,动作频率较低,幅值也较小。在这个进舰过程中,纵向偏差及超调量越来越小,当舰载机即将挂索着舰时,纵向偏差基本为 0 值。这里需要注意一点,飞行员模型的纵向动作近乎矩形,这是由于假设飞行员可以在很短的时间内将最终动作反映到驾驶杆上,而模拟器试验人员操杆不能达到这种理想状态,因此飞行员模型的输出也是合理的。

由于横向回路和速度回路与纵向回路的操控原理一致,考虑到本书篇幅有限,本节不再对这两个回路开展仿真工作。综上所述,本书的飞行员模型的操控策略与实际飞行员一致,在一定程度上可以模拟实际飞行员的着舰操控过程。

4.5.2 同一等级飞行员模型在不同工况下试验对比

本次仿真工况如下所示:

(1)航母航速为 24 kn,着舰区域海况为 3 级;

(2)飞行员模型的等级为 Level – B,无 LSO 辅助指挥;

(3)初始进舰距离为 – 2 000 m,初始纵向偏差和横向偏差均分别为 – 10 m、– 15 m 和 – 20 m,初始速度偏差为 1 m/s。

飞行员模型在 3 种不同初始偏差的情况下,分别完成一次着舰任务,纵向回路、横向回路和速度回路的偏差曲线和三个回路的最终动作曲线如图 4 – 16 至图 4 – 21 所示。

在图 4 – 21 中,纵轴表示当前油门杆量占最大油门的百分比。在图 4 – 17、图 4 – 19、图 4 – 21 中,三个回路的最终动作都是离散的动作序列,与图 4 – 3 所示的飞行员模型动作形式一致,各个回路的开启和关闭与各个回路的危险度息息相关,也就是飞行员模型能够根据实时的进舰距离、偏差值和偏差变化率完成对各个回路优先级的切换,并且纵向动作与横向动作在时间上满足互斥的关系,纵向回路和横向回路与速度回路在时间上满足不完全互斥的关系,当油门杆处于执行过程中,驾驶杆保持当前值不变。以横向回路为例,当初始横向偏差不同时,飞行员采取驾驶杆横向控制的策略也是不同的,也就是说,本书建立的飞行员模型能够根据不同的着舰条件采取变策略的执行动作。这里需要重点说明一个问题,当舰载机着舰过程即将结束时,其速度偏差并未收敛到0,这种现象的原因主要有两个:首先,飞行员的着舰过程,舰载机的速度较高,约 70 m/s,飞行员对飞机的姿态的控制对飞机速度是有影响的,特别是对高速运行的飞机影响较大;其次,飞行员模型的等级为 Level – B,其各能力指标系数并不是特别高,导致对飞行状态的控制并不理想。

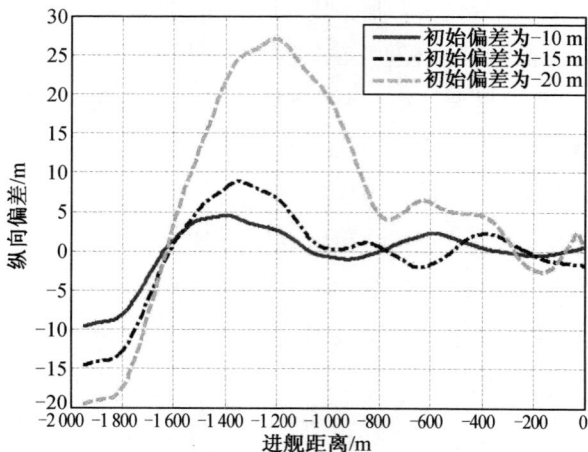

图 4 – 16　纵向偏差曲线

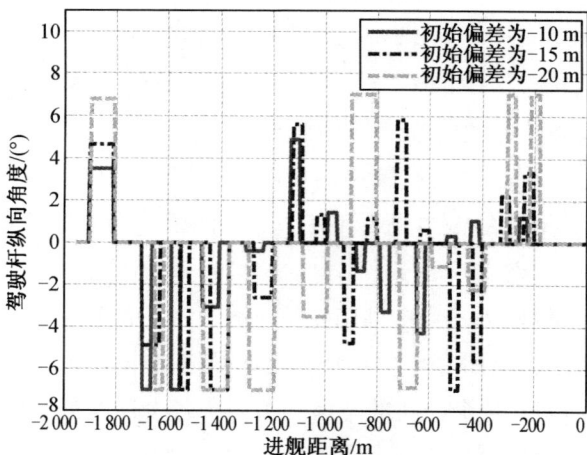

图 4 – 17　驾驶杆纵向动作曲线

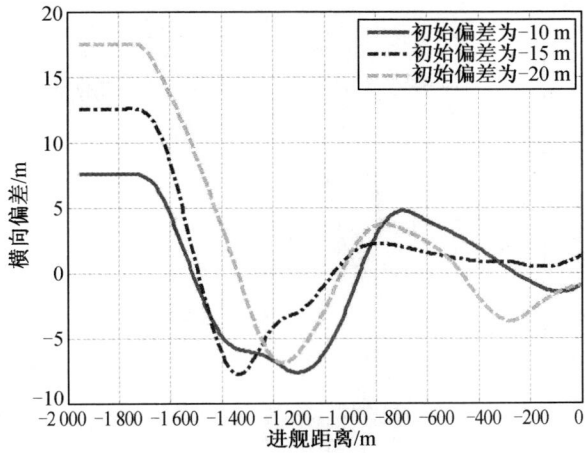

图 4 - 18　横向偏差曲线

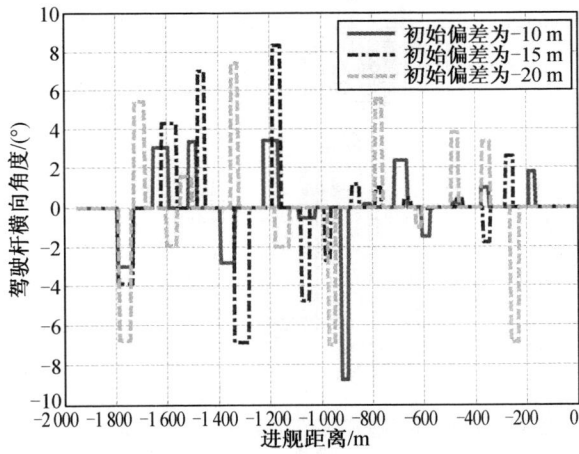

图 4 - 19　驾驶杆横向动作曲线

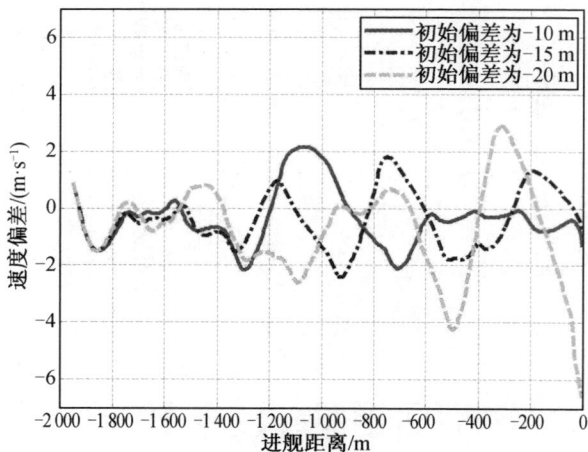

图 4-20 速度偏差曲线

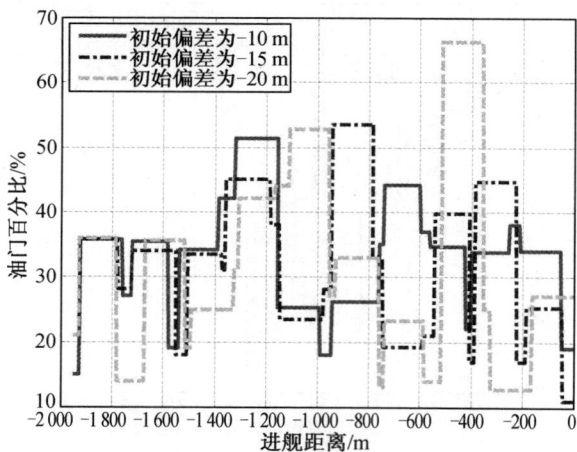

图 4-21 油门杆动作曲线

在以上三次着舰试验仿真中,该飞行员模型均完成了着舰任务,从同一等级飞行员面对不同着舰工况的操控策略角度来讲,本书建立的飞行员模型满足实际飞行员的真实操纵策略,可通过改变策略的方式处理不同着舰状态偏差,通过判断着舰危险度来合理切换横向、纵向和速度回路。

4.5.3 不同等级飞行员模型在相同工况下试验对比

本次仿真工况如下所示:

（1）航母航速为 24 kn,着舰区域海况为 4 级;

（2）飞行员模型的等级为 Level – A 和 Level – C,无 LSO 辅助指挥;

（3）初始进舰距离为 – 2 000 m,初始横向偏差为 – 20 m,初始纵向偏差为 20 m,初始速度偏差为 0 m/s。

Level – A 和 Level – C 是两个不同等级的飞行员模型,在相同初始纵向偏差、横向偏差及速度偏差的情况下,各自完成一次着舰任务,舰载机纵向回路、横向回路和速度回路的状态偏差曲线及飞行员着舰行为模型在这三个回路中的最终动作变化曲线如图 4 – 22 至图 4 – 27 所示。

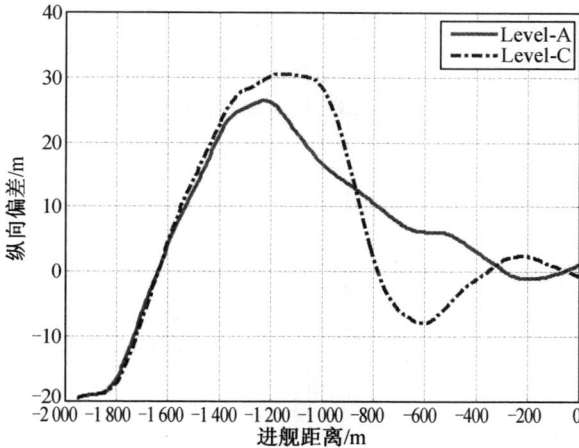

图 4 – 22　纵向偏差曲线

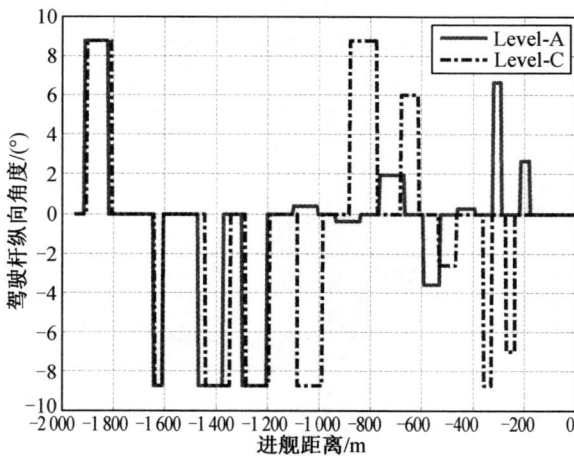

图 4 – 23　驾驶杆纵向动作

69

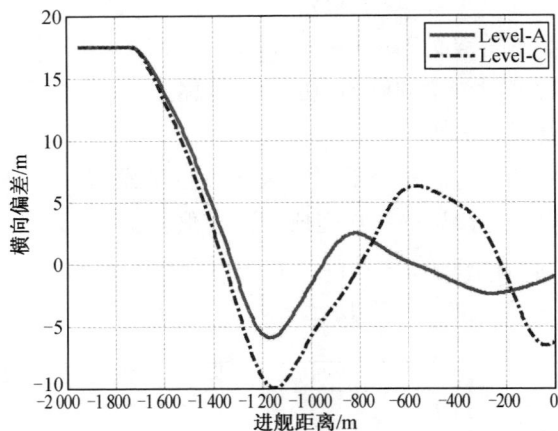

图 4－24　横向偏差曲线

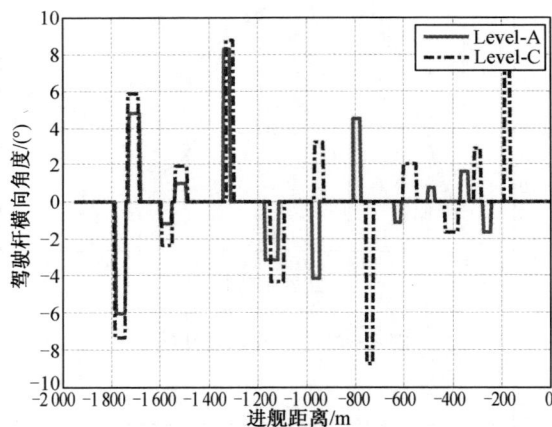

图 4－25　驾驶杆横向动作

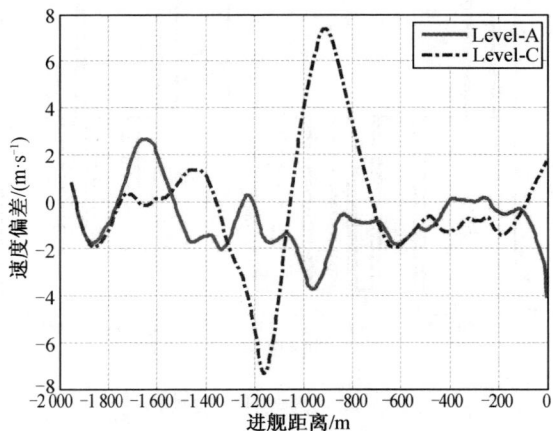

图 4－26　速度偏差曲线

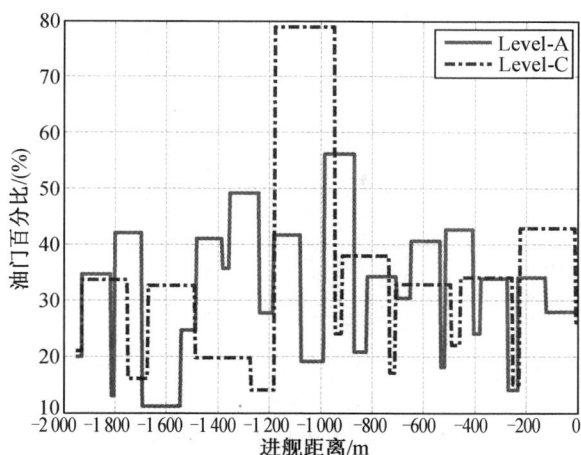

图 4 – 27　油门偏差曲线

图 4 – 22 至图 4 – 27 中,虽然两模型均成功完成了着舰任务,但是它们在着舰过程中的表现却不同,Level – A 模型在三个回路的偏差均越来越小,各个回路的超调量都很小,但是 Level – C 模型动作幅值较大,动作次数较多,各回路超调量较大,特别是速度回路偏差很大。在上述工况下两模型分别完成 50 次着舰仿真任务,着舰落点和挂索情况如图 4 – 28 至图 4 – 31 所示。

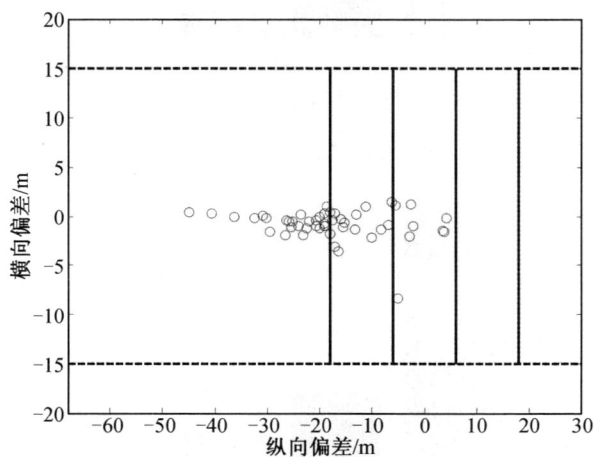

图 4 – 28　Level – A 落点分布

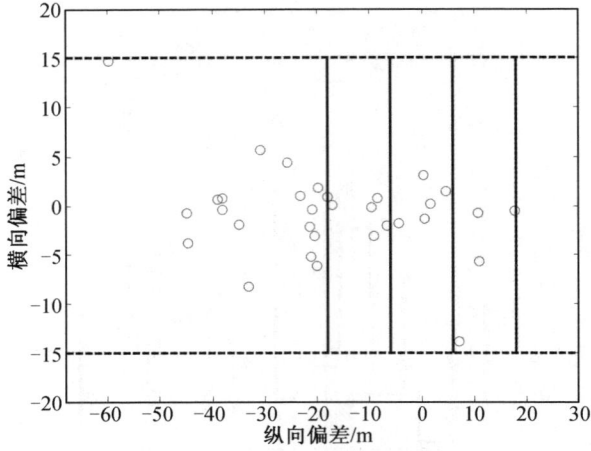

图 4 – 29　Level – C 落点分布

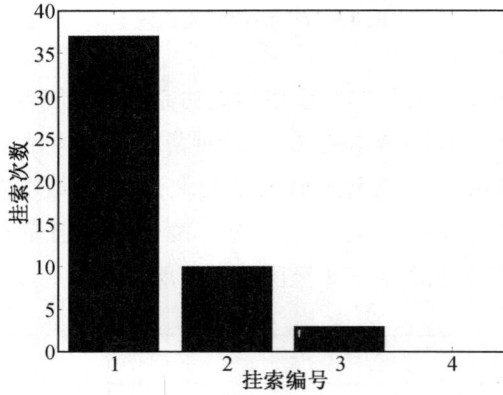

图 4 – 30　Level – A 挂索次数

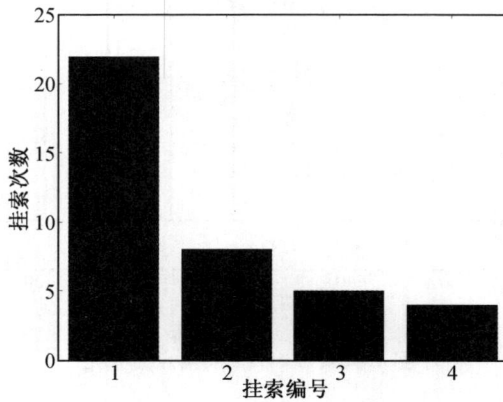

图 4 – 31　Level – C 挂索次数

图 4-28 至图 4-31 中,Level-A 飞行员模型完成了 50 次着舰任务,着舰成功率达 100%,并且 Level-A 飞行员模型的落点分布较为集中。Level-C 飞行员模型与 Level-A 飞行员模型相比,着舰效果稍差一些,仅成功完成了 37 次着舰任务,着舰成功率仅为 74%。特别是 Level-C 飞行员模型着舰成功情况下的落点特别靠近舰尾,这种情况是十分危险的。两个不同等级的飞行员模型的着舰效果可见一斑。这里还需要注意一个问题,Level-A 飞行员模型着舰成功的情况下,也有一些落点可挂上 1 号索,也就是落点比较靠前,这个现象的原因有两个:首先 Level-A 飞行员模型的能力指标系数不是最优的;其次,着舰的首要任务是能够安全实现着舰挂索任务,因此本书建立飞行员模型的过程相对保守,实现挂索是最重要的。

综合比较 Level-A 和 Level-C 两个等级的飞行员模型的着舰表现,可以验证本书建立的飞行员着舰行为模型,能够通过不同的能力指标系数的组合来模拟不同能力水平飞行员的操控动作;针对相同的初始仿真工况,也可表现出对驾驶杆和油门杆不同的操控动作特点,进而导致不同的着舰效果,也就是说,本书的飞行员模型可以模拟不同水平的实际飞行员。

4.5.4　同一等级飞行员模型在有无 LSO 辅助决策下试验对比

本次仿真工况如下所示:

(1)航母航速为 24 kn,着舰区域海况为 3 级;

(2)飞行员模型的等级为 Level-B,有 LSO 辅助指挥;

(3)初始进舰距离为 -2 000 m,初始横向偏差为 -17 m,初始纵向偏差为 15 m,初始速度偏差为 0 m/s。

Level-B 飞行员模型分别在有 LSO 辅助指挥和无 LSO 辅助指挥的情况下,各自完成一次着舰任务。舰载机纵向回路、横向回路和速度回路的偏差曲线和飞行员模型在三个回路的最终动作曲线如图 4-32 至图 4-37 所示。

从图 4-33、图 4-35 和图 4-37 中可以看出,LSO 指令基本都在各个回路中两个动作之间发送,对于前人建立的连续动作飞行员模型,LSO 发送指令的时间不能考虑飞行员的动作情况,而本书图 4-33、图 4-35 和图 4-37 所示的连续动作很容易与 LSO 配合完成着舰任务。飞行员模型与 LSO 辅助决策模型的协同配合将在本书后续章节中详细介绍。

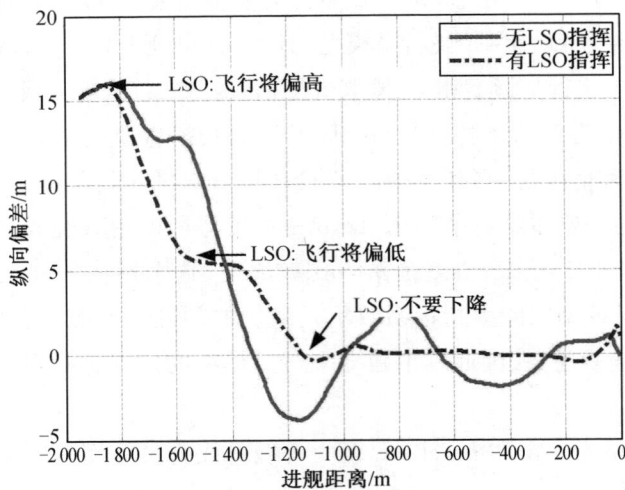

图 4 - 32　纵向偏差曲线

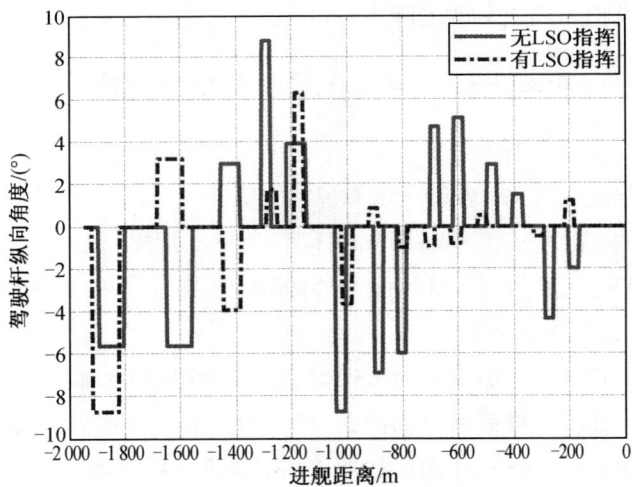

图 4 - 33　驾驶杆纵向动作曲线

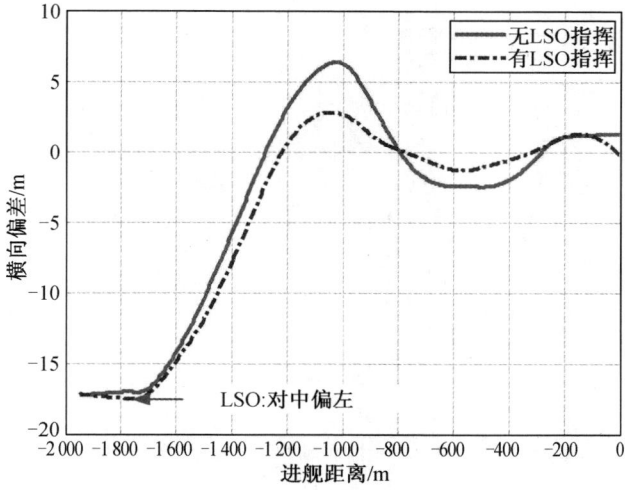

图 4－34　横向偏差曲线

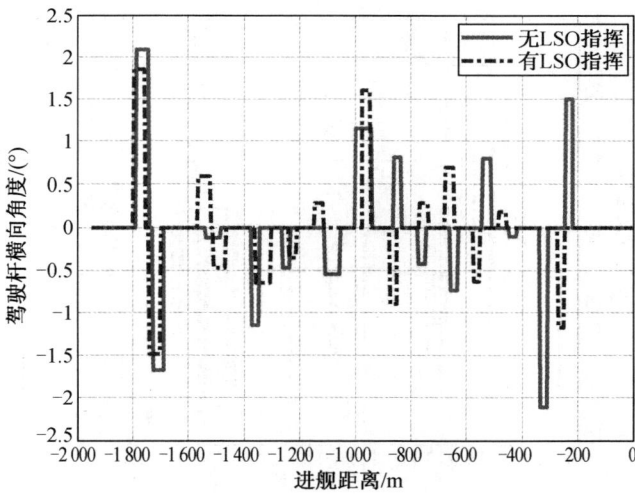

图 4－35　驾驶杆横向动作曲线

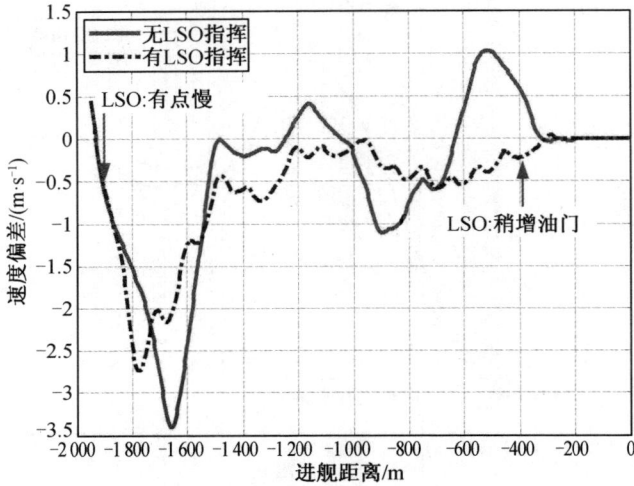

图 4-36　速度偏差曲线

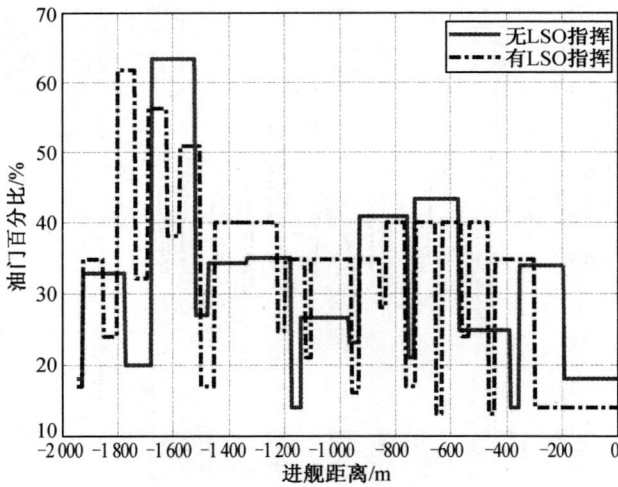

图 4-37　油门杆动作曲线

在纵向回路中,进舰距离分别为 -1 900 m、-1 560 m 和 -1 170 m 处,LSO 分别发送指令"飞行将偏高""飞行将偏低"和"不要下降",在这些指令和飞行员本身决策作用下,纵向偏差和超调量不断减少。但是,在无 LSO 指挥的情况下,飞行员凭借自身的能力,也可使纵向偏差迅速减少,但是较大的纵向超调量使舰载机纵向上低于理想下滑道较多,使飞机到达舰尾时,舰尾净高较小,距离舰尾较近,并且,无 LSO 辅助指挥时,飞行员的动作频率较高,对于控制飞机是不利的。在横向回路中,在进舰距离为 - 1 340 m 处,LSO 发送指令"对中偏左",用以提醒飞行员横向偏差越来越大,使飞行员及时调整飞机横向位置,减少横向偏差。但是当回路无 LSO 指挥时,横向位置超调量很大,不利于调整飞机横向位置。在速度回路中,在进舰距离分别为 - 1 750 m 和 - 630 m 处,LSO 分别发送指令"有点慢"和"稍增油门",飞行员被及时要求尽量维持恒定合理的进舰速度来顺利完成着舰任务。该回路无 LSO 指挥情况下,当进舰距离为 - 1 650 m 时,较低速度导致高度快速衰减。并且当飞机速度过高时,飞机的可控性会受影响,所以在无 LSO 指挥的情况下,由于速度超调和速度快速抖动使飞行员的着舰表现变差。所以,本书建立的飞行员模型能够响应 LSO 的指令,并能够实现在着舰过程汇总与 LSO 协调互动,增加着舰的安全性。

综上所述,本章建立了满足实际着舰策略的、基于离散动作序列的飞行员着舰行为模型。该模型创新地引入了能力指标的概念,包括信息感知能力、响应能力、动作准确度、分心能力,能够根据不同的能力指标模拟不同水平飞行员的操控效果,采用模块化的设计思想,将飞行员模型分解为重要信息感知模型、关注模式协调策略、操纵动作随机误差概率模型等。从仿真结果看,本章建立的飞行员着舰行为模型具有系统的、可控的、客观的、可复现的特点,可开展大量有针对性的仿真试验。

第 5 章　舰载机着舰风险建模技术

舰载机的着舰结果直接反映为尾钩与甲板初次接触的落点位置。落点纵向位置决定了舰载机能够挂到第几根索,如落点位置靠前,则增加了舰载机复飞的可能性,进而增加后续重复着舰难度和燃料的消耗;如挂索靠后,则增加舰载机撞击舰尾的可能性。落点横向位置通过阻拦力与飞机发动机推力共同作用决定舰载机的横向受力,进而影响飞机是否会发生侧翻,因此落点位置直接反映舰载机着舰效果。本书将着舰风险分为着舰横向风险和着舰纵向风险。

5.1　舰载机着舰横向风险建模

5.1.1　横向风险模型建模区域的选取

在建模之前,首先要选取仿真区域。由于横向平面内空间区域较广,对数据量的维度要求非常大,因而为了使神经网络训练更为简易,在区域选取上将固定纵向位置x,选择 3 个具有代表性的位置 A、B、C 建立三个窗口面积作为仿真区域,各位置如图 5 - 1 所示。

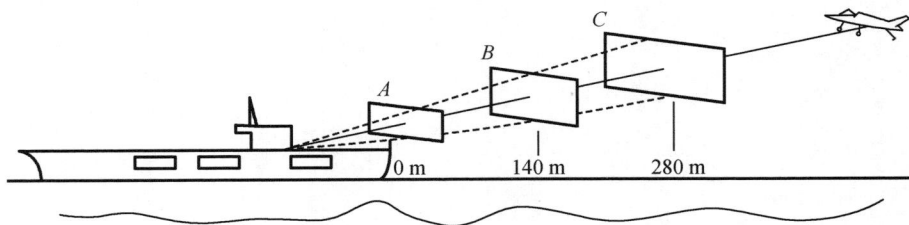

图 5 - 1　舰载机着舰过程横向风险的位置窗口示意图

舰载机在进舰时的速度大约为 70 m/s,而当飞机处于着舰下滑状态时,可供操作的时间非常短暂,飞行员根本来不及做出过多的调整,因而只有非常短暂的时间做出一个简单的横向纠偏指令。本书根据一些参考文献,选取飞行员大约每 2 s 时间内做出短暂的姿态调整,这样根据飞机的着舰速度 70 m/s 推算出飞行距离约为 140 m。此外,当飞机飞过舰尾上方以后,飞行员将没有机会做出任何指令调整了,只能依靠飞机惯性来调整。

依据上述条件,在纵向上选取了三个位置点 A、B、C 来进行仿真试验。同样,在三维空间中,除了拥有纵向位置 x 外,还需要提供横侧向的位置等信息。在选择了纵向坐标的这三点位置后,还要确定横侧向上飞机所可能出现的位置,其形状类似于"窗"的概念,因而需要在三个位置上建立三个区域面。在选取位置"窗"的问题上,分别取 A、B、C 三点位置进行仿真,A 点的位置为舰尾处上方,B 点的位置为距离舰尾 140 m 处,C 点的位置为距离舰尾 280 m 处。

同时还要通过复飞包线来判断一下这三个位置"窗"给出的风险数值是否具有实际意义。由于本章研究的为横向风险问题,其速度和下沉率的影响并非主要成因,因而这里在考虑复飞包线时选择常状态复飞包线。因为如果这些位置面都在复飞包线以下,按照要求是要执行复飞指令的,这样对着舰过程做出横向的风险评价是没有任何意义的。根据上文所述,计算飞行包线与三个仿真窗的具体位置关系,如图 5 - 2 所示。

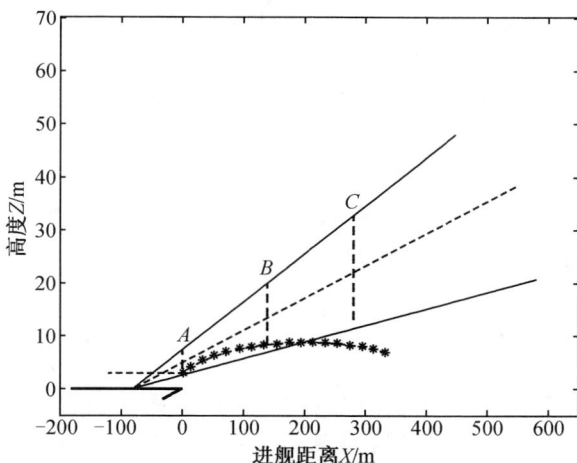

图 5 - 2　横向窗口位置与复飞包线关系图

根据图 5 - 2 所示,由于所设计的位置面大多数都在复飞包线以上,即可以进行着舰的区域,因而给出的风险度值是具有横向风险评价意义的。

1. 三个区域位置窗范围的选取

确定纵向位置 x 而得到 A、B、C 三个窗口后,将选取这三个位置处的横向窗口面,并以此作为横向风险模型的仿真区域。飞机飞到 A、B、C 位置时,可能出现的横向位置和高度位置也是有一定范围界限的,这里需要统计出这些位置区域,将其虚拟出一个横侧向"位置窗",窗上的每个点即为舰载机飞过舰尾位置 A、B 或 C 位置时,横测向空间内所可能出现的位置。

在不同纵向位置处,所定义的位置窗的大小范围是不尽相同的,需要确定不同纵向位置处的矩形"窗"的上下、左右范围,是以知道窗的面积大小,即仿真区域的大小范围。横侧向平面内建模区域窗的选取如图 5-3 所示。

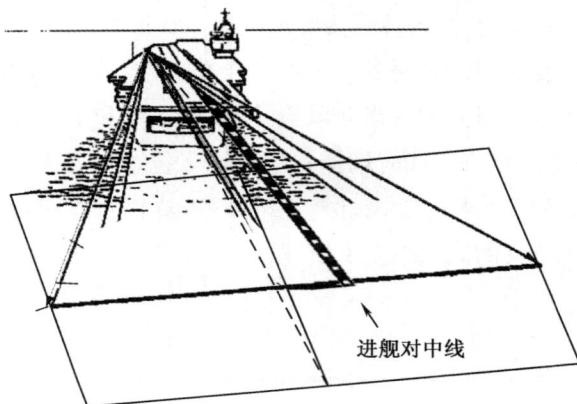

图 5-3 横侧向平面内建模区域窗的选取示意图

在位置坐标确定前,首先完成参考坐标系的选定。为了方便数据的直观显示,选取理想着舰点作为参考坐标系的原点位置。在这里需要确定舰载机的理想着舰点的具体位置,飞机在甲板上最理想的着舰点为第二、三道阻拦索之间。由前文所示甲板上阻拦索位置,可以看出图 5-4 中 A 点为理想着舰点位置,其距离舰尾 255.7 ft,即 78 m。

然后要确定飞机横侧向位置面的上下界限,根据一些参考文献及仿真数据,本书保守选取以二倍菲涅尔灯的角度来概括包含飞机下滑飞行可能出现的区域。借助这个区域,根据三个位置的纵向坐标来确定本章所需"位置窗"的上下界限。选取斜角甲板上的理想着舰点为参考原点建立坐标系,此时 A、B、C 三点的进舰距离分别为 78 m、218 m、358 m,其具体位置如图 5-4 所示。

因而得出了各个位置面的上下限具体位置,计算如下:

$$\begin{cases} H_{Aup} = 78 \times \tan 4.2° = 5.933 \\ H_{Adown} = 78 \times \tan 1.8° = 3.61 \end{cases} \tag{5-1}$$

$$\begin{cases} H_{Bup} = 218 \times \tan 4.2° = 16.58 \\ H_{Bdown} = 218 \times \tan 1.7° = 10.09 \end{cases} \tag{5-2}$$

$$\begin{cases} H_{C\mathrm{up}} = 358 \times \tan 4.2° = 27.23 \\ H_{C\mathrm{down}} = 358 \times \tan 1.7° = 16.57 \end{cases} \qquad (5-3)$$

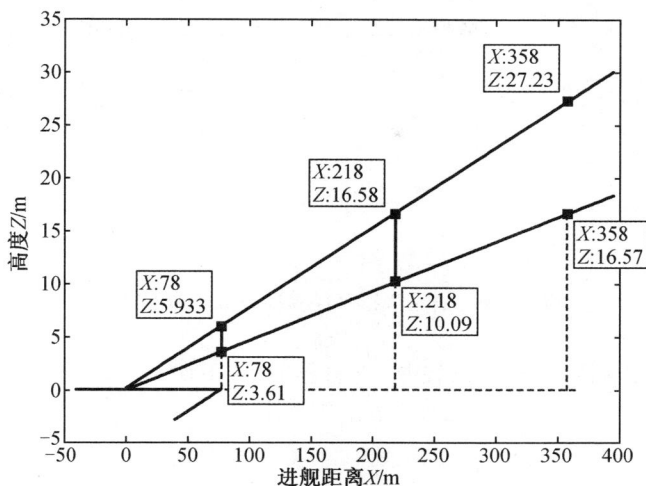

图 5 – 4　A、B、C 三个窗口的上下界限图

确定上下限的范围后,还需确定左右范围的大小。对于三点上"窗"面积的左右范围,本书拟定采用舰船上 LSO 对中描述的范围来确定其大小,如图 5 – 5 所示。

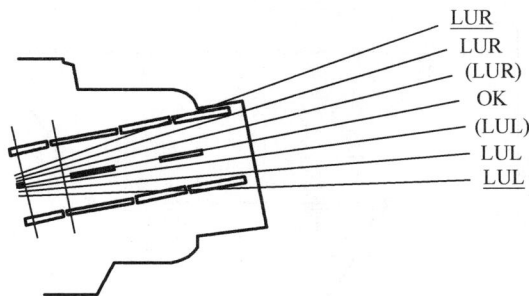

图 5 – 5　LSO 指令示意图

图 5 – 5 中的纠偏对中描述的射线与甲板对中线之间存在着固定的角度,该角度的具体描述如图 5 – 6 所示。在最右侧为极为偏右(LUR)描述,其偏离中心线位置最大的角度为 3.5°,因而用 3.5°来定义左右最大范围角。类似为三角形的平面扩散出去,从而计算出位置窗的左右范围边界。

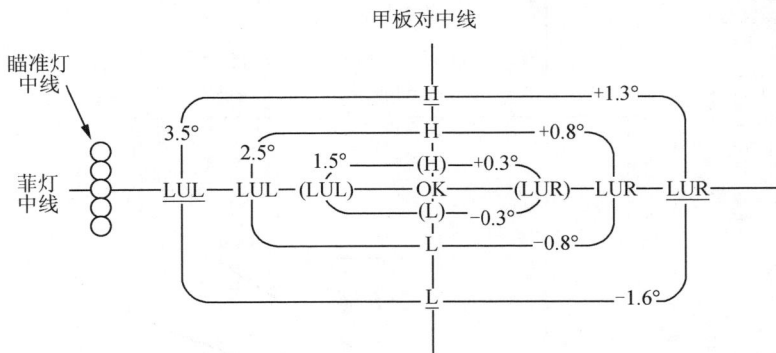

图 5-6　进场飞行路径横向参数的角度描述

根据计算,得到各个位置窗的左右边界值,如下所示:

$$\begin{cases} W_{Aleft} = 78 \times \tan(-3.5°) = -4.771 \\ W_{Aright} = 78 \times \tan 3.5° = 4.771 \end{cases} \tag{5-4}$$

$$\begin{cases} W_{Bleft} = 218 \times \tan\ -3.5° = -13.33 \\ W_{Bright} = 218 \times \tan 3.5° = 13.33 \end{cases} \tag{5-5}$$

$$\begin{cases} W_{Cleft} = 358 \times \tan\ -3.5° = -21.9 \\ W_{Cright} = 358 \times \tan 3.5° = 21.9 \end{cases} \tag{5-6}$$

根据上述计算及理论依据,所得出的 A、B、C 三个窗口的左右界限如图 5-7 所示。

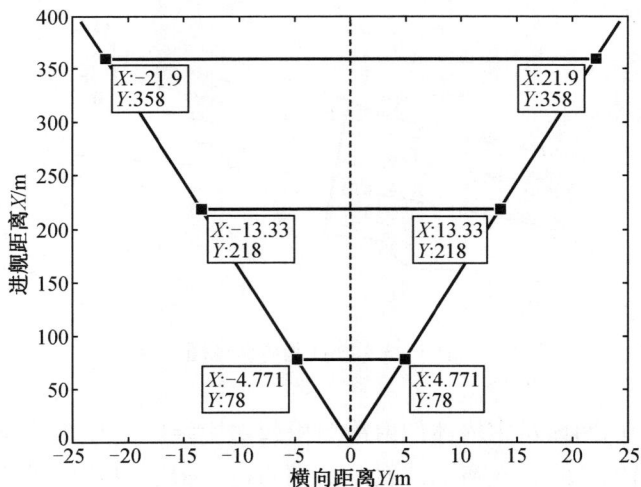

图 5-7　A、B、C 三个窗口的左右界限

综上所述,可确定在三个窗口的横侧向位置面的大小范围,选取理想着舰点

为坐标原点位置,其具体数值如下所示:

A 点位置窗(距理想着舰点 78 m 处)

左右宽度 Y: -4.77 m,4.77 m;上下高度 Z:5.93 m,3.61 m

B 点位置窗(距理想着舰点 218 m 处)

左右宽度 Y: -13.33 m,13.33 m;上下高度 Z:16.58 m,10.09 m

C 点位置窗(距理想着舰点 358 m 处)

左右宽度 Y: -21.9 m,21.9 m;上下高度 Z:27.23 m,16.57 m

2. 三个区域处平面窗上样本点集的选取

在根据上文选取了 A、B 和 C 三点处平面窗口的具体范围面后,需要在这三个具体的范围选取仿真点集合,然后再根据这些位置点进行其他影响因素的遍历,形成多种不同工况的仿真任务,最后得到大量的样本仿真数据集。

在 A 窗口上选点,选取理想下滑轨道在该窗口上的点,然后以此位置向两边扩散至窗口边界。根据计算得知,在该窗口上的理想下滑位置 a 点为(0,4.77)。将该点作为中心点,在 Y 和 Z 方向的步长分别选为 1 和 0.4,从而得到如图 5-9 所示的选点图。

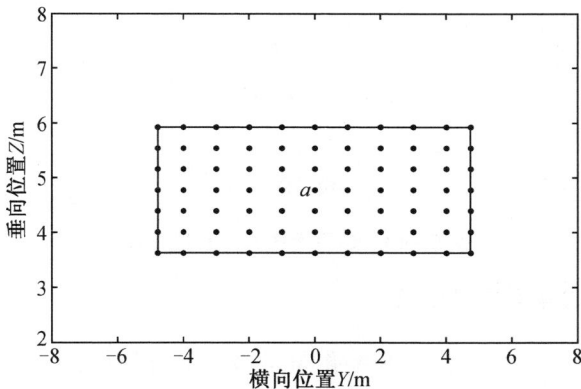

图 5-8　A 窗口仿真点集选取图

按照上述同样的原理,在 B 窗口上选取点集合,仍以理想下滑位置点(0,13.33)为基本参考点,选定在 Y 和 Z 方向的步长分别为 3 和 0.8。从而得到如图 5-9 所示的选点图。

同样,根据上述依据,以及 C 窗口的范围边界值,以理想下滑点(0,22)为基准点,选定在 Y 和 Z 方向的步长分别为 6 和 0.9。从而得到如图 5-10 所示的选点图。

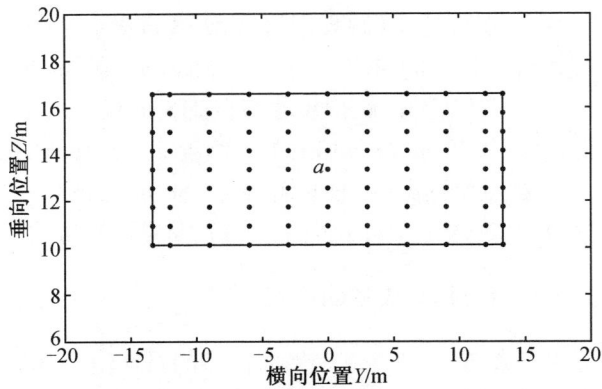

图 5 − 9 *B* 平面仿真点集选取图

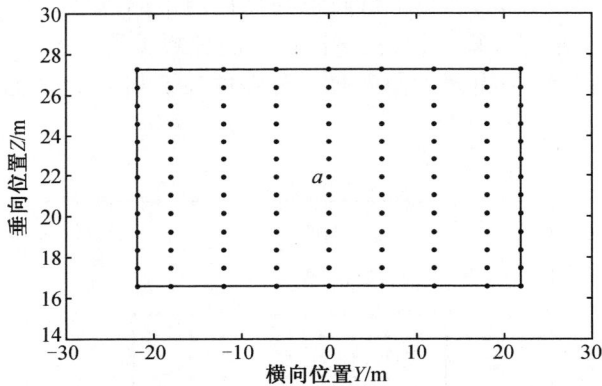

图 5 − 10 *C* 平面仿真点集选取图

3. 样本点集的坐标变换处理

由于在航母上,飞机着舰的甲板并非是沿着航母纵轴的飞机甲板,而是沿着舰尾端处的斜角甲板,两个甲板轴线之间存在着一定的角度,本书取该角度为7°,因此这两个坐标系之间就存在坐标变换。这里介绍一下这两个坐标系,如图5 − 11 所示。斜角坐标系是以理想着舰点 M 为原点,X_b 轴沿着斜角甲板纵轴线方向,Y_b 轴垂直于其右侧,Z_b 轴垂直斜角甲板向上;航母坐标系是以甲板中心线中点 O 为原点,X_g 轴沿航母纵向轴线方向,Y_g 轴垂直于其右侧,Z_g 轴垂直航母甲板竖直向上。

通过上述计算,得到了三个位置仿真点的数据集合,这些数据坐标都是沿着斜角甲板方向,并且以理想着舰点位置为参考原点的坐标系。然而,舰载机的位置是在航母坐标系中的,需要将仿真样本点集的位置转换成该坐标系后,才能再导入仿真研究的三维基础平台,因而在这里需要进行一些坐标的变换。

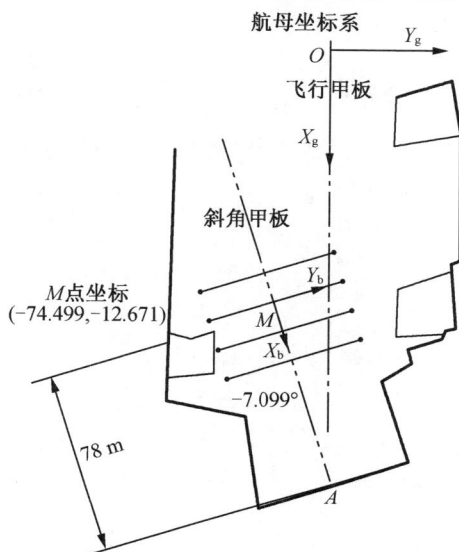

图 5 – 11　航母坐标系与斜角坐标系的变换示意图

根据文献资料得知,飞机着舰的斜角甲板中心线与航母坐标系的纵轴(即航母坐标系的 x 轴向)呈 $-7°$。在仿真程序中,根据设定的比例参数,理想着舰点 M 在航母坐标系下的坐标为 $(75, -12.7)$,而且舰尾端点在 A 点,其中 $MA = 78$ m。因而,通过计算,可以得到 A 点的坐标,即 $A(151.901, -3.031)$,详细计算如下:

$$\begin{cases} X_{Ab} = 74.5 + 78 \times \cos 7° = 151.901 \\ Y_{Ab} = -12.7 + 78 \times \sin -7° = -3.031 \end{cases} \quad (5-7)$$

然后计算 B 平面和 C 平面中心点的坐标值,详细计算如下:

$$\begin{cases} X_{Bb} = 74.5 + (78 + 140) \times \cos 7° = 290.83 \\ Y_{Bb} = -12.7 + (78 + 140) \times \sin 7° = 14.27 \end{cases} \quad (5-8)$$

$$\begin{cases} X_{Cb} = 74.5 + (78 + 280) \times \cos 7° = 429.76 \\ Y_{Cb} = -12.7 + (78 + 280) \times \sin 7° = 31.57 \end{cases} \quad (5-9)$$

根据上述计算过程,将所有在斜角坐标系中的样本点集均转换到航母坐标系下,以标准化后续风险评估所需的数据,得出需要的样本数据格式。

5.1.2　横向风险样本集的处理

在确定三个窗口并获得不同位置点后,需要遍历其他对该风险度有影响的因素。除了飞机在初始横侧面上的位置外,飞机的横向速度 V_Y、飞机的横滚角度 φ 都会对着舰的横向偏差及其速度偏差产生较大影响。

因而,这里设定对上述两种变量的遍历范围分别为 $-4\sim4$ m/s、$-10°\sim10°$,并且对这两个变量采取步长为 1 和 2。

将横向速度 $V_y/(\mathrm{m\cdot s^{-1}})$ 分为 -4　-3　-2　-1　0　1　2　3　4;

将横滚角度 $\varphi/(°)$ 分为 -10　-8　-6　-4　-2　0　2　4　6　8　10。

该三维仿真程序遍历横向初始影响因素设定界面如图 5-12 所示。

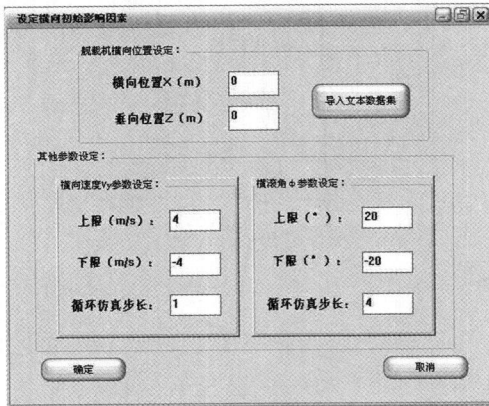

图 5-12　遍历横向初始影响因素设定界面

1. 横向风险度评判标准

舰载机着舰横向风险主要是由偏心和偏航引起的风险问题,即飞机阻拦滑跑过程中容易超出安全区域的边界,撞击到舰上的其他设备,其阻拦后滑行轨迹受到挂索时刻偏心和偏航的影响。进一步分析滑跑过程模型,根据偏心距 4.6 m 和偏航角 3° 的安全界定等因素推算出了滑跑过程中机翼的最大横向偏移距离,设定这个距离范围为横向的安全区域,且认为超过这个区域飞机将撞击到其他设备发生事故。

根据上述分析,这里将飞机在甲板上滑跑至完全停止后,机翼相对甲板中心线的横向偏移距离 Sh 作为评判横向风险的标准。这个安全区域的界限如图 5-13 所示。

根据文献资料描述,飞机在着舰挂索时,尾钩的落点的横向误差应该小于 4.6 m,此为偏心误差;飞机的偏航角应该小于 3°,此为偏航误差。只有在这个范围内挂索才不会出现较大的风险。飞机落点时刻的这些约束条件超出限制范围后,阻拦系统与飞机的相关状态会超过危险值,如左右绳索的张力、阻拦系统主液压缸的最大压强、飞机的横滚角度、飞机的横向位移等。这样可能会出现绳索扯断等风险,因此飞机阻拦时刻的状态对飞机着舰安全性的影响很重要,而这两个约束条件是划分其风险大小的主要约束条件。

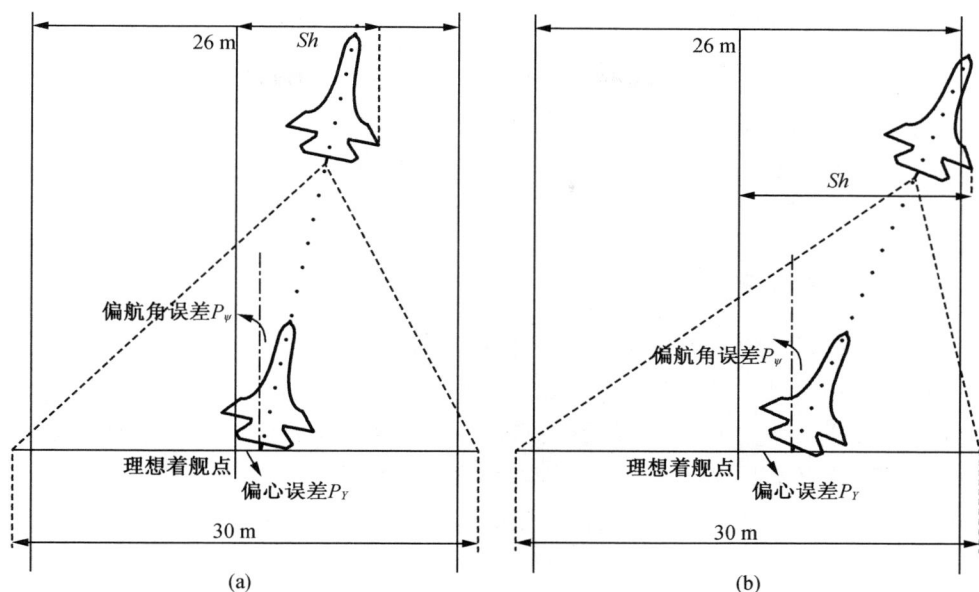

图 5 – 13　判定横向风险的安全区域示意图

参照多种文献资料及仿真结果的演示,为了将偏心误差 P_Y 和偏航角误差 P_ψ 两项约束条件合成一个能够评估风险的数值,本书采取的方法如下:当飞机着舰挂索后,飞机将在索的牵引下前进约 90 m 的距离后才能完全停止。阻拦索的左右长度为 30 m,根据文献和仿真推算可知,飞机完全停止后,设定飞机的机翼最外部边缘不能够超过距离中心线左右 13 m 的范围,即左右全部范围长度为 26 m。这里设定 26 m 的范围为风险安全范围,距离中心线越近,风险值就越低;反之,距离中心线越远,风险值就越高。当飞机的机翼超出这个范围时,风险度达到最高,即无论超出这个范围多少,都把这种情况设定为最高的风险值。

由于不同机型的舰载飞机具体参数不同,在本书中选用 F/A – 18 大黄蜂舰载机进行模拟仿真,舰载机的翼展长度约为 $b = 15$ m。记飞机从着舰点到前进至完全停止后,尾钩偏离中心线的距离为 S,则有

$$S = \left| P_Y + 90 \times \sin P_\psi \right| \tag{5 – 10}$$

式中　P_Y——横向偏差距离;

　　　P_ψ——偏航角度。

在这段距离的基础上,加入最外侧机翼翼尖与尾钩之间的距离 l_{JY},则最外侧翼尖偏离中心线的距离 Sh 为两者之和,计算公式为

$$l_{\mathrm{JY}} = \frac{1}{2} \cdot b\cos P_\psi = 7.5 \times \cos P_\psi \qquad (5-11)$$

$$Sh = S + l_{\mathrm{JY}} = |P_Y + 90 \times \sin P_\psi| + \frac{1}{2} \cdot b \times \cos P_\psi \qquad (5-12)$$

综上分析,偏差距离 $Sh = 13$ m 以内为着舰过程横向偏差的安全界限,当 $Sh > 13$ m 时,即飞机超出了这个安全界限,认定为此时即使安全着舰后飞机也存在很大的风险。

2. 横向风险样本的获取

根据舰载机着舰系统综合仿真平台,循环设定遍历各种影响因素的数值后,得到了计算横向风险所需要的各种数据。再根据上述计算方法计算出了这些工况下用来衡量风险大小的最外侧翼尖偏离中心线的距离 Sh,并以此作为样本数据的输出值。而样本数据的输入值则为在仿真开始时设定的这四个维度的变量数据值,即飞机初始时刻的横向位置 Y、飞机的垂向位置 Z、横向速度 V_Y,以及横滚角度值 φ。着舰过程横向风险仿真界面如图 5-14 所示。

图 5-14　着舰过程横向风险仿真界面

在综合仿真平台上,利用飞行员模型开展模拟真实飞行员操控策略,开展人工模拟试验,最终获得的 A、B、C 窗口处的风险样本数据见表 5-1 至表 5-3,如图 5-15 至图 5-17 所示。

从 A 面开始仿真,遍历各种影响因素初值,得到部分样本数据(表 5-1)。从 B 窗口开始仿真,得到部分样本数据(表 5-2)。从 C 窗口开始仿真,得到部分样本数据(表 5-3)。

表 5 - 1　A 窗口处部分样本集合表

编号	输入变量				输出变量
	横向位置 Y /m	垂向位置 Z /m	横滚角度 φ /(°)	横向速度 V_Y /(m·s⁻¹)	偏离距离 Sh /m
1	-4.77	3.61	-10	-3	23.33
2	-4.77	4.77	-10	-3	25.90
3	-4.77	5.93	-10	-3	28.06
4	-4.77	3.61	-10	-1	9.94
5	-4.77	4.77	-10	-1	12.08
6	-4.77	5.93	-10	-1	13.89
7	4.77	3.61	-10	0	7.88
8	4.77	4.77	-10	0	9.81
9	4.77	5.93	-10	0	11.44
10	2.00	3.61	-10	1	8.52
11	2.00	4.77	-10	1	10.25
12	2.00	5.93	-10	1	11.70
13	3.00	3.61	-10	1	7.53
14	3.00	4.77	-10	1	9.26
15	3.00	5.93	-10	1	10.72
16	4.00	3.61	-10	-1	8.44
17	4.00	4.77	-10	-1	8.29
18	4.00	5.93	-10	-1	9.74
19	4.00	3.61	-8	-2	11.95
20	4.00	4.77	-8	-2	12.93
21	4.00	5.93	-8	-2	15.55
22	4.00	3.61	-8	1	9.38
23	4.00	4.77	-8	1	8.01
24	4.00	5.93	-8	1	8.09
25	2.00	3.61	-4	-1	8.89
26	2.00	4.77	-4	-1	9.46
27	2.00	5.93	-4	-1	9.93
28	-3.00	3.61	-4	2	7.94
29	-3.00	4.77	-4	2	7.93
30	-3.00	5.93	-4	2	7.91
⋮	⋮	⋮	⋮	⋮	⋮
7 622	4.77	3.61	10	4	25.24
7 623	4.77	4.77	10	4	27.15
7 624	4.77	5.93	10	4	29.76

表 5-2 B 窗口处部分样本集合表

编号	输入变量				输出变量
	横向位置 Y /m	垂向位置 Z /m	横滚角度 φ /(°)	横向速度 V_Y /(m·s⁻¹)	偏距距离 Sh /m
1	-12	10.09	-10	-4	32.97
2	-12	11.73	-10	-4	32.74
3	-12	13.33	-10	-4	32.26
4	-12	14.93	-10	-4	31.83
5	-12	16.58	-10	-4	31.48
6	-9	10.09	-8	-4	26.91
7	-9	11.73	-8	-4	26.58
8	-9	13.33	-8	-4	26.07
9	-9	14.93	-8	-4	25.81
10	-9	16.58	-8	-4	25.37
11	-3	10.09	-6	-3	14.64
12	-3	11.73	-6	-3	14.23
13	-3	13.33	-6	-3	13.77
14	-3	14.93	-6	-3	13.29
15	-3	16.58	-6	-3	12.87
16	-3	10.09	0	-2	10.07
17	-3	11.73	0	-2	10.29
18	-3	13.33	0	-2	10.68
19	-3	14.93	0	-2	10.85
20	-3	16.58	0	-2	11.01
21	0	10.09	0	1	7.67
22	0	11.73	0	1	7.64
23	0	13.33	0	1	7.58
24	0	14.93	0	1	7.63
25	0	16.58	0	1	7.68
26	-3	10.09	2	-3	12.98
27	-3	11.73	2	-3	13.17
28	-3	13.33	2	-3	13.46
29	-3	14.93	2	-3	13.89
30	-3	16.58	2	-3	14.12
...	...	...	...	...	...
9 798	13.33	11.73	10	4	33.02
9 799	13.33	13.33	10	4	32.76
9 800	13.33	14.93	10	4	32.51
9 801	13.33	16.58	10	4	32.23

表 5 – 3　C 窗口处部分样本集合表

| 编号 | 输入变量 | | | | 输出变量 |
	横向位置 Y /m	垂向位置 Z /m	横滚角度 φ /(°)	横向速度 V_Y /(m·s^{-1})	偏离距离 Sh /m
1	-18	16.6	-10	-4	32.67
2	-18	21.9	-10	-4	36.24
3	-18	27.2	-10	-4	32.32
4	-18	16.6	-8	4	22.78
5	-18	19.2	-8	4	23.60
6	-18	21.9	-8	4	23.50
7	-18	24.6	-8	4	22.87
8	-18	27.2	-8	4	22.44
9	-6	16.6	-6	4	29.60
10	-6	19.2	-6	4	30.86
11	-6	21.9	-6	4	30.57
12	-6	24.6	-6	4	29.90
13	-6	27.2	-6	4	29.47
14	6	16.6	-6	2	15.95
15	6	19.2	-6	2	13.52
16	6	21.9	-6	2	12.99
17	6	24.6	-6	2	11.61
18	6	27.2	-6	2	10.35
19	-6	16.6	-2	1	10.94
20	-6	19.2	-2	1	11.45
21	-6	21.9	-2	1	11.58
22	-6	24.6	-2	1	11.47
23	-6	27.2	-2	1	11.41
24	6	16.6	0	0	9.14
25	6	19.2	0	0	9.32
26	6	21.9	0	0	9.49
27	6	24.6	0	0	9.71
28	6	27.2	0	0	9.91
29	-6	16.6	2	0	10.34
30	-6	19.2	2	0	9.81
⋮	⋮	⋮	⋮	⋮	⋮
11 580	21.9	16.6	10	4	33.61
11 581	21.9	21.9	10	4	35.40
11 582	21.9	24.6	10	4	34.19
11 583	21.9	27.2	10	4	33.69

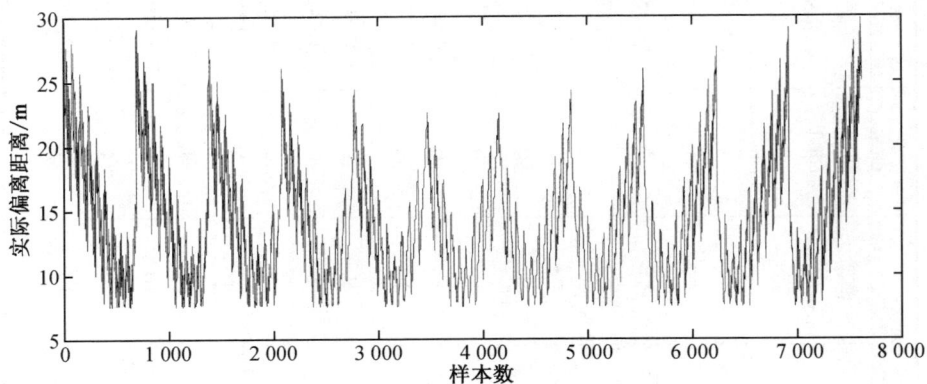

图 5-15 A 窗口处的样本数据

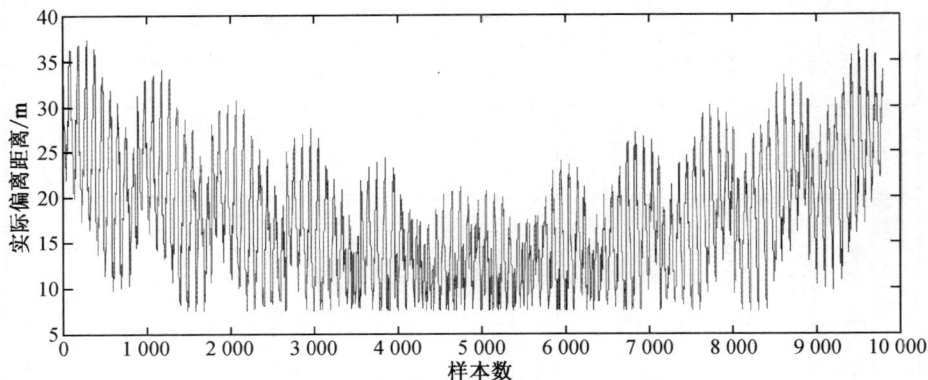

图 5-16 B 窗口处的样本数据

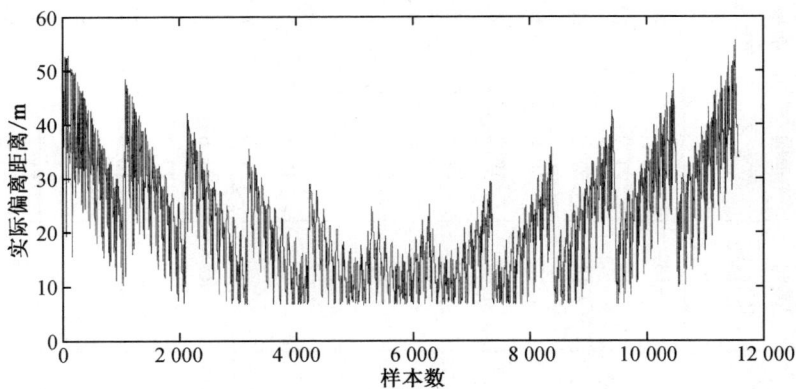

图 5-17 C 窗口处的样本数据

5.1.3　基于 BP 神经网络[①]的横向风险评价

对于横向风险评价模型,本书采用 BP 神经网络这种多层前馈型神经网络来逼近拟合。该网络的神经元的传递函数是 S 型函数,输入和输出量均为量化的 0~1 的连续值,并且能够实现输入与输出之间的任意非线性映射。在人工网络的实际工程应用中,BP 神经网络被广泛应用于函数逼近、模式识别等,作为前向网络的核心部分,BP 神经网络彰显了人工神经网络的精华。因而在本书中,采用 BP 神经网络来逼近横向风险评价函数模型,这种方法同时也能很好地满足系统模型的泛化性。

1. 三个区域处神经网络的建立

采用 BP 神经网络的方法来建立实时的横向风险评价系统,根据之前对 BP 神经网络的分析,这里建立 BP 神经网络的拓扑结构,输入层为 4、输出层为 1、隐层为 7,是 4－7－1 型 BP 神经网络模型。其中,隐层选用双曲正切 S 型激活函数,输出层选用对数 S 型激活函数。

输入层的量分别为飞机的横向坐标 Y、飞机的垂向坐标 Z、飞机的滚转角 φ 及飞机的横向速度 V_Y。进入输入层之前,需要对这些输入量进行归一化处理,把所有数据都转化为 0~1 的数,而在输出层中,得到的偏离中心线的距离 Sh 也为归一化后的量值。因而需要对输出的数值进行反归一化处理,以此来得到在某一种输入情况下,飞机在甲板上偏离中心线的实际距离 Sh。最后根据这个距离进行最后一步的风险非线性变换,将其变换为标准量化的飞机风险度数值,即需要的风险程度评价指标。

在 A、B、C 三处,均应用这种 4－7－1 型 BP 神经网络模型,因而在三处位置所得到的风险评价模型均是一致的,如图 5－18 所示。

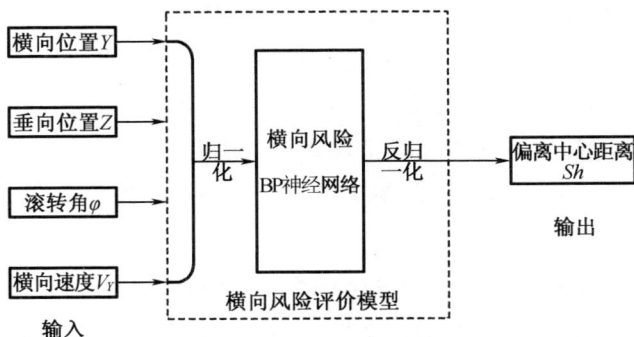

图 5－18　横向风险评价模型

① 一种按照误差逆向传播算法训练的多层前馈神经网络。

以舰载机的横向初始状态量作为 BP 神经网络的输入,其单位和量纲各不相同,这会给模型的训练带来困难。因而按照 BP 神经网络对输入输出范围的研究,对样本的输入和输出参数均进行统一的归一化处理,使不同单位的参数均转换为 0 ~ 1 的数值,从而避免网络学习过程中隐层与输入层之间权值调节的困难,提高收敛速度和精度。按照公式(5 – 13)对参数进行归一化处理。

$$X = \frac{0.8}{x_{max} - x_{min}}(x - x_{min}) + 0.1 \qquad (5-13)$$

式中,x_{max}、x_{min} 分别为输入输出值的最大值和最小值。

此外,为了方便 BP 神经网络的训练,以使网络更好地收敛,需要对样本数据中输出的偏差距离进行一些界定。由上文可知,当 $Sh > 13$ m 时,就认定该情况的风险很大了,而在实际情况中 Sh 可能有超出 13 m 的情况。为了方便计算,本书统一将最大值设定为 $Sh_{max} = 14$ m,超过 14 m 也均按照 Sh_{max} 处理;同时,计算的 Sh 是机翼尖到安全区域的范围,考虑舰载机本身的长度,故而其最小值应为机翼的一半,即 $Sh_{min} = 7.5$ m。

2. 三个区域处神经网络模型训练与测试

在 A、B、C 三个窗口建立神经网络后,将之前仿真得到的大量样本数据集合应用到神经网络中。首先对其进行归一化处理,把所有数据都转化为 0 ~ 1 的数,然后将这些数据集合分为训练数据和测试数据两种类型,最后将训练数据带入 BP 神经网络模型,来训练优化 BP 神经网络。设定执行 500 次训练后,最终三处网络都很好地收敛,误差分别为 0.000 3,0.000 238,0.000 139,精度较高,这样可以保证网络学习的效果,使得到的结果与实际的仿真数据更加接近。训练过程的性能指标曲线如图 5 – 19 至图 5 – 21 所示。

此外,构建神经网络模型过程中,最重要的是要求建立的模型具有泛化能力,即对于没有经过训练的输入样本也能得到理想输出。为了验证建立该 BP 神经网络模型的准确性,需要对训练完成的三处 BP 神经网络进行测试,取之前随机分出的 100 组测试数据集合,将其归一化后输入网络模型进行仿真,从而得出 100 个神经网络预测的输出值,将这些预测输出值与实际期望输出值进行比较,结果见表 5 – 4 至表 5 – 6。

从表 5 – 4 至表 5 – 6 及图 5 – 19 至图 5 – 27 中的数据可以看出,经过 3 处 BP 神经网络模型拟合的实际输出数据与期望输出数据基本吻合,误差较小,因而证明在 A、B、C 三个窗口所建立的网络模型正确合理,能够对不同横向状态的着舰横向风险进行评估拟合。

性能=0.000 300 508,目标= 0.000 1

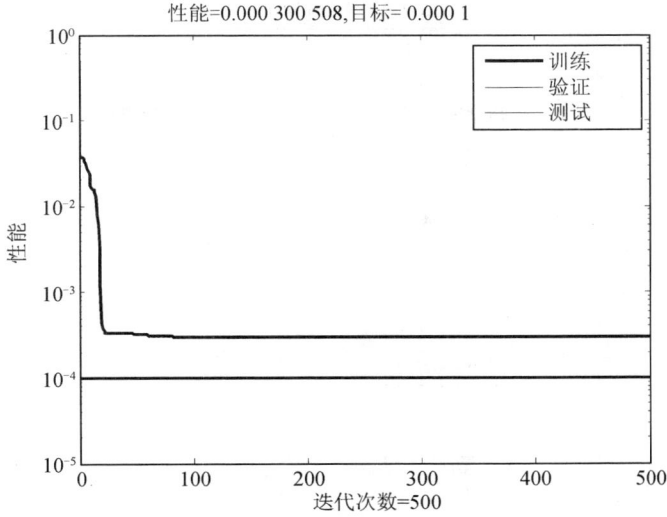

图 5 – 19　*A* 窗口 BP 神经网络的训练情况

性能=0.000 237 649,目标=0.000 1

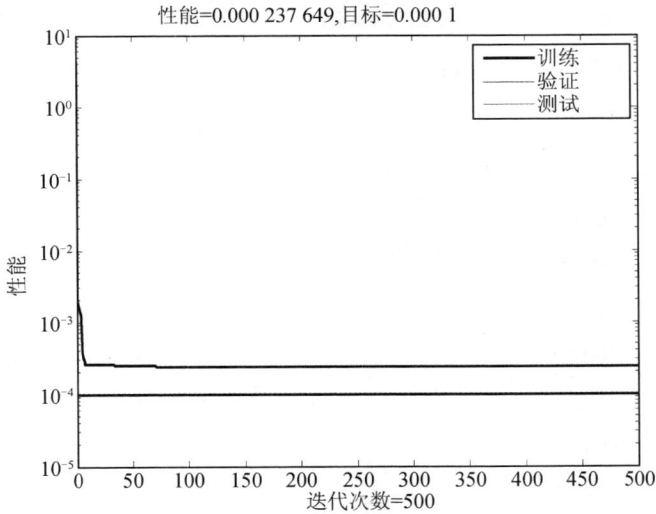

图 5 – 20　*B* 窗口 BP 神经网络的训练情况

性能=0.000 139 993 7,目标=0.000 1

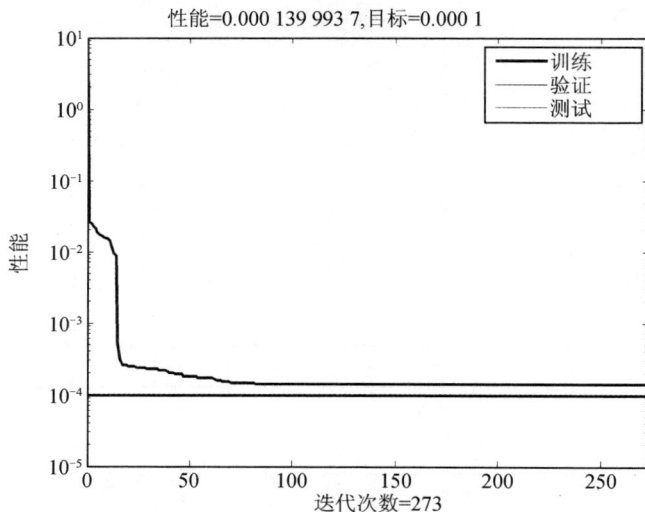

图 5-21 C 窗口 BP 神经网络的训练情况

表 5-4 A 窗口神经网络预测与期望输出比较表格

编号	输入变量	期望输出	神经网络预测输出	编号	输入变量	期望输出	神经网络预测输出
1	(0.332 3,0.362 3, 0.660 0,0.600 0)	0.543 8	0.600 5	10	(0.100 0,0.500 2, 0.100 0,0.700 0)	0.900 0	0.881 3
2	(0.416 1,0.638 2, 0.420 0,0.600 0)	0.115 7	0.169 2	11	(0.583 9,0.500 2, 0.500 0,0.400 0)	0.316 1	0.291 4
3	(0.416 1,0.900 0, 0.100 0,0.300 0)	0.900 0	0.901 7	12	(0.835 4,0.224 4, 0.740 0,0.700 0)	0.900 0	0.910 8
4	(0.100 0,0.362 3, 0.340 0,0.600 0)	0.834 5	0.791 5	13	(0.248 4,0.224 4, 0.180 0,0.600 0)	0.892 4	0.844 7
5	(0.332 3,0.500 2, 0.260 0,0.800 0)	0.221 2	0.250 0	14	(0.248 4,0.500 2, 0.420 0,0.100 0)	0.900 0	0.907 9
6	(0.332 3,0.100 0, 0.420 0,0.700 0)	0.306 9	0.288 3	⋮	⋮	⋮	⋮
7	(0.332 3,0.500 2, 0.260 0,0.300 0)	0.900 0	0.906 5				

表 5 - 4(续)

编号	输入变量	期望输出	神经网络预测输出	编号	输入变量	期望输出	神经网络预测输出
8	(0.332 3,0.100 0, 0.420 0,0.700 0)	0.192 4	0.192 6	99	(0.900 0,0.500 2, 0.820 0,0.500 0)	0.900 0	0.907 2
9	(0.667 7,0.363 2, 0.100 0,0.300 0)	0.900 0	0.905 6	100	(0.835 4,0.776 1, 0.180 0,0.700 0)	0.419 2	0.425 3

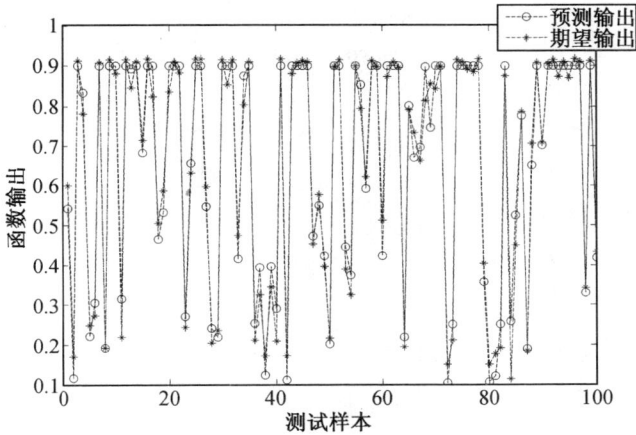

图 5 - 22　A 窗口处网络的输出与期望输出比较图

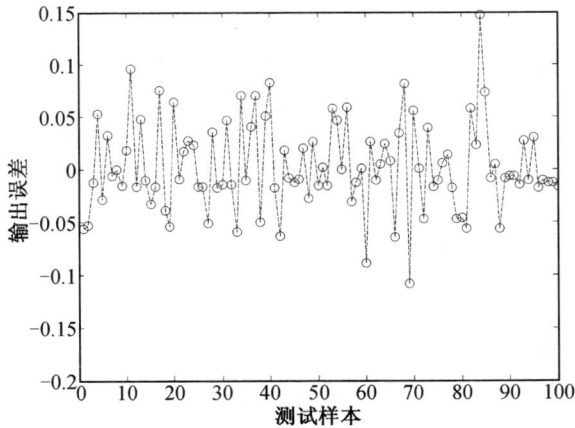

图 5 - 23　A 窗口处网络的误差百分比图

表 5-5　B 窗口神经网络预测与期望输出比较表格

编号	输入变量	期望输出	神经网络预测输出	编号	输入变量	期望输出	神经网络预测输出
1	(0.900 0,0.697 0, 0.900 0,0.400 0)	0.900 0	0.884 5	10	(0.500 0,0.401 2, 0.900 0,0.200 0)	0.900 0	0.901 2
2	(0.229 9,0.598 4, 0.900 0,0.100 0)	0.900 0	0.890 2	11	(0.500 0,0.499 8, 0.580 0,0.900 0)	0.900 0	0.892 6
3	(0.860 1,0.598 4, 0.820 0,0.500 0)	0.900 0	0.883 1	12	(0.410 0,0.598 4, 0.420 0,0.700 0)	0.452 0	0.450 6
4	(0.229 9,0.204 0, 0.740 0,0.800 0)	0.900 0	0.879 5	13	(0.100 0,0.900 0, 0.500 0,0.800 0)	0.718 1	0.702 5
5	(0.320 0,0.100 0, 0.180 0,0.600 0)	0.875 4	0.861 2	14	(0.229 9,0.302 6, 0.420 0,0.700 0)	0.651 0	0.649 8
6	(0.100 0,0.598 4, 0.100 0,0.200 0)	0.900 0	0.900 2	⋮	⋮	⋮	⋮
7	(0.229 9,0.499 8, 0.340 0,0.900 0)	0.900 0	0.904 5				
8	(0.770 1,0.598 4, 0.420 0,0.100 0)	0.900 0	0.889 4	99	(0.590 0,0.302 6, 0.420 0,0.700 0)	0.220 5	0.234 5
9	(0.860 1,0.795 6, 0.180 0,0.700 0)	0.900 0	0.892 0	100	(0.590 0,0.204 0, 0.340 0,0.461 1)	0.500 0	0.501 2

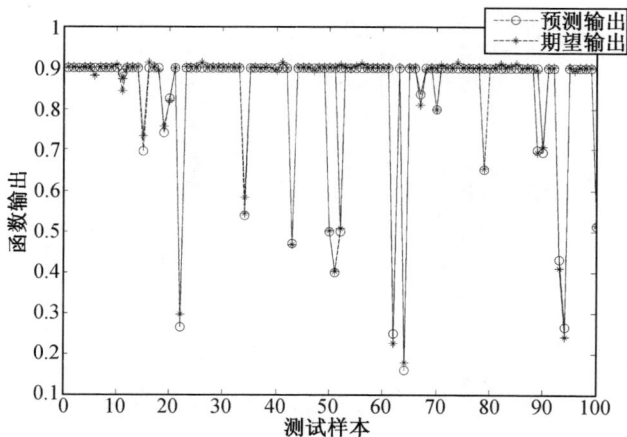

图 5-24　B 窗口处网络的输出与期望输出比较图

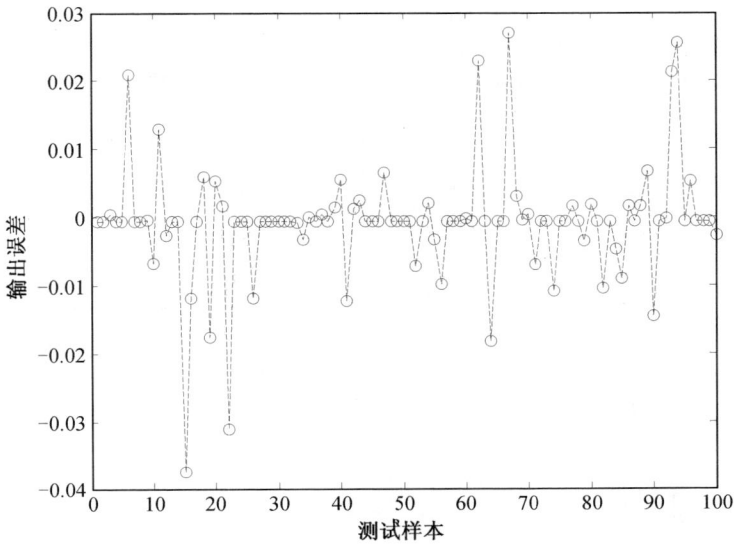

图 5 – 25　*B* 窗口处网络的误差百分比图

表 5 – 6　*C* 窗口神经网络预测与期望输出比较表格

编号	输入变量	期望输出	神经网络预测输出	编号	输入变量	期望输出	神经网络预测输出
1	(0.320 0,0.900 0, 0.180 0,0.600 0)	0.877 7	0.870 5	10	(0.320 0,0.795 6, 0.500 0,0.900 0)	0.732 6	0.731 4
2	(0.590 0,0.302 6, 0.580 0,0.600 0)	0.167 4	0.168 3	11	(0.680 0,0.900 0, 0.180 0,0.600 0)	0.900 0	0.887 8
3	(0.900 0,0.204 0, 0.420 0,0.200 0)	0.900 0	0.887 7	12	(0.100 0,0.100 0, 0.820 0,0.100 0)	0.326 6	0.339 9
4	(0.770 1,0.697 0, 0.500 0,0.400 0)	0.900 0	0.893 5	13	(0.770 1,0.401 2, 0.180 0,0.900 0)	0.900 0	0.887 8
5	(0.590 0,0.795 6, 0.340 0,0.200 0)	0.900 0	0.893 4	14	(0.590 0,0.499 8, 0.100 0,0.900 0)	0.900 0	0.890 7
6	(0.500 0,0.499 8, 0.740 0,0.500 0)	0.900 0	0.901 2	⋮	⋮	⋮	⋮
7	(0.320 0,0.795 6, 0.500 0,0.100 0)	0.333 1	0.327 4				

表 5 – 6（续）

编号	输入变量	期望输出	神经网络预测输出	编号	输入变量	期望输出	神经网络预测输出
8	（0.860 1,0.302 6, 0.180 0,0.300 0）	0.900 0	0.887 8	99	（0.590 0,0.302 6, 0.740 0,0.100 0）	0.416 9	0.417 8
9	（0.320 0,0.598 4, 0.340 0,0.500 0）	0.152 2	0.157 0	100	（0.680 0,0.302 6, 0.260 0,0.100 0）	0.900 0	0.887 8

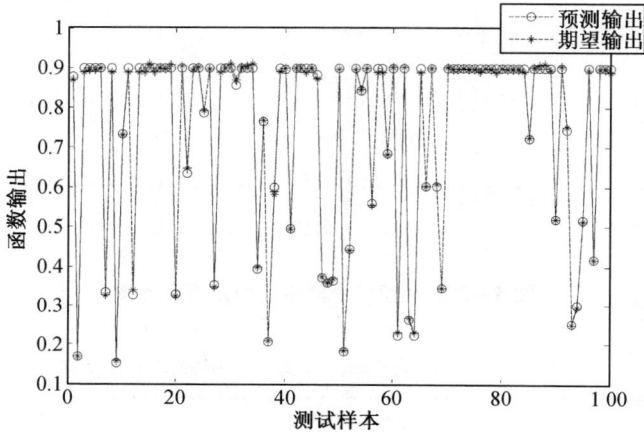

图 5 – 26　C 窗口处网络的输出与期望输出比较图

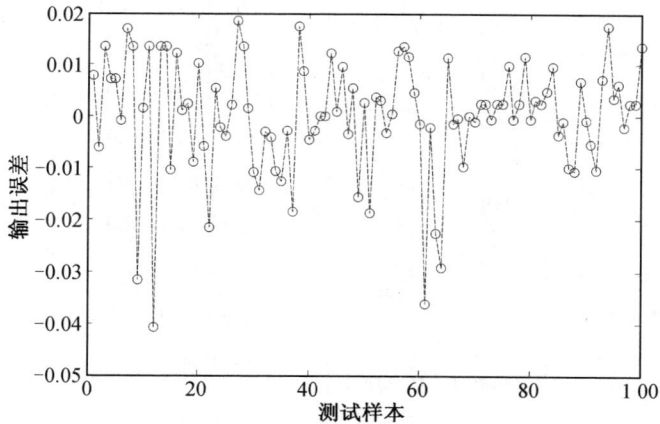

图 5 – 27　C 窗口处网络的误差百分比图

3. 三个区域处神经网络的合成

在前文中,为了考虑横向的纠偏操作模型,分别建立飞机纵向位置 X 不同的三个神经网络,由于想将其扩展到整个进舰段都可实时输出横向风险值的情况,需要对这三处神经网络进行合成,简化了在不同位置都单独建立一个神经网络的复杂性,同时也在一定程度上保证了风险值的精确性。

本书合成三个神经网络所用方法如下:首先对飞机纵向位置 X 进行判断,当飞机纵向位置 X 为 0～140 m 时,说明飞机处在 A 窗口和 B 窗口之间,其所得的偏离中心距离的数值应该在 A 神经网络所得值 Sh_A 和 B 神经网络所得值 Sh_B 之间,则需要将此时飞机的初始横向位置 Y、垂向位置 Z、横向速度 V_Y 及横滚角度值 φ 分别代入 A 神经网络和 B 神经网络中,以得到偏离中心数值 Sh_A 和 Sh_B。然后对这两处偏离中心线的数值采用平均加权的方法进行线性插值,合成为一个距离值。而其权值比重则与飞机纵向位置距离 A 窗口和 B 窗口的具体远近有关,即若 X 距离 A 窗口近,则 Sh_A 的权值 k_A 就大,反之若 X 距离 B 窗口近,则 Sh_B 的权值 k_B 就大。同理,若当前飞机的纵向位置 X 位于 140～280 m,即在 B 窗口和 C 窗口之间时,则同样借助 B 神经网络和 C 神经网络,得到此两个偏离中心的距离值后,再应用上述加权的方法,得到此时若飞机着舰后,距离甲板中心线上的距离值 Sh:

$$Sh = \begin{cases} k_A \times Sh_A + k_B \times Sh_B & 0 \leqslant X < 140 \\ k_B \times Sh_B + k_C \times Sh_C & 140 \leqslant X < 280 \end{cases} \qquad (5-14)$$

上述过程各窗口位置及风险值如图 5-28 所示。

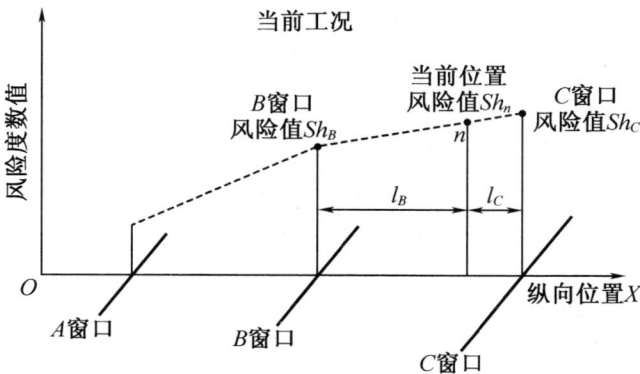

图 5-28　神经网络合成的比例示意图

图 5-28 中 n 点位于 B 窗口和 C 窗口之间,计算此点的着舰偏离中心线距

离,该点处舰载机的横向信息分别代入 B 神经网络和 C 神经网络,因而得到这两个网络输出的偏离中心线距离 Sh_B 和 Sh_C,然后再利用 n 点的纵向位置信息进行加权,得到该点的着舰偏离中心的距离 Sh_n 为

$$Sh_n = \frac{l_B}{l_B + l_C} \times Sh_C + \frac{l_C}{l_B + l_C} \times Sh_B \tag{5-15}$$

若飞机的纵向位置 X 大于 280 m,即在 C 窗口之外时,此时飞机距离舰尾还相对较远,因而给出飞机着舰的横向风险度值对于飞行员和着舰指挥官来说并没有太大的参考价值,因而 C 窗口外位置的横向风险度将不做评价。

根据上述分析,将三处神经网络模型合成的示意图如图 5-29 所示。从图 5-29 中可以看出,根据飞机初始位置的 X 坐标值来判断,通过之前建立的三个神经网络模型,只需要输入 BP 神经网络入口需要的四维数据,就能较为准确地输出一个距中心线偏离距离 Sh。最后将其进行非线性映射后,得到一个量化的风险度数值,根据这个风险度值,可以将其用来指导飞行员或 LSO 进行着舰安全性的评估或者辅助复飞决策等问题。

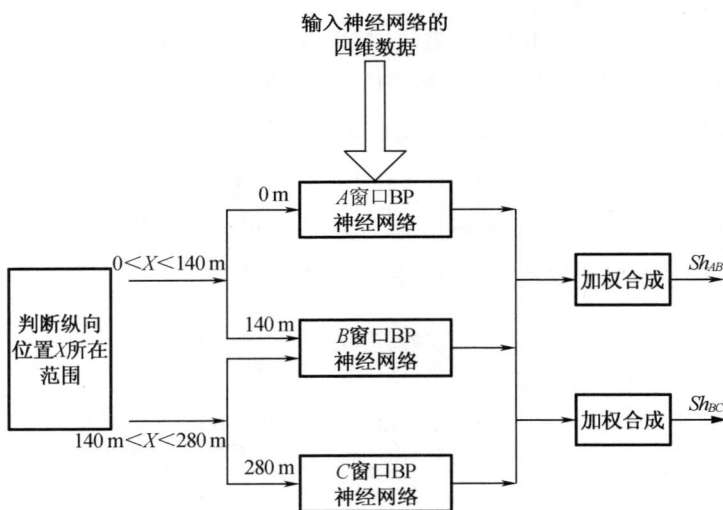

图 5-29 基于平均加权的神经网络合成图

5.1.4 基于偏离中心线距离的横向风险度定义

根据之前的描述,建立了可以根据自身姿态和位置来实时得到飞机着舰偏离中心线距离的系统,其输出的数值为预测当前时刻着舰飞机阻拦停止后偏离中心线的距离。虽然该距离可以很好地说明此时面临横向风险的大小,但是并不是十

分直观,若将其作为一种评估指标来应用的话,在使用上也不太方便。因此,将这种距离数据根据风险评判的标准转换成一个量化为 0~1 的数值,以此来定义风险程度,使其能够更加简单而快捷地表述出来。

在前文中通过训练和合成,得到了一个含有三个神经网络模型的合成系统,该系统可以通过当前时刻的飞机状态值,实时在线地计算出若以该时刻的状态执行着舰任务,飞机至拦停后偏离斜角甲板中心线的距离 Sh,用以描述其横向风险的大小。然后为了加大直观性,将其转换为量化的横向风险值,并将这个距离数值量化在 0~1 之间,来表示风险的大小。这里借助一种非线性变化函数,此函数应该满足横向风险度与偏离中心距离成正比的原则。

为使非线性变换更为平滑,这里对偏差值的上限进行截取,当飞机横向偏差值超过 14 m 时,飞机早就已经滑行出了 13 m 内的安全区域,此时无论超过多少,其结果一样为高风险数值,所以设置所有超过 14 m 的偏差均按 14 m 处理以方便非线性的变换,详见下式:

$$Sh = \begin{cases} Sh & Sh < 14 \text{ m} \\ 14 & Sh \geq 14 \text{ m} \end{cases} \tag{5-16}$$

本书采用 S 型函数来实现这种从归一化的横向偏离中心线距离到横向风险度的变换,其函数为

$$f(x) = \frac{4}{5 + 3 \cdot e^{-18.5x + 21.9}} + 0.1 \tag{5-17}$$

根据舰载机当前所处的位置信息 (y, z) 以及横滚角度 φ、横向速度 V_Y 等当前状态信息,能够通过训练后的神经网络得出其着舰拦停后偏离中心线距离大小的预测值,然后根据之前计算的最大值和最小值对该输出距离值进行归一化,最后应用式(5-17)的非线性变换函数将其变换成一个平滑的并与之成正比的非线性曲线,这个即为所希望能够实时地量化给出的横向状态风险,该变换函数平滑的曲线图形如图 5-30 所示。

从图 5-30 中可以看出,本书设定当偏离距离值小于 13 m 时,风险度迅速衰减,即此时舰载机处于安全区域之内,偏差越小其风险也随之变得越来越小;反之当偏差距离大于 13 m 时,其风险值基本均接近 0.9,说明此时超出了安全区域,或者在安全区界限上,风险非常大。当偏差值较小时,可以看出其风险值在 0.1 左右,此时表示舰载机基本处于安全状态。

综上所述,针对舰载机着舰横向风险的状态风险评价函数为

$$S(y, z, V_Y, \psi) = f(Sh) = \frac{4}{5 + 3e^{-18.5 \cdot Sh + 21.9}} + 0.1 \quad (y, z) \in \Gamma_A \cup \Gamma_B \cup \Gamma_C$$

$$\tag{5-18}$$

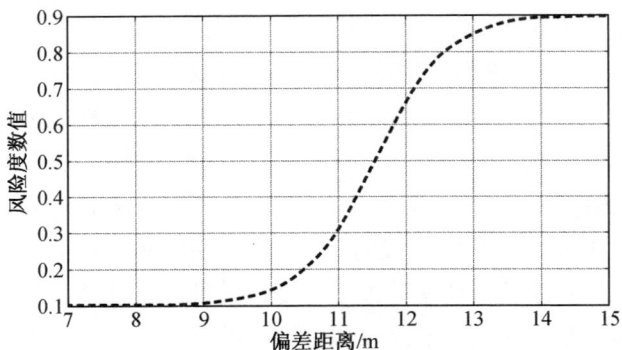

图 5 – 30 偏差距离的非线性变换曲线图

5.1.5 横向着舰风险模型的综合分析

根据上述内容,得到了舰载机着舰过程横向风险的评价函数模型,对该模型输入样本数据后,可以得到横向风险评价指标。

模型建立完毕后,这里设定一些风险分界线,以此对风险程度的研究更加直观方便。根据上文可知,当舰载机着舰时刻的横向偏差值小于 13 m 时,认定舰载机着舰横向安全可靠。为了使这个界限更加保险,如图 5 – 31 所示,选取风险度为 0.8 时为危险警戒线,其所对应的偏差值小于 13 m,给评估风险的标准留有一定的余量范围。同时设定风险度在 0.6 ~ 0.8 为风险缓冲区,在其区间内存在较小的风险;而风险度小于 0.6 时,基本可认定为安全区域。

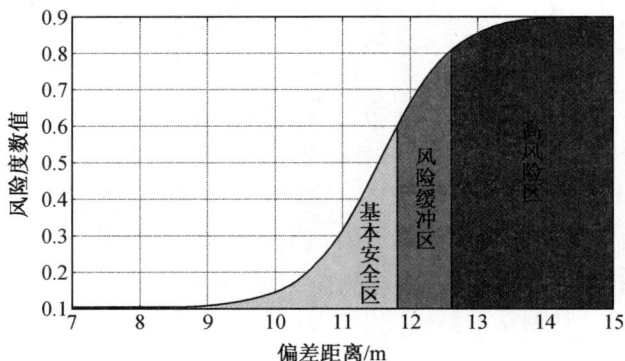

图 5 – 31 横向风险区域划分图

1. 三个区域处不同工况下的风险区域分析

分析三个截面窗口处的模型,在同等横向速度和滚转角的条件下,这些风险数值在 A、B、C 三个窗口处可根据风险区域,划分成许多不同风险数值的区域。并且根据横向速度 V_Y 和滚转角 φ 的改变,这些划分界限也在不断移动。

(1)在舰载机着舰引导过程中的横滚角为 0°,横向速度为 0 m/s 的工况下,给出不同窗口处的风险划分区域,A 窗口、B 窗口的风险区域划分如图 5 – 32、图 5 – 33 所示。

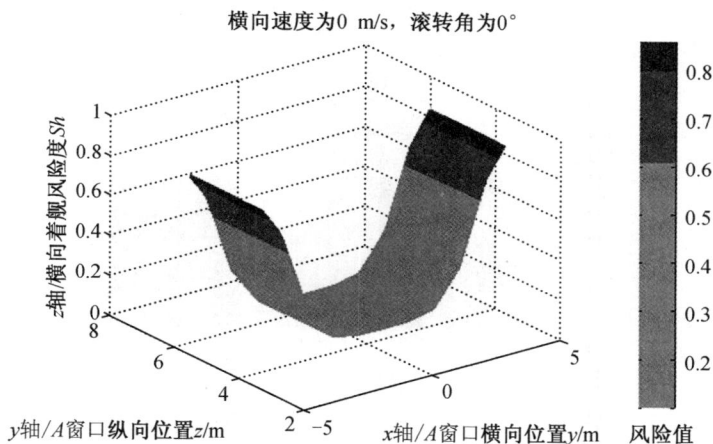

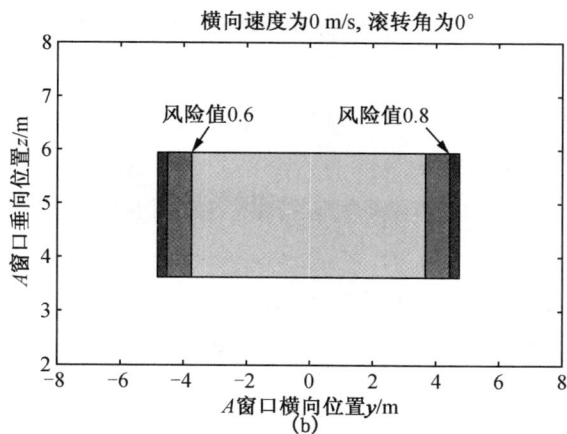

横向速度为 0 m/s,滚转角为 0°

z 轴/横向着舰风险度 Sh

y 轴/A 窗口纵向位置 z/m

x 轴/A 窗口横向位置 y/m

风险值

(a)

横向速度为 0 m/s,滚转角为 0°

A 窗口垂向位置 z/m

风险值0.6　　风险值0.8

A 窗口横向位置 y/m

(b)

图 5 – 32　A 窗口 $\varphi = 0°$, $V_Y = 0$ m/s 横向风险度曲面及其风险度曲面划分图

横向速度为0 m/s，滚转角为0°

(a)

横向速度为0 m/s, 滚转角为0°

(b)

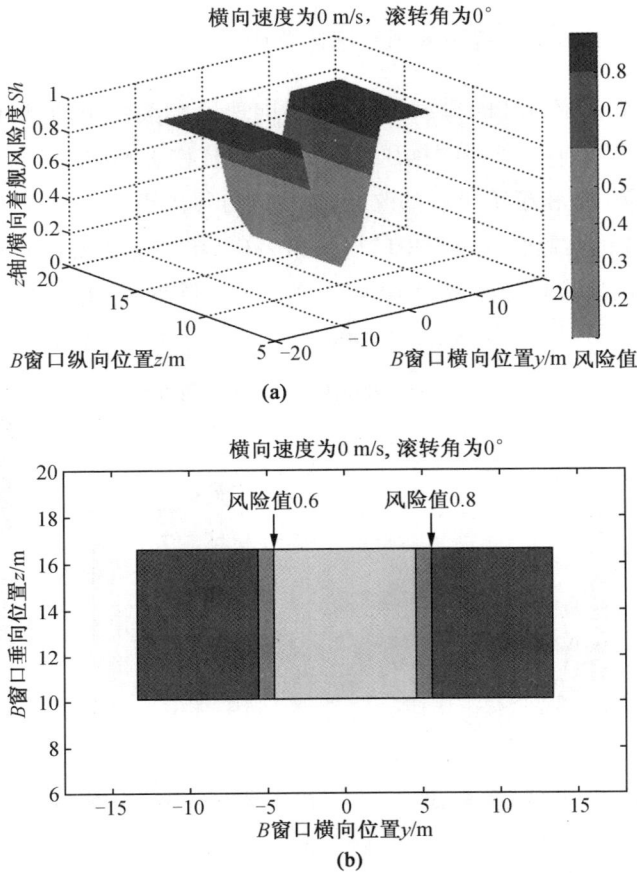

图 5-33　B 窗口 $\varphi=0°$，$V_Y=0$ m/s 横向风险度曲面及其风险度曲面划分图

　　当横向速度和横滚角都不存在偏差时，距舰尾较远的区域，其安全区域扩大了一些，这是由于对舰载机的纠偏操作导致的。在 B 窗口处即使横向偏差较大一些，舰载机也可以在横向纠偏的操作下纠正一部分偏差，着舰下滑并停至安全区域内。

　　（2）在舰载机着舰引导过程中的横滚角 φ 为 0°，横向速度 V_Y 为 2 m/s 的工况下，给出不同窗口处的风险划分区域，A 窗口和 C 窗口的风险划分如图 5-34、图 5-35 所示。

横向速度为2 m/s,滚转角为0°

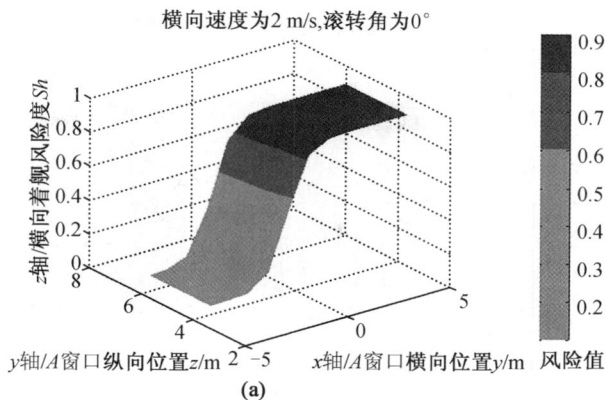

(a)

横向速度为2 m/s, 滚转角为0°

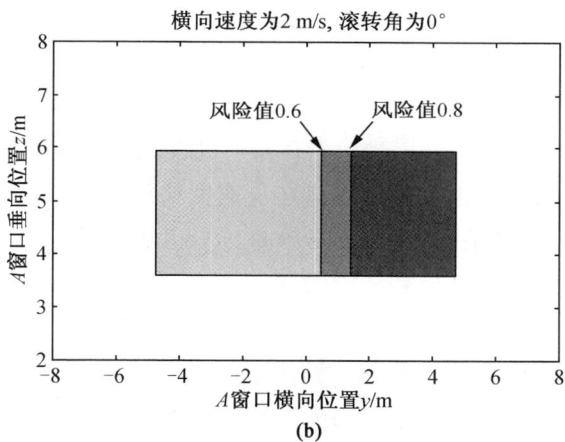

(b)

图 5-34 A 窗口 $\varphi=0°$, $V_Y=2$ m/s 横向风险度曲面及其风险度曲面划分图

横向速度为2 m/s，滚转角为0°

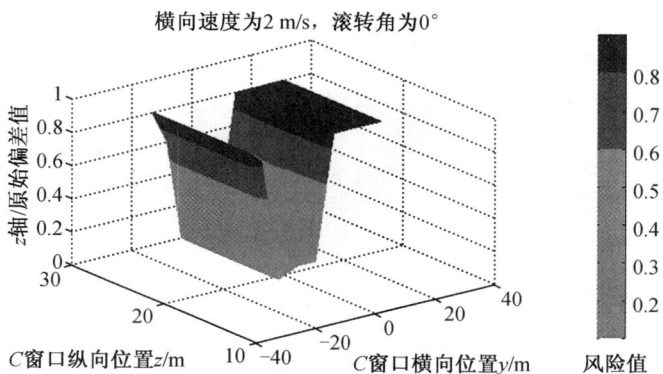

图 5-35 C 窗口 $\varphi=0°$, $V_Y=2$ m/s 横向风险度曲面及其风险度曲面划分图

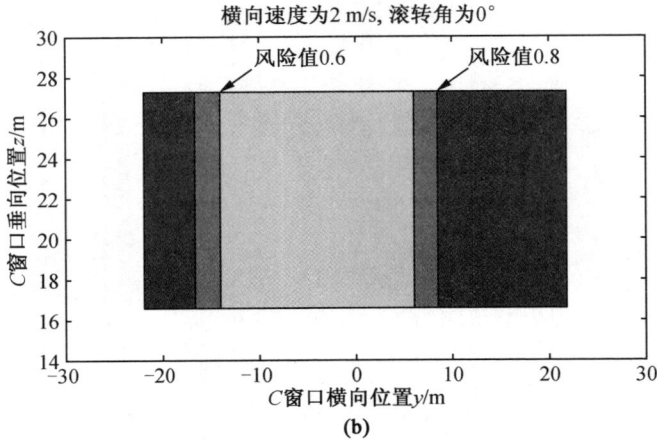

图 5 – 35 （续）

由图 5 – 34、图 5 – 35 可以看出，当在横向偏差的基础上出现速度偏差时，其风险区会发生偏移，并且由图可以看出在与速度偏差相反的横向偏差区域内，其偏差值存在一部分的抵消作用，因而导致这部分区域的横向偏差值逐步减小，进而其风险值较低，而与速度偏差相同的横向偏差区域会更难进行纠偏调整，以致使其风险值加大。

（3）在舰载机着舰引导过程中的横滚角 φ 为 –4°，横向速度 V_Y 为 0 m/s 的工况下，给出不同窗口处的风险划分区域，A 窗口和 B 窗口的风险区域划分如图 5 – 36、图 5 – 37 所示。

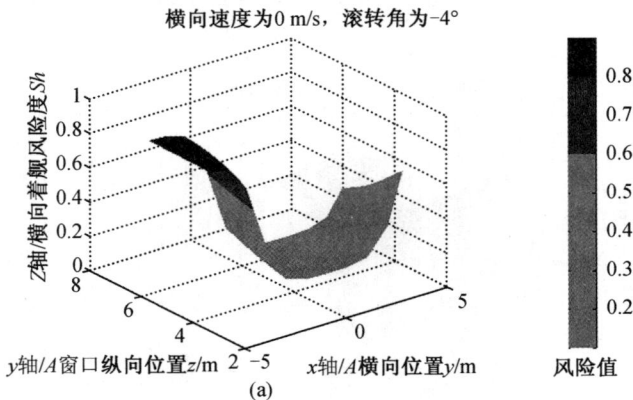

图5 – 36 A 窗口 $\varphi = -4°$，$V_Y = 0$ 横向风险度曲面及其风险度曲面划分图

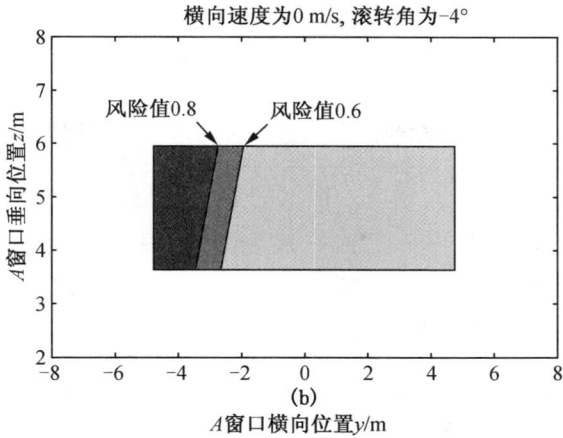

横向速度为 0 m/s, 滚转角为 −4°

(b)

图 5 − 36　（续）

横向速度为 0 m/s, 滚转角为 0°

(a)

横向速度为 0 m/s, 滚转角为 0°

(b)

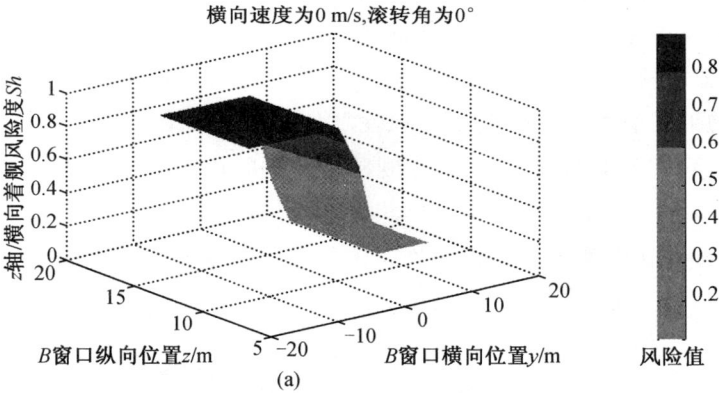

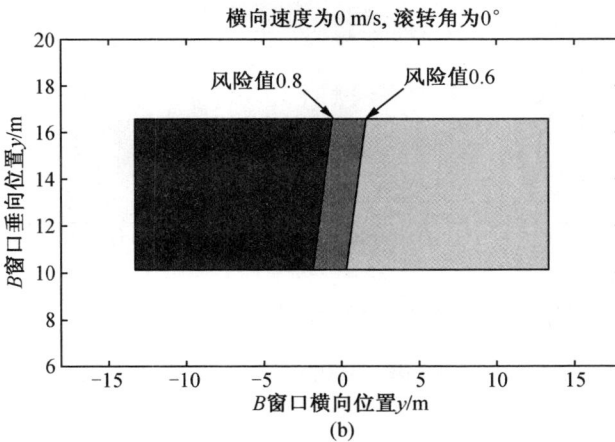

图 5 − 37　B 窗口 $\varphi = -4°$, $V_Y = 0$ 横向风险度曲面及其风险度曲面划分图

由图 5 - 36 和图 5 - 37 可以看出,当在横向偏差的基础上出现横滚角偏差时,其风险区同样发生了偏移,并且可以看出当舰载机向左侧横滚,其存在右相偏差的区域风险值会降低,这是因为在此区域舰载机的偏差值由于横滚的作用减小,因而抵消了部分偏差值。此外,发现上述分析区域的划分有一定的倾斜,这是由舰载机的姿态偏差所引起的,以向左横滚的姿态进舰时,由于其高度的不同会导致其落至甲板所用的时间不同,也就是说飞机位置越高其所用时间越长,因而横滚导致的偏差就越大,也就是说同等位置偏差的情况下,飞机位置越高时风险值越大。但是这种作用很小,因而风险划分线的清晰度也非常小,几乎可以不计。

2. 横向飞行区域内不同工况下的风险区域分析

根据上述模型,得出了三个窗口处不同工况下的风险划分区域,而最终要将这个区域范围扩大至整个纵向空间,以方便可以在整个引导着舰过程中实时地得出当前风险数值。这里利用平均加权的方法将这三个 BP 神经网络合成一个模型,这样就使两个窗口之内的风险度呈线性变化,进而将纵向范围扩充进来。根据不同的工况条件,本书也得到了风险划分的区域。图 5 - 38 至图 5 - 40 为不同工况下风险划分的俯视图,横轴为舰载机的进舰距离,纵轴为舰载机当时的横向位置。

(1)横向速度为 0 m/s,横滚角为 0°的工况如图 5 - 38 所示。

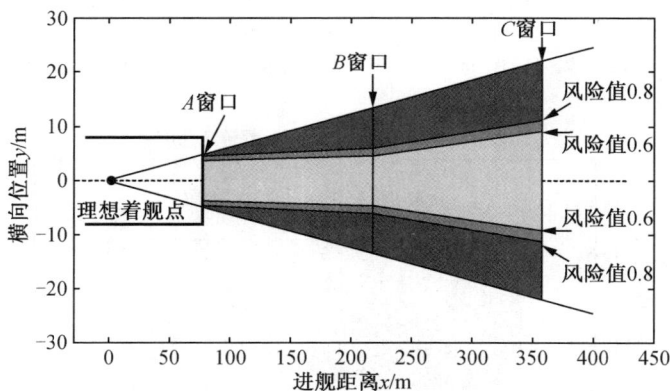

图 5 - 38 舰载机着舰过程横向风险区域划分图(一)

(2)横向速度为 2 m/s,横滚角为 0°的工况如图 5 - 39 所示。

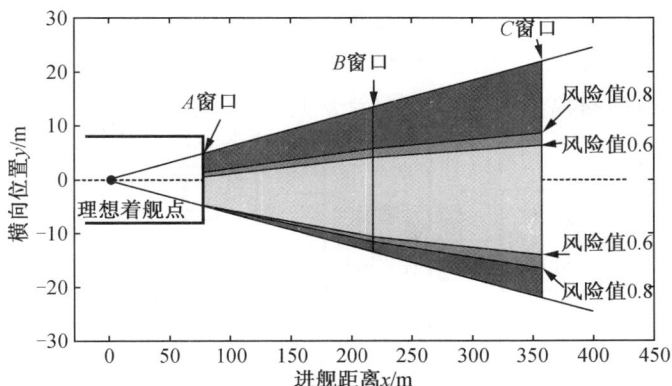

图 5 - 39　舰载机着舰过程横向风险区域划分图（二）

（3）横向速度为 0 m/s，横滚角为 -4° 的工况如图 5 - 40 所示。

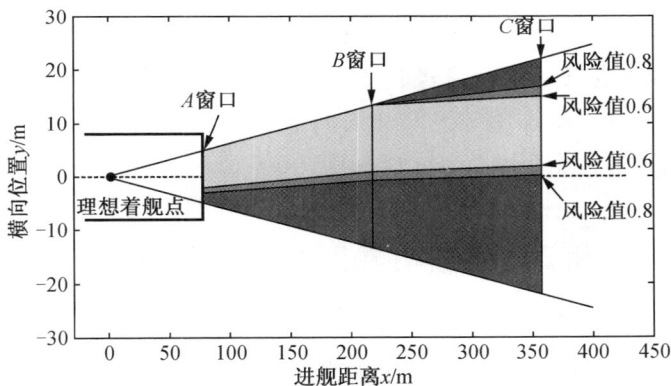

图 5 - 40　舰载机着舰过程横向风险区域划分图（三）

对这些风险区域进行研究分析发现，当横滚角偏差较大时（图 5 - 40），同样在横向偏差较小的位置，如着舰下滑对中线附近，距离舰尾较为远的 C 窗口处的风险度要大于 A 窗口。这是由于当前的偏差值较大，虽然从 C 窗口到 A 窗口飞行员有着简易的纠正偏差的操作，可是由于该偏差横滚角较大，这段着舰过程会加大舰载机的偏差值，而纠偏横向调整不能加太大以防止舰载机翻滚过大，因而从 C 窗口到 A 窗口的过程内，飞机横向偏差的扩散作用仍大于纠正作用，因而出现了 C 窗口中线处的风险值要大于 A 窗口的情况。

反之，当偏差值较小时（图 5 - 39），其横向速度较小，此时横向偏差的扩散作用要小于纠偏操作的作用，因而在 C 窗口中心线附近的风险度要小于 A 窗口。

综上所述，该横向风险模型不仅能够根据当前信息实时地给出横向风险值大小，还能够针对多种不同工况提供风险区域的划分图，可以根据当前不同的飞行状态选择适当的风险划分区域图,再根据当前的横向平面内的位置判断出引导着舰的横向风险数值,进而根据这个数值来决定下一步的着舰策略。为帮助舰载机能够安全平稳地降落提供较有力的保障,实现过程可由图 5-41 所示原理表示。

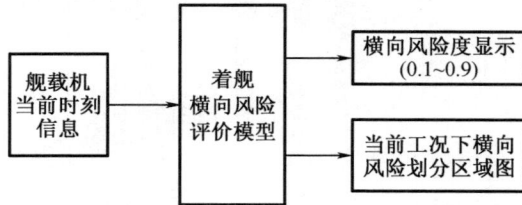

图 5-41　着舰引导过程横向风险模型图

一般来说,舰载机对于横向误差的纠偏从下滑道入口处就已经开始了,这时飞机的进舰距离还较长,因而有一定的时间调整横向的偏差值。然而当进舰距离较近时,正如本模型设计的距离段内,飞机已经来不及做出规范而准确的横向偏差纠正,因而只能是飞行员依靠经验适当地对舰载机进行类似方波的纠偏操作,这个幅值应该较小,以防止舰载机发生大的翻滚动作而出现更大的危险性。所以说如果在此时出现较大的横向误差将会是非常危险的。

5.2　舰载机着舰纵向风险建模

5.2.1　舰载机着舰轨迹趋势分析

在纵向回路中,影响舰载机轨迹的因素包括三方面:纵向偏差、下沉率及进舰距离[128-132]。当人工着舰过程存在初始纵向偏差时,飞行员通常通过操控驾驶杆来控制飞机的升降舵,调整飞机纵向位置。由于飞机惯性缘故,飞行员调整飞机轨迹时会出现位置超调量。飞行员需要继续反向操控来消除超调量。进舰距离决定飞行员对舰载机的可控时间,在自动着舰过程中,纵向轨迹也存在类似的变化趋势[7]。考虑到自动着舰系统输出的纵向轨迹曲线缺乏多样性,本书主要通过飞行员模型仿真试验收集样本数据。当在初始纵向偏差 14.5 m 和下沉率为 3.4 m/s、初始纵向偏差 9.7 m 和下沉率为 4.9 m/s 情况下,试验人员在飞行模拟器上开展着舰试验过程中消除纵向偏差的试验过程曲线分别如图 5-42 和图 5-43 所示。

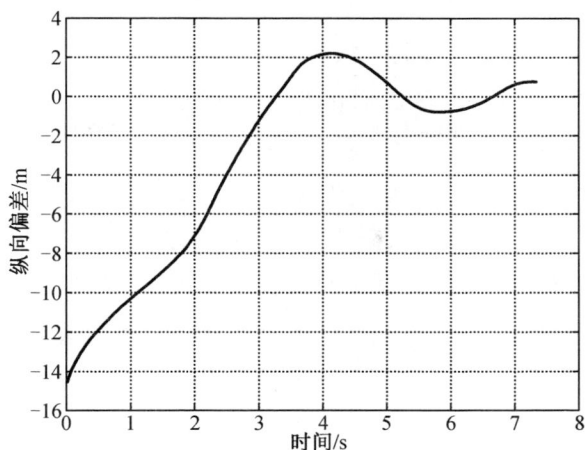

图 5 - 42　着舰纵向轨迹 I

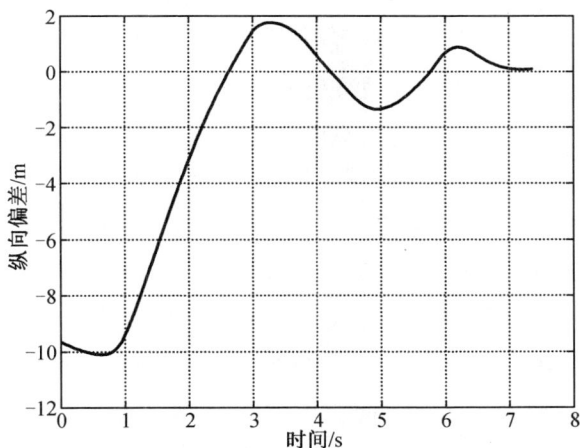

图 5 - 43　着舰纵向轨迹 II

从图 5 - 42 中可以看出,当舰载机初始位置低于理想下滑道,同时初始下沉率高于期望下沉率时,在纵向上,舰载机朝向理想下滑道方向飞行,下滑偏差不断缩小,同时模拟器试验人员控制飞机增大俯仰角来调整飞机高度,消除纵向偏差后出现 2.1 m 的位置超调量,飞行员通过推杆操作进一步调整飞机高度,以减小超调量,但仍然造成 -1.2 m 的位置超调量,接下来的过程以此类推。从图 5 - 43 中可以看出,当舰载机初始位置低于理想下滑道,同时初始下沉率低于期望下沉率,即初始状态存在进一步增大纵向偏差的趋势时,即使飞行员通过拉杆操控飞机增加高度,在纵向上,飞机依然会先向下运动,到达平衡状态时,纵向偏差开始逐步减小,随后的过程与图5-42基本一致。这里需要提及一点,图5-42和图5-43中纵向轨迹能否到达消除纵向偏差的稳定状态取决于剩余时间长度,而剩余时间长度与舰载机的进舰距离有关,当舰载机距离航母较近时,飞行员没有充足时间来调整飞机,此时无法完全消除纵向偏差。飞机高于理想下滑道的情况,与图5-42和图5-43正好相反,限于本书篇幅有限,这里不做赘述。

结合图5-42和图5-43的试验数据曲线可知,舰载机的纵向轨迹类似于欠阻尼二阶系统阶跃响应曲线,模拟器试验人员之所会采用这个方式控制飞机,是因为从正负向逐步减小位置偏差更有利于飞机跟踪理想下滑道,这种思路与经典控制理论的控制原理相似。

5.2.2 舰载机着舰轨迹数学模型

根据前文的介绍,着舰纵向落点的影响因素包括以下三部分:

(1)纵向偏差:影响飞机当前位置与理想下滑道的相对位置关系,用 P_z 表示。

(2)下沉率偏差:影响飞机位置变化的方向,用 V_z 表示。

(3)进舰距离:影响可调整飞机纵向位置的时间和空间,用 S_{app} 表示。

为更直接论述着舰落点预测原理,本书制定如下直角坐标系:横轴为时间,纵轴为纵向偏差。在时间方面,假设舰载机进舰速度基本保持恒定,因此在时间上需要考虑飞机挂索时刻。而在纵轴上,下沉率虽然不能被直接反映,但它直接影响飞机纵向偏差的变化率,因此下沉率在以上直角坐标系中仍然影响飞机轨迹在纵向上的变化率。从图5-42和图5-43可以看出,当存在纵向偏差时,舰载机纵向轨迹首先沿着纵向偏差的反方向变化,但由于纵向偏差在短时间内得以消除,必然存在纵向偏差超调量,需人工着舰或自动着舰系统控制飞机继续调整纵向位置,来消除纵向偏差超调量[133-134],飞机轨迹沿着初始纵向偏差方向调整,为确定以上过程的精确量化数据节点,在不考虑进舰距离影响的前提下,下面针对具体情况分析飞机轨迹的基本变化趋势。

(1) $P_z < 0$ 且 $V_z > 0$

飞机在拉杆操纵之初,由于存在初始正向下沉率偏差,因此纵向偏差依然在短时间内存在向下趋势,当正向下沉率为0时,飞机开始向上运动,飞行员对飞机的操控类似于欠阻尼二阶系统阶跃响应曲线,在上升过程中,存在一定超调量,需通过推杆操控来消除正向超调,最终达到在一定程度上消除纵向偏差的目的。

在这种情况下可分为四个阶段:

①初始下降阶段,即 $0 \sim T_1$ 时间段;

②上升消差阶段,即 $T_1 \sim T_2$ 时间段;

③消除超调阶段,即 $T_2 \sim T_3$ 时间段;

④维持稳定阶段,即 $T_3 \sim T_4$ 时间段。

为简化处理,采用直线包络方式描述非线性纵向轨迹,如图 5 - 44 所示。

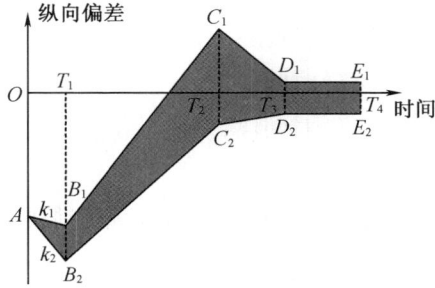

图 5 - 44　$P_z < 0$ 且 $V_z > 0$ 情况原理图

初始点 A 的位置由初始纵向偏差决定,这里 A 点的坐标为 $(0, P_z)$。

阶段①的斜率由初始下沉率偏差决定,此处假设下式成立:

$$\begin{cases} k_1 = m_1 V_z \\ k_2 = n_1 V_z \end{cases}, \qquad n_1 < m_1 < 0 \tag{5 - 19}$$

因此,B_1 点坐标为 $(T_1, m_1 T_1 V_z + P_z)$,B_2 点坐标为 $(T_1, n_1 T_1 V_z + P_z)$。

阶段②的斜率与初始下沉率偏差和初始纵向偏差的关系不大,而是受阶段①的末状态 B_1 和 B_2 直接影响,此处假设阶段②的末状态 C_1 和 C_2 满足下式:

$$\begin{cases} C_1 = m_2 B_2 \\ C_2 = n_2 B_1 \end{cases}, \qquad m_2 < 0, n_2 > 0 \tag{5 - 20}$$

因此,C_1 点坐标为 $(T_2, m_2 n_1 T_1 V_z + m_2 P_z)$,$C_2$ 点坐标为 $(T_2, n_2 m_1 T_1 V_z + n_2 P_z)$。

类似地,阶段③的末状态 D_1 和 D_2 由阶段②的末状态 C_1 和 C_2 决定,此处假设阶段③的末状态 D_1 和 D_2 满足下式:

$$\begin{cases} D_1 = m_3 C_1 \\ D_2 = n_3 C_2 \end{cases}, \qquad m_3 > 0, n_3 > 0 \tag{5 - 21}$$

因此,D_1 的坐标为 $(T_3, m_3 m_2 n_1 T_1 V_z + m_3 m_2 P_z)$,$D_2$ 的坐标为 $(T_3, n_3 m_2 n_1 T_1 V_z + n_3 m_2 P_z)$。

阶段④采用矩形包络,即 E_1 的坐标为 $(T_4, m_3 m_2 n_1 T_1 V_z + m_3 m_2 P_z)$,$E_2$ 的坐标为 $(T_4, n_3 m_2 n_1 T_1 V_z + n_3 m_2 P_z)$。

（2）$P_z > 0$ 且 $V_z < 0$

飞机在推杆操纵之初，由于存在初始负向下沉率偏差，因此纵向偏差依然在短时间内存在向上趋势。当负向下沉率为 0 时，飞机开始向下运动，飞行员对飞机的操控类似于欠阻尼二阶系统阶跃响应曲线，在下降过程中，存在一定超调量，需通过拉杆操控来消除负向超调，最终达到在一定程度上消除纵向偏差的目的。

该情况下可分为四个阶段：

①初始上升阶段，即 $0 \sim T_1$ 时间段；

②下降消差阶段，即 $T_1 \sim T_2$ 时间段；

③消除超调阶段，即 $T_2 \sim T_3$ 时间段；

④维持稳定阶段，即 $T_3 \sim T_4$ 时间段。

为简化处理，采用直线包络方式描述非线性纵向轨迹，如图 5－45 所示。

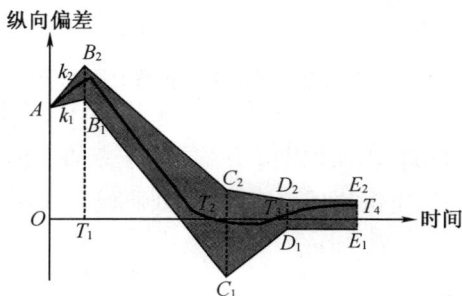

图 5－45　$P_z > 0$ 且 $V_z < 0$ 情况原理图

初始点 A 的位置由初始纵向偏差决定，这里 A 点的坐标为 $(0, P_z)$。

阶段①的斜率由初始下沉率偏差决定，此处假设下式成立：

$$\begin{cases} k_1 = m_1 V_z \\ k_2 = n_1 V_z \end{cases}, \qquad n_1 > m_1 > 0 \qquad (5-22)$$

因此，B_1 点坐标为 $(T_1, m_1 T_1 V_z + P_z)$，B_2 点坐标为 $(T_1, n_1 T_1 V_z + P_z)$。

阶段②的斜率与初始下沉率偏差和初始纵向偏差的关系不大，而是受阶段①的末状态 B_1 和 B_2 直接影响，此处假设阶段②的末状态 C_1 和 C_2 满足下式：

$$\begin{cases} C_1 = m_2 B_2 \\ C_2 = n_2 B_1 \end{cases}, \qquad m_2 < 0, n_2 > 0 \qquad (5-23)$$

因此，C_1 点坐标为 $(T_2, m_2 n_1 T_1 V_z + m_2 P_z)$，$C_2$ 点坐标为 $(T_2, n_2 m_1 T_1 V_z + n_2 P_z)$。

类似地，阶段③的末状态 D_1 和 D_2 由阶段②的末状态 C_1 和 C_2 决定，此处假设阶段③的末状态 D_1 和 D_2 满足下式：

$$\begin{cases} D_1 = m_3 C_1 \\ D_2 = n_3 C_2 \end{cases}, \qquad m_3 > 0, n_3 > 0 \qquad (5-24)$$

因此，D_1 的坐标为 $(T_3, m_3 m_2 n_1 T_1 V_z + m_3 m_2 P_z)$，$D_2$ 的坐标为 $(T_3, n_3 m_2 n_1 T_1 V_z + n_3 m_2 P_z)$。

阶段④采用矩形包络，即 E_1 的坐标为 $(T_4, m_3 m_2 n_1 T_1 V_z + m_3 m_2 P_z)$，$E_2$ 的坐标为 $(T_4, n_3 m_2 n_1 T_1 V_z + n_3 m_2 P_z)$。

（3）$P_z < 0$ 且 $V_z < 0$

由于飞机存在初始负向纵向偏差，即使飞机存在正向下沉率，飞行员依然会通过拉杆操纵来尽快消除纵向偏差，使飞机向上运动。与上面论述类似，飞行员对飞机的操控类似于欠阻尼二阶系统阶跃响应曲线，在上升过程中，存在一定超调量，需通过推杆操控来消除正向超调，最终达到在一定程度上消除纵向偏差的目的。

该情况下可分为三个阶段：

①上升消差段，即 $0 \sim T_1$ 时间段；

②消除超调段，即 $T_1 \sim T_2$ 时间段；

③维持稳定段，即 $T_2 \sim T_3$ 时间段。

为简化处理，采用直线包络方式描述非线性纵向轨迹，如图 5-46 所示。

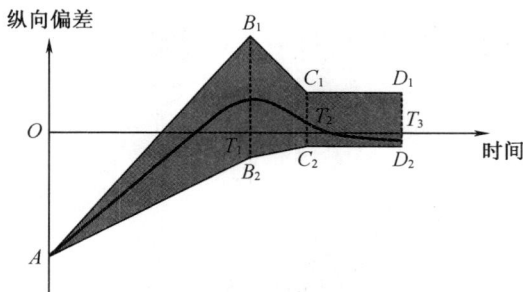

图 5-46　$P_z < 0$ 且 $V_z < 0$ 情况原理图

初始点 A 的位置由初始纵向偏差决定，这里 A 点的坐标为 $(0, P_z)$。

阶段①的末状态与初始下沉率偏差关系不大，但与初始纵向偏差有直接关系，此处假设阶段①的末状态 B_1 和 B_2 满足下式：

$$\begin{cases} B_1 = m_1 A \\ B_2 = n_1 A \end{cases}, \qquad m_1 < 0, n_2 > 0 \qquad (5-25)$$

因此，B_1 点坐标为 $(T_1, m_1 P_z)$，B_2 点坐标为 $(T_1, n_1 P_z)$。

阶段②的末状态 C_1 和 C_2 由阶段①的末状态 B_1 和 B_2 决定,此处假设阶段②的末状态 C_1 和 C_2 满足下式:

$$\begin{cases} C_1 = m_2 B_1 \\ C_2 = n_2 B_2 \end{cases}, \qquad m_2 > 0, n_2 > 0 \qquad (5-26)$$

因此,C_1 点坐标为 $(T_2, m_2 m_1 P_z)$,C_2 点坐标为 $(T_2, n_2 n_1 P_z)$。

阶段③采用矩形包络,即 D_1 的坐标为 $(T_3, m_2 m_1 P_z)$,E_2 的坐标为 $(T_3, n_2 n_1 P_z)$。

(4)$P_z > 0$ 且 $V_z > 0$

由于飞机存在初始正向纵向偏差,即使飞机存在负向下沉率,飞行员依然会通过推杆操纵来尽快消除纵向偏差,使飞机向下运动。与上面论述类似,飞行员对飞机的操控类似于欠阻尼二阶系统阶跃响应曲线,在下降过程中,存在一定超调量,需通过拉杆操控来消除负向超调,最终达到在一定程度上消除纵向偏差的目的。

该情况下可分为三个阶段:

①上升消差段,即 $0 \sim T_1$ 时间段;

②消除超调段,即 $T_1 \sim T_2$ 时间段;

③维持稳定段,即 $T_2 \sim T_3$ 时间段。

各段的时间点分别用 T_1、T_2 和 T_3 表示,采用直线包络方式描述纵向轨迹,如图 5 – 47 所示。

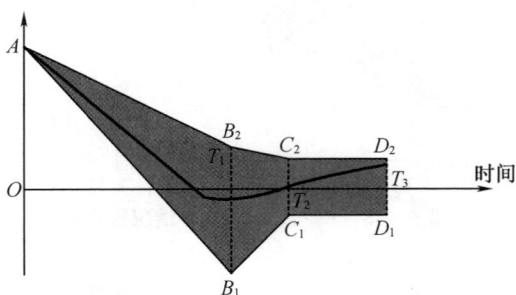

图 5 – 47　$P_z > 0$ 且 $V_z > 0$ 情况原理图

初始点 A 的位置由初始纵向偏差决定,这里 A 点的坐标为 $(0, P_z)$。

阶段①的末状态与初始下沉率偏差关系不大,但与初始纵向偏差有直接关系,此处假设阶段①的末状态 B_1 和 B_2 满足下式:

$$\begin{cases} B_1 = m_1 A \\ B_2 = n_1 A \end{cases}, \qquad m_1 < 0, n_2 > 0 \tag{5-27}$$

因此，B_1 点坐标为 $(T_1, m_1 P_z)$，B_2 点坐标为 $(T_1, n_1 P_z)$。

阶段②的末状态 C_1 和 C_2 由阶段①的末状态 B_1 和 B_2 决定，此处假设阶段②的末状态 C_1 和 C_2 满足下式：

$$\begin{cases} C_1 = m_2 B_1 \\ C_2 = n_2 B_2 \end{cases}, \qquad m_2 > 0, n_2 > 0 \tag{5-28}$$

因此，C_1 点坐标为 $(T_2, m_2 m_1 P_z)$，C_2 点坐标为 $(T_2, n_2 n_1 P_z)$。

阶段③采用矩形包络，即 D_1 的坐标为 $(T_3, m_2 m_1 P_z)$，D_2 的坐标为 $(T_3, n_2 n_1 P_z)$。

5.2.3　落点纵向预测原理

5.2.2 节中介绍了舰载机纵向轨迹预测原理，而纵向轨迹对落点预测的影响主要取决于进舰距离，进舰距离的大小决定飞机是否有足够的时间和空间调整位置和姿态。为此本节在纵向轨迹预测的基础上分析飞机落点的预测原理，分两种情况讨论：

（1）当图 5-44 至图 5-47 的末时刻飞机未达到舰尾时，由于飞机基本完成消除纵向偏差的工作，即使存在一定量的偏差，对飞机着舰落点的影响也很小，为此在图 5-44 至图 5-47 相应图中末端纵向偏差包络 $E_1 - E_2$ 或 $D_1 - D_2$ 将采用等角下滑的方式，向纵向着舰区域投影位置为可能落点区域，如图 5-48 所示。

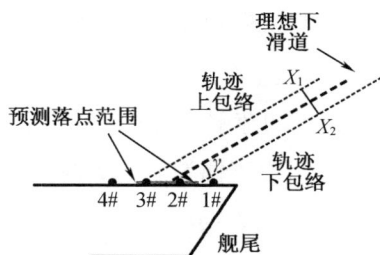

图 5-48　尾钩预测及落点范围原理图

图 5-48 中，假设当前时刻的预测末状态为 $X_1 - X_2$（对应图 5-44 至图 5-47 的末状态 $E_1 - E_2$ 或 $D_1 - D_2$），理想下滑道与水平面夹角为 γ，$X_1 - X_2$ 采用等下滑角的方式在甲板上的投影为粗实线覆盖区域，该区域即为预测落点范围。

（2）当图 5-44 至图 5-47 未到末时刻，飞机已达到舰尾，飞机纵向轨迹无法到达"维持稳定段",本节在图 5 - 44 至图 5 - 47 中相应时刻截取纵向位置,如图 5 - 49 中 T_x 时刻截取对应的纵向坐标值为 $X_1 - X_2$,依然采用等角下滑的方式,与图 5 - 48 投影原理一致。

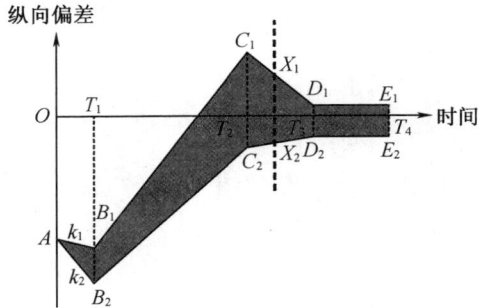

图 5 - 49 着舰时刻飞行轨迹截取原理图

在以上两种情况的基础上,本书采用等概率方式确定落点纵向位置,也就是说飞机最终落点在图 5 - 49 中预测落点范围以等概率的方式随机确定。以上原理将飞机飞行状态、着舰轨迹趋势预测、落点位置预测串联起来,形成完整的舰载机实时落点预测原理,下面将论述通过飞行模拟器试验样本数据确定落点预测的核心参数的过程,并建立舰载机着舰风险数学模型。

5.2.4 样本数据与落点纵向风险模型

图 5 - 44 至图 5 - 47 描绘了舰载机纵向轨迹运动趋势及其线性包络,线性包络的拐点为未知量,如确定各拐点值,即可求解舰载机整个位置调整过程运动趋势,结合进舰距离,确定落点覆盖的范围。为获得这些拐点的量化值,本节采用第4 章建立的飞行员着舰行为模型,在不同的初始条件下反复执行着舰任务,保存着舰数据作为本节试验样本数据,在仿真中假设飞行员有足够的时间调整飞机位置,即不考虑进舰距离对落点的影响。仿真初始条件如下所示:

(1)舰载机的初始进舰距离为 - 1 400 m;

(2)航母航速为 24 kn,着舰区域海况为 2 级;

(3)飞行员模型等级为 Level - A;

(4)初始纵向偏差分别为 - 20 m、15 m、- 10 m、- 5 m、5 m、10 m、15 m、20 m;

(5)初始下沉率偏差分别为 - 2 m/s、- 1 m/s、1 m/s、2 m/s。

　　在上述初始工况条件下,飞行员模型针对每种仿真工况均完成50次着舰仿真试验,由于初始纵向偏差和下沉率偏差的组合情况较多,这里选择几种情况绘制纵向偏差变化曲线(图5-50),并绘制线性包络线来对应图5-44至图5-47所述落点预测原理中的线性包络。这里需要说明一下,绘制线性包络时既考虑着舰过程中纵向轨迹的整体变化趋势,又考虑非线性纵向轨迹的极限点位置,为此图5-50中会出现某段轨迹不在线性包络中,这属于正常情况。图中纵向偏差用 P_z 表示,下沉率偏差用 V_z 表示。

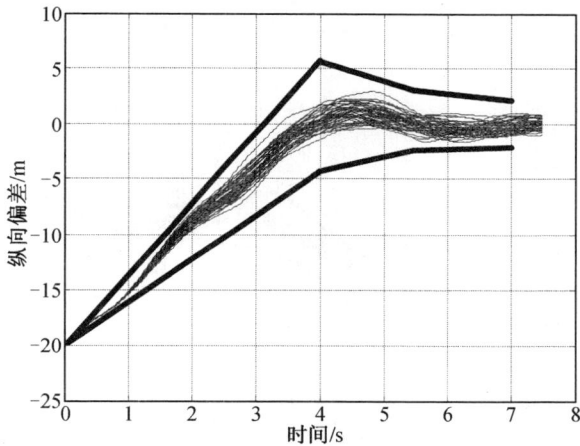

(a)P_z=−20 m且V_z=2 m/s情况下曲线

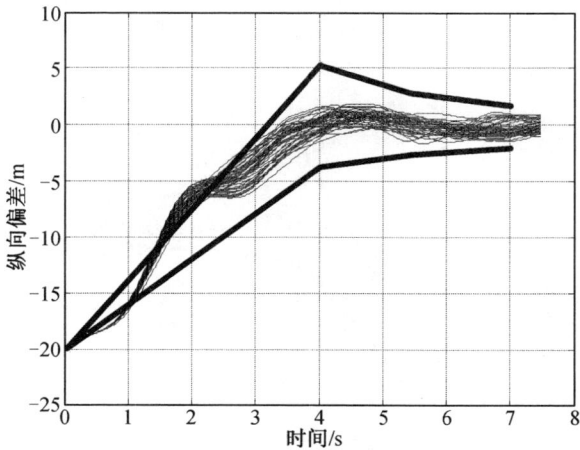

(b)P_z=−20 m且V_z=1 m/s情况下曲线

图5-50 着舰风险建模典型样本曲线

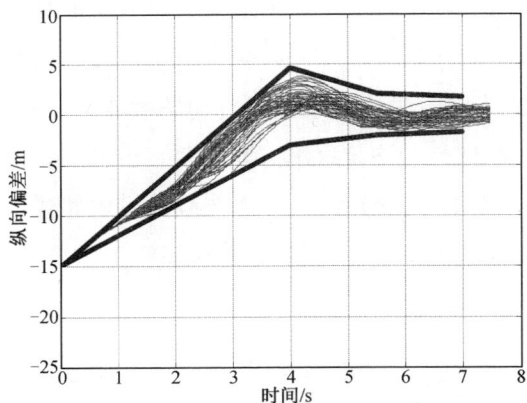

(c)P_z=−15 m且V_z=2 m/s情况下曲线

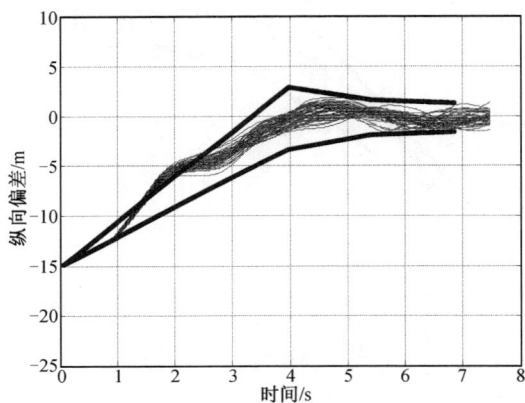

(d)P_z=−15 m且V_z=1 m/s情况下曲线

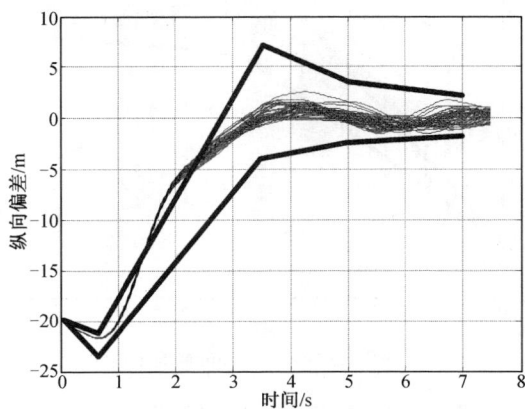

(e)P_z=−20 m且V_z=−2 m/s情况下曲线

图 5−50(续1)

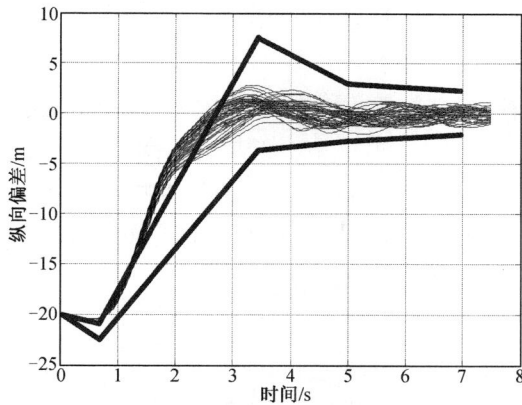

(f)P_z=−20 m且V_z=−1 m/s情况下曲线

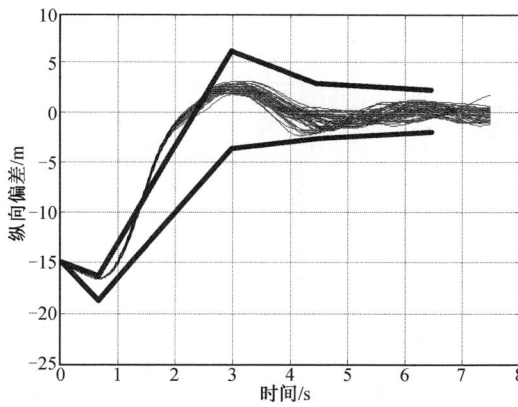

(g)P_z=−15 m且V_z=−2 m/s情况下曲线

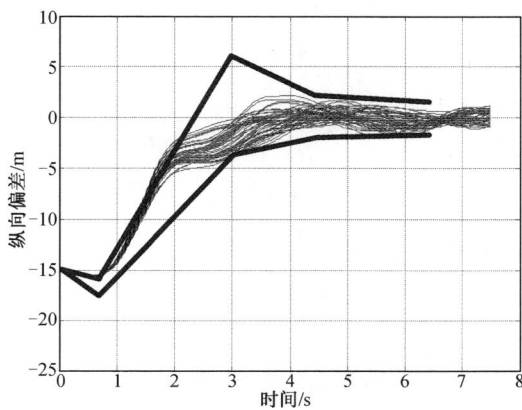

(h)P_z=−15 m且V_z=−1 m/s情况下曲线

图 5−50（续 2）

从图 5 – 50 中可以看出,当舰载机存在初始纵向偏差和初始下沉率偏差时,舰载机的纵向轨迹变化趋势与图 5 – 44 至图 5 – 47 所示的趋势基本一致,进一步验证了前文预测纵向轨迹理论的正确性和有效性。在获得的纵向轨迹曲线簇中,按照图 5 – 44 至图 5 – 47 所示的线性包络方法,绘制每种工况下的线性包络,使线性包络的基本趋势与实际纵向轨迹的变化趋势保持一致,确定各阶段线性切换点。图 5 – 44 至图 5 – 47 中所示的三阶段和四阶段线性包络节点的横纵坐标由上面所述的仿真试验可得,详见表 5 – 7 和表 5 – 8。

表 5 – 7　三阶段线性包络节点纵坐标统计表

初始下滑偏差	初始下沉率偏差	0	4	5.5	7	初始下滑偏差	初始下沉率偏差	0	4	5.5	7
-20	2	-20	5.22	2.84	2.22	20	-1	-20	4.22	2.14	1.96
		-20	-4.91	-2.56	-2.23			-20	-4.9	-2.6	-1.96
-20	1	-20	4.92	2.63	1.92	20	-2	-20	4.95	2.58	2.21
		-20	-4.24	-2.13	-1.92			-20	-5.23	-2.85	-2.21
-15	2	-15	4.63	2.42	1.84	15	-1	-15	3.22	1.84	1.64
		-15	-3.62	-1.94	-1.84			-15	-4.25	-2.23	-1.64
-15	1	-15	4.22	2.25	1.68	15	-2	-15	3.63	1.95	1.85
		-15	-3.24	-1.86	-1.68			-15	-4.66	-2.43	-1.85

初始下滑偏差	初始下沉率偏差	0	3	5	6.5	初始下滑偏差	初始下沉率偏差	0	3	5	6.5
-10	2	-10	3.93	2.16	1.45	10	-1	-10	2.44	1.63	1.33
		-10	-2.94	-1.74	-1.45			-10	-3.66	-1.85	-1.33
-10	1	-10	3.62	1.82	1.32	10	-2	-10	2.94	1.75	1.44
		-10	-2.41	-1.64	-1.32			-10	-3.96	-2.15	-1.44

初始下滑偏差	初始下沉率偏差	0	2	4	6	初始下滑偏差	初始下沉率偏差	0	4	5.5	7
-5	2	-5	3.15	1.53	1.24	5	-1	5	1.86	1.24	1.16
		-5	-2.24	-1.56	-1.24			5	-2.55	-1.23	-1.16
-5	1	-5	2.53	1.25	1.15	5	-2	-5	2.23	1.55	1.24
		-5	-1.86	-1.23	-1.15			-5	-3.15	-1.56	-1.24

表 5-8 四阶段线性包络线节点纵坐标统计表

初始下滑偏差	初始下沉率偏差	0	0.7	3.5	5	7	初始下滑偏差	初始下沉率偏差	0	0.7	3.5	5	7
-20	-2	-20	-22	7.23	3.14	2.12	20	1	-20	23	4.13	2.86	1.97
		-20	-24	-4.44	-3.12	-2.12			-20	21	-6.84	-2.83	-1.97
	-1	-20	-21	6.84	2.84	1.94		2	-20	24	4.45	3.16	2.14
		-20	-23	-4.17	-2.85	-1.94			-20	22	-7.23	-3.14	-2.14
-15	-2	-15	-17	6.24	2.65	1.85	15	1	-15	18	3.42	2.44	1.75
		-15	-19	3.63	-2.66	-1.85			-15	16	-5.83	-2.46	-1.75
	-1	-15	-16	5.89	2.43	1.73		2	-15	19	3.64	2.64	1.87
		-15	-18	-3.47	-2.45	-1.73			-15	17	-6.23	-2.63	-1.87
-10	-2	-10	-12	5.54	2.23	1.65	10	1	-10	13	2.86	2.15	1.66
		-10	-14	-3.16	-2.26	-1.65			-10	11	-5.13	-2.16	-1.66
	-1	-10	-11	5.14	2.13	1.64		2	-10	14	3.14	2.24	1.65
		-10	-13	-2.87	-2.16	-1.64			-10	12	-5.53	-2.23	-1.65
-5	-2	-5	-6.5	4.84	1.82	1.58	5	1	-5	6.5	1.96	1.53	1.35
		-5	-7.5	-2.45	-1.85	-1.58			-5	5.5	-3.87	-1.56	-1.35
	-1	-5	-5.5	3.84	1.52	1.34		2	-5	7.5	2.47	1.84	1.53
		-5	-6.5	-1.93	-1.54	-1.34			-5	6.5	-4.84	-1.87	-1.53

对于三阶段情况,当初始纵向偏差和初始下沉率偏差分别为 – 20 m 和 2 m/s 时,线性包络的分界点分别为 0 s、4 s、5.5 s 和 7 s,当初始纵向偏差和初始下沉率偏差分别为 – 10 m 和 2 m/s 时,线性包络的分界点分别为 0 s、3 s、5 s 和 6.5 s,这是因为当初始纵向偏差较大时,飞行员消除纵向偏差的时间也略长,四阶段同样存在这种情况。

根据表 5 – 7 和表 5 – 8 所示的样本数据,本书利用 BP 神经网络加以训练来建立落点预测数学模型[135]。神经网络输入层节点为 2 个,为简化模型复杂度,"维持稳定段"的节点纵坐标为相反数,所以神经网络输出层节点为 1 个,隐层节点选择 5 个,隐层选用双曲正切 S 型激活函数,训练次数为 500 次,训练后误差为 2.1×10^{-4},结构如图 5 – 51 所示。

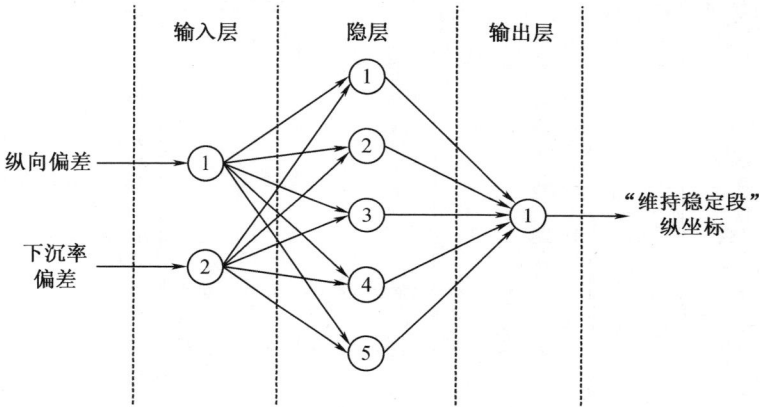

图 5 – 51　神经网络训练结构示意图

为此,舰载机的纵向落点预测模型 P_{tdpred} 可表示为

$$P_{\text{tdpred}} = \aleph(P_z, V_z) \tag{5 – 29}$$

式中,$\aleph(*, *)$ 表示 BP 神经网络训练建立的非线性映射关系。

航母着舰甲板区域共有 4 根阻拦索,阻拦索编号从船尾向船首分别为 1 号、2 号、3 号和 4 号,相邻阻拦索间距为 12 m,理想着舰点位于第 2 号和第 3 号阻拦索围成的矩阵中心,根据阻拦索分布及舰载机挂索要求,本节制定落点纵向风险分布示意图,如图 5 – 52 所示。

A 区域为 2 号和 3 号阻拦索围成的纵向甲板区域,该区域为理想着舰点所在区域,是舰载机尾钩期望落点纵向区域,舰载机可挂到 3 号阻拦索。如落点在该区域,舰载机挂索时的风险很小,这里定义该区域为着舰低风险区。

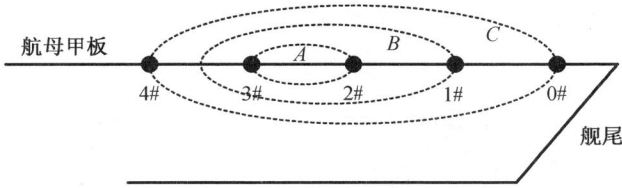

图 5 – 52　着舰风险分布图

B 区域为 1 号和 2 号阻拦索之间纵向区域及 3 号阻拦索和 3,4 号阻拦索中点之间纵向区域,该区域可挂到 2 号阻拦索或 4 号阻拦索,虽然舰载机落点在 3 号阻拦索和 3,4 号阻拦索中点之间的纵向区域仅可挂 4 号阻拦索,但落点稍微靠后,飞机出现逃逸的可能性较大。这里定义该区域为着舰中风险区。

C 区域为 1 号阻拦索和 1 号阻拦索向舰尾延伸 12 m(本书定义其为 0 号阻拦索,是虚拟的,实际是不存在的)之间的纵向区域及 4 号阻拦索和 3,4 号阻拦索中点之间的纵向区域,该区域可挂 1 号索或 4 号索,但由于落点在该区域靠近舰尾有可能发生逃逸现象,因此这里定义该区域为着舰高风险区。

本书定义落点纵向风险区间为[0,1],在以上三个区域以外,落点纵向风险为最大值 1。在上述 3 个区域中,简化落点纵向风险是线性变化的,A 区域内风险变化率最小,B 区域内风险变化率次之,C 区域内风险变化率最大,相邻区域之间交界处风险相同。这里需要注意,1 号阻拦索在着舰坐标系中的 x 轴方向坐标为 -30,1 号阻拦索距舰尾 54 m,飞机尾钩在 1 号索和舰尾之间区域虽然有撞舰风险,但不会发生撞舰事故,依然可以挂 1 号阻拦索,即可以完成着舰任务,但是当尾钩落点大于 54 m 时,则一定会发生撞舰事故,此时风险值无法用上述落点纵向风险[0,1]来描述,因此此时的落点纵向风险为无穷大,这是一种很特殊的情况,必须加以避免。因此落点纵向风险 R_{Tlon} 可表示为

$$R_{\text{Tlon}} = \begin{cases} -0.05S_{\text{app}} - 0.5 & S_{\text{app}} \in [-30, -18] \\ -0.025S_{\text{app}} - 0.05 & S_{\text{app}} \in [-18, -6] \\ -0.167S_{\text{app}} & S_{\text{app}} \in [-6, 0] \\ 0.167S_{\text{app}} & S_{\text{app}} \in [0, 6] \\ 0.05S_{\text{app}} - 0.2 & S_{\text{app}} \in [6, 12] \\ 0.1S_{\text{app}} - 0.8 & S_{\text{app}} \in [12, 18] \\ 1 & S_{\text{app}} \in [-54, -30] \, || \, S_{\text{app}} > 18 \\ +\infty & S_{\text{app}} < -54 \end{cases} \qquad (5-30)$$

127

将公式(5-30)反映到二维平面效果如图5-53所示(不包含风险无穷大情况)。

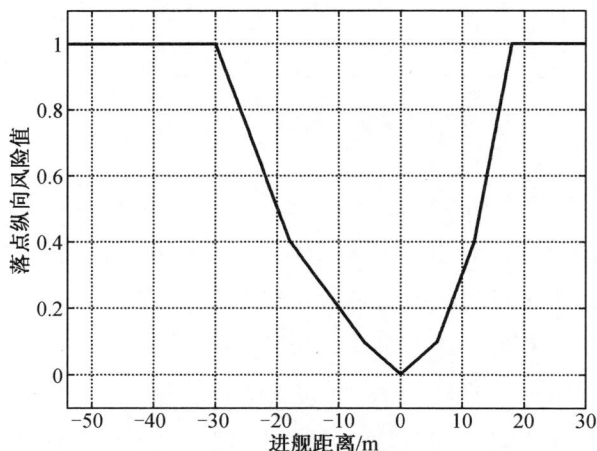

图 5-53　落点纵向风险数值模型曲线

飞行模拟器上试验人员完成的一次人工着舰过程记录的线性包络节点曲线(图5-54)和利用落点纵向风险模型计算的风险曲线如图5-55所示。

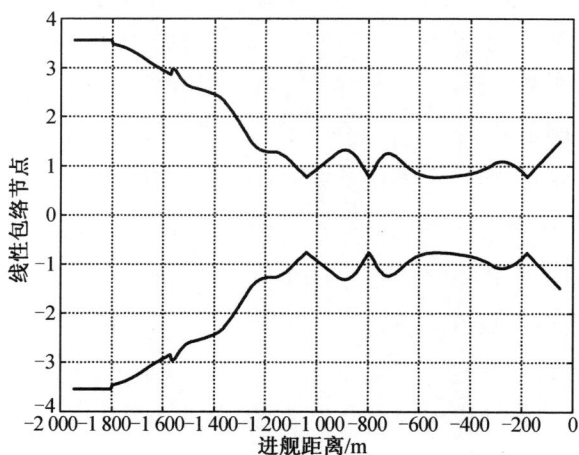

图 5-54　线性包络节点曲线

在图5-55中,舰载机整个着舰风险趋势是越来越小的,但是值得注意的是,在某些进舰阶段,落点纵向风险存在波动和反弹。而当该情况发生在距舰较近时容易造成着舰事故,因此需要针对着舰风险采取有针对性的抑制手段。

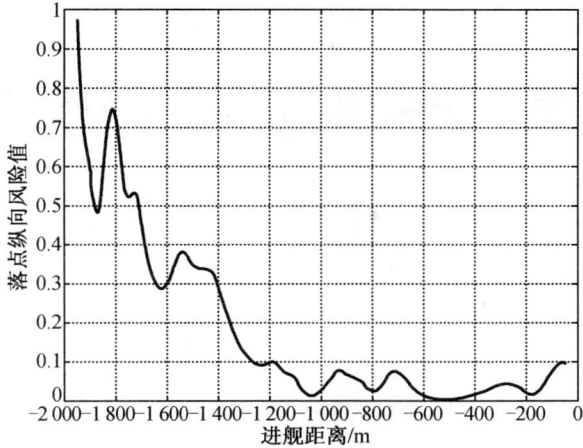

图 5−55　着舰风险变化曲线

综上所述,舰载机着舰风险 R_{Land} 由落点横向风险和落点纵向风险组成,并简化为

$$R_{\text{Land}} = (R_{\text{Thor}} + R_{\text{Tlon}})/2 \qquad (5-31)$$

本章建立舰载机着舰横向风险模型和纵向风险模型,重点研究了舰载机在着舰挂索之前的安全性及影响因素,从数学角度构建了舰载机着舰风险的横向和纵向量化模型,为后续风险抑制奠定基础。

第6章 舰载机进场飞行风险建模技术

F/A-18大黄蜂舰载机期望的着舰状态为进舰速度为70 m/s,俯仰角为4.9°,下沉率为4 m/s,迎角为8.4°,在直道下滑过程中,最理想的情况是使飞机保持这种状态沿与甲板面成3.5°的直线下滑道完成着舰任务,当飞行状态与期望着舰状态存在偏差时,对舰载机而言即为存在风险,本节将利用大量的仿真试验数据,从统计学角度定义舰载机进场飞行过程各状态安全范围,并采用基线法基本原理建立舰载机进场飞行风险数学模型。

6.1 进场飞行风险建模原理

飞行员在通过大量飞行模拟器训练、陆基飞机飞行训练及舰载机着舰训练等后,头脑中存储大量的着舰过程操控经验,因此可将飞行员理解为一个大型的专家系统,飞行员对各个阶段位置的判断和应注意的问题十分清楚。如果在下滑道入口随机遍历所有初始着舰状态,使有经验的飞行员完成每一次着舰任务,可总结出舰载机进舰过程中不同进舰距离处的飞机飞行状态包络,该包络在一定程度上体现了飞行员的所有飞行经验。开展的试验越多,数据量越大,获得的状态包络越能够代表飞行员凭借经验的飞行效果,而有经验的飞行员面对各种不同的初始着舰状态,能够采取最合理的操控方式使舰载机安全着舰,这也是为什么当飞行员感觉自动着舰系统采取的策略不合理时可以中断自动着舰转而采取人工着舰方式。为此可以通过在下滑道入口处设置不同的初始着舰状态,利用飞行员模型反复执行着舰任务,记录整个飞行轨迹,利用基线法划分轨迹包络来建立舰载机进场飞行风险模型。

舰载机的横纵向偏差、进舰速度、下沉率、漂移率、滚转角、俯仰角对着舰效果影响最大,为此本节在对进场飞行风险建模过程中主要针对以上状态加以开展。

舰载机进场飞行风险建模原理如图6-1所示。

根据图6-1,在舰载机着舰综合仿真平台上,设置不同的初始横向偏差、纵向偏差、进舰速度、下沉率、漂移率、俯仰角和滚转角,使以上初始状态可遍历所有可能取值,考虑到可能取值的数量较多,并且避免人的主观性影响,这里不采用模拟器试验人员进行仿真试验,而是利用飞行员着舰行为模型来模拟实际飞行员控制舰载机着舰模型在飞行模拟器上进行着舰仿真试验,并将舰载机实时飞行状态数据接收到数据记录分析模块中,该模块的主要功能是保存舰载机每个采样点的横向偏差、纵向偏差、进舰速度、下沉率、漂移率、俯仰角、滚转角的数值,考虑到利用基线法求解出各进舰距离的状态偏差概率,数据记录分析模型将所有的采样点中各进舰距离对应的状态数据映射到自定义统一的进舰距离上,使所有航次的数据横轴统一为规定的进舰距离,纵轴为各状态值。根据以上过程,可获得所有航次的试验数据,并可获取统一进舰距离下的状态偏差,进而可绘制 7 种状态的曲线包络。根据基线法的基本原理,将统计数据按照均值和方差的数值可求解各进舰距离下的基线包络范围,进而可建立进场飞行风险的模型。

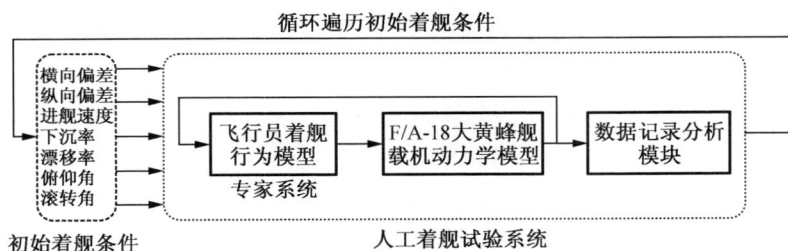

图 6 – 1　进场飞行风险建模原理图

6.2　进场飞行风险样本数据

根据 6.1 节建立的进场飞行风险建模原理的介绍,本节通过仿真手段获得大量样本数据建立风险模型。仿真工况如下所示:

(1)飞行员等级为 Level – S;

(2)航母航速为 24 kn,着舰区域海况为 2 级;

(3)初始横向偏差为 – 20 ~ 20 m 的随机值,初始纵向偏差为 – 30 ~ 30 m 的随机值,初始进舰速度为 50 ~ 80 m/s 的随机值,初始俯仰角为 3° ~ 7°的随机值,初始滚转角为 – 3° ~ 3°的随机值,初始下沉率为 2 ~ 6 m/s 的随机值,初始漂移率为 – 2 ~ 2 m/s的随机值。

在以上仿真工况下,飞行员着舰模型针对横向偏差、纵向偏差、进舰速度、下沉率、漂移率、俯仰角和滚转角这 7 种状态均完成 100 个航次着舰仿真试验,对各状态偏差对应的进舰距离加以统一,使所有数据拥有相同的横坐标。由于所有的仿真数据量较大,限于本书篇幅有限,这里列举其中某次仿真试验的数据表格,具体见表6-1。

表6-1　飞行模拟器着舰仿真试验样本数据

进舰距离 /m	横向偏差 /m	纵向偏差 /m	进舰速度 /(m·s⁻¹)	俯仰角 /(°)	滚转角 /(°)	下沉率 /(m·s⁻¹)	漂移率 /(m·s⁻¹)
-1 950.77	2.544	8.404	66.642	5.23	-0.03	2.57	0.228
-1 946.77	2.61	8.357	54.593	5.27	-0.019	2.358	-1.243
-1 942.69	2.523	8.314	54.443	5.343	0.012	2.498	-1.231
-1 938.62	2.438	8.282	54.292	5.442	0.061	2.623	-1.219
-1 934.57	2.353	8.258	54.141	5.556	0.126	2.738	-1.206
-1 930.52	2.268	8.243	53.988	5.677	0.203	2.842	-1.193
-1 926.49	2.185	8.234	53.832	5.799	0.291	2.936	-1.18
-1 922.47	2.103	8.232	53.677	5.917	0.388	3.021	-1.166
-1 918.46	2.021	8.236	53.55	6.027	0.491	3.097	-1.151
-1 914.45	1.94	8.245	53.456	6.127	0.6	3.163	-1.136
-1 910.46	1.861	8.257	53.39	6.215	0.712	3.221	-1.119
-1 906.47	1.782	8.273	53.349	6.291	0.826	3.274	-1.103
-1 902.48	1.705	8.292	53.339	6.362	0.94	3.345	-1.085
-1 898.49	1.628	8.316	53.35	6.454	1.054	3.419	-1.067
-1 894.5	1.553	8.343	53.376	6.56	1.167	3.477	-1.048
⋮	⋮	⋮	⋮	⋮	⋮	⋮	⋮
-27.71	-0.486	1.282	53.6	5.365	-0.654	4.518	-0.587
-23.71	-0.536	1.312	53.269	5.002	-0.87	3.347	-0.613
-19.729	-0.589	1.235	52.951	4.04	-0.983	2.091	-0.641
-15.767	-0.643	1.081	52.671	2.814	-1.09	1.01	-0.664
-11.822	-0.7	0.868	52.472	1.52	-1.066	0.707	-0.676
-7.889	-0.756	0.657	52.318	0.545	-0.989	0.87	-0.681
-3.968	-0.814	0.457	52.166	-0.077	-0.934	0.977	-0.687
-0.059	-0.872	0.259	51.968	-0.244	-0.894	0.85	-0.708

　　将所有工况下相同类型的仿真试验数据(横向偏差、纵向偏差、进舰速度、俯仰角、滚转角、下沉率、漂移率)绘制在同一坐标下,横坐标为进舰距离,纵坐标为各状态值,各状态曲线簇仿真曲线如图6-2至图6-8所示。

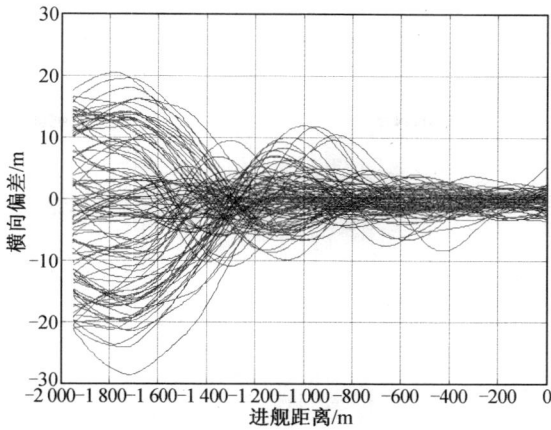

图 6 - 2　横向偏差曲线簇

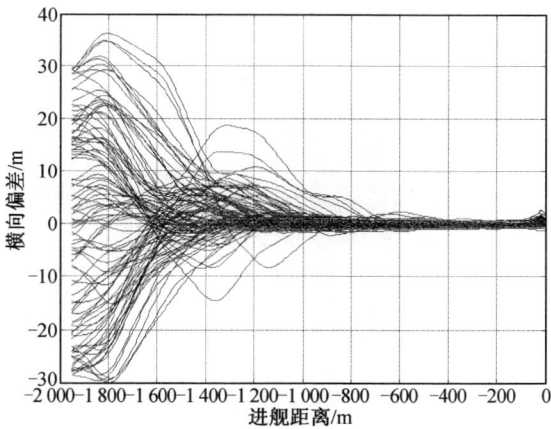

图 6 - 3　纵向偏差曲线簇

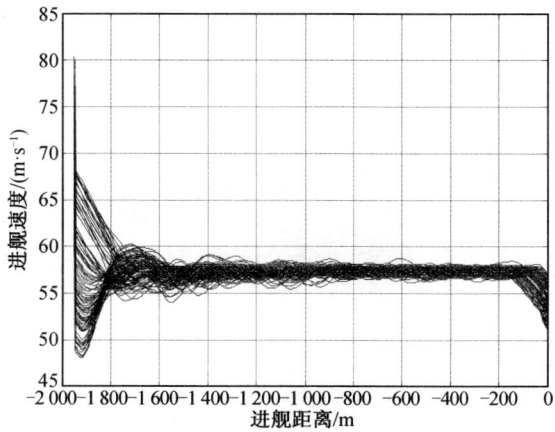

图 6 - 4　进舰速度曲线簇

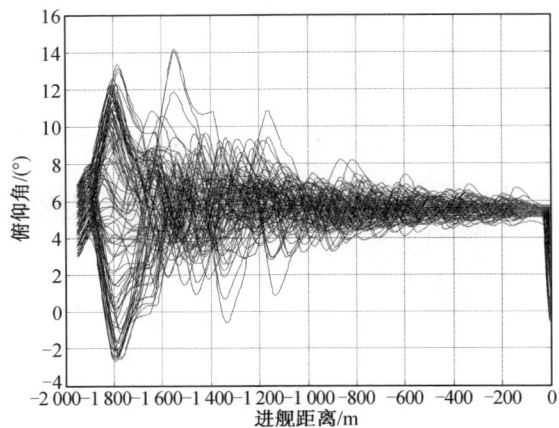

图 6 - 5　俯仰角曲线簇

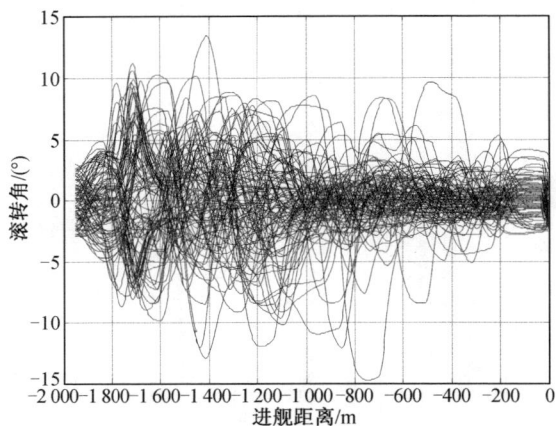

图 6 - 6　滚转角曲线簇

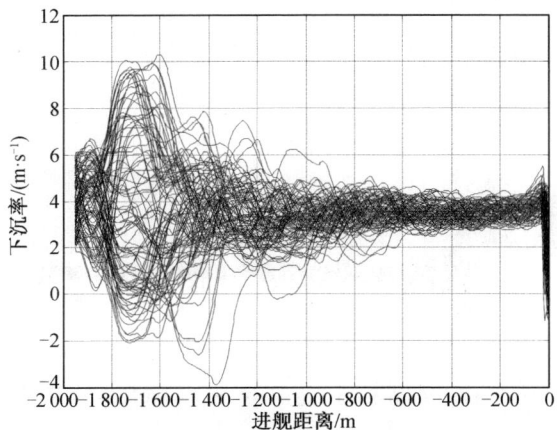

图 6 - 7　下沉率曲线簇

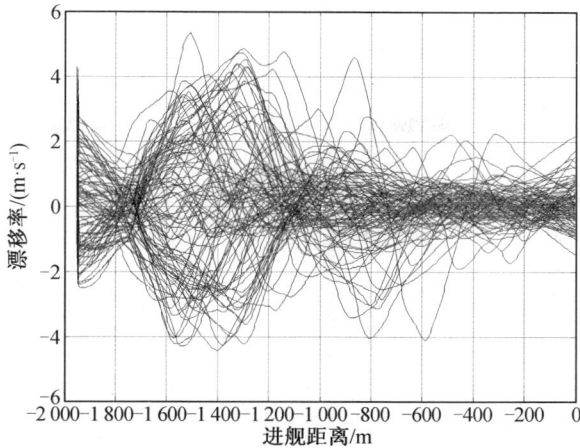

图 6-8　漂移率曲线簇

由于每个航次坐标系中横轴数据并未统一,本节统计进舰距离从 -1 400 m 至即将着舰处(本书取 -10 m),每隔 2 m 作为一个进舰距离采样点,对所有数据进行线性插值。针对同一类型的状态数据,在相同进舰距离时,各状态偏差均值近似为 0,标准差用 δ_s 表示。采用统一后的进舰距离,分别计算各状态偏差的均值和标准差,见表 6-2。

根据基线法基本原理,状态偏差在 $-\delta_s \sim +\delta_s$ 之间的概率为 68.26%,在 $-2\delta_s \sim +2\delta_s$ 的概率为 95.44%,在 $-3\delta_s \sim +3\delta_s$ 的概率为 99.74%。本书定义 $-\delta_s \sim +\delta_s$ 所在区域为低风险区,$M - \delta_s \sim M - 2\delta_s$ 和 $M + \delta_s \sim M + 2\delta_s$ 所在区域为中风险区,$M - 2\delta_s \sim M - 3\delta_s$ 和 $M + 2\delta_s \sim M + 3\delta_s$ 所在区域为高风险区,根据表6-2 中数据绘制风险区如图 6-9 至图 6-15 所示。

表 6-2 100 次着舰仿真试验汇总数据

进舰距离/m	横向偏差均值/m	横向偏差标准差	纵向偏差均值/m	纵向偏差标准差	速度偏差均值/(m·s⁻¹)	速度偏差标准差	俯仰角偏差均值/(°)	俯仰角偏差标准差	滚转角偏差均值/(°)	滚转角偏差标准差	下沉率偏差均值/(°)	下沉率偏差标准差	漂移率偏差均值/(°)	漂移率偏差标准差
-1 400	-1.731	5.182	1.820	4.838	-0.793	0.689	0.541	1.457	0.260	3.810	-0.464	1.689	0.200	2.204
-1 398	-1.724	5.133	1.822	4.821	-0.786	0.686	0.543	1.454	0.266	3.788	-0.460	1.676	0.201	2.206
-1 396	-1.717	5.085	1.823	4.805	-0.780	0.684	0.545	1.453	0.275	3.767	-0.457	1.661	0.201	2.208
-1 394	-1.710	5.037	1.825	4.789	-0.774	0.680	0.549	1.454	0.284	3.746	-0.454	1.647	0.202	2.210
-1 392	-1.703	4.989	1.827	4.773	-0.768	0.676	0.553	1.458	0.296	3.727	-0.451	1.633	0.203	2.211
-1 390	-1.696	4.942	1.828	4.758	-0.762	0.671	0.557	1.464	0.308	3.709	-0.449	1.619	0.205	2.212
-1 388	-1.689	4.894	1.830	4.743	-0.757	0.666	0.561	1.471	0.321	3.692	-0.446	1.606	0.206	2.213
-1 386	-1.681	4.847	1.832	4.728	-0.752	0.661	0.567	1.480	0.335	3.677	-0.444	1.593	0.207	2.214
...	...	...	...	...	...	...	...	...	...	...	...	...	...	...
-62.000	-0.250	1.137	0.121	0.433	-1.498	1.045	0.462	0.191	0.117	1.424	-0.251	0.397	0.053	0.485
-60.000	-0.248	1.141	0.131	0.440	-1.539	1.065	0.459	0.190	0.117	1.423	-0.242	0.401	0.054	0.489
-58.000	-0.247	1.145	0.142	0.448	-1.581	1.084	0.457	0.188	0.116	1.422	-0.232	0.404	0.054	0.494
-56.000	-0.245	1.149	0.153	0.457	-1.623	1.103	0.455	0.187	0.116	1.421	-0.222	0.408	0.055	0.498
-54.000	-0.243	1.154	0.165	0.466	-1.667	1.122	0.453	0.186	0.115	1.420	-0.211	0.412	0.056	0.503
-52.000	-0.241	1.159	0.177	0.475	-1.712	1.140	0.450	0.185	0.115	1.419	-0.201	0.416	0.056	0.508

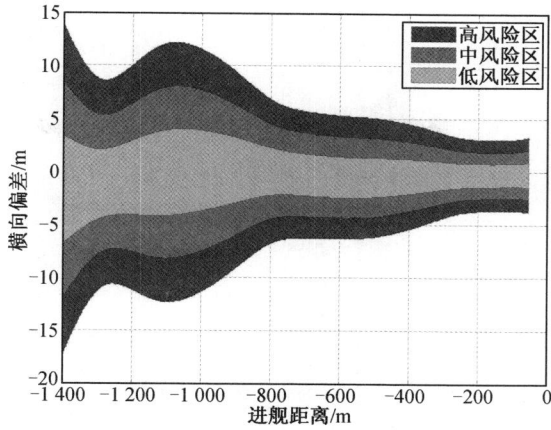

图 6 - 9　横向偏差安全包络

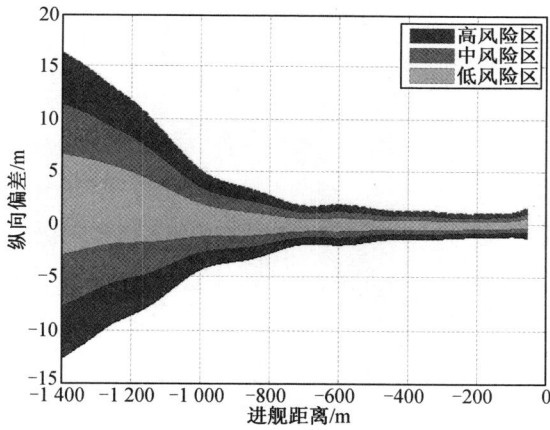

图 6 - 10　纵向偏差安全包络

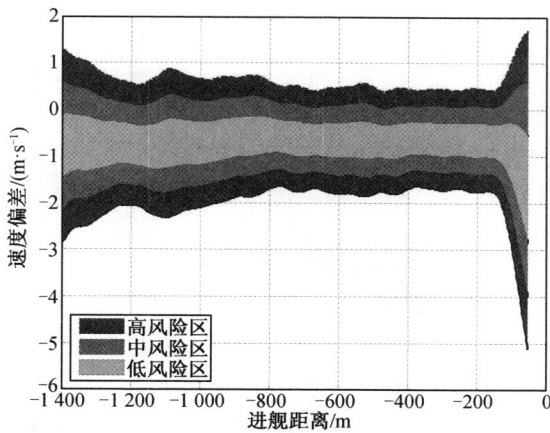

图 6 - 11　进舰速度安全包络

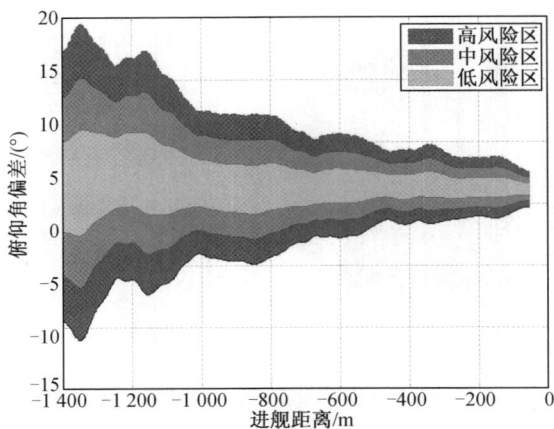

图 6-12 俯仰角安全包络

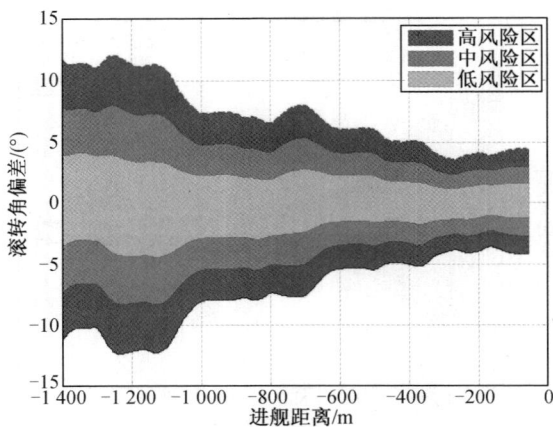

图 6-13 滚转角安全包络

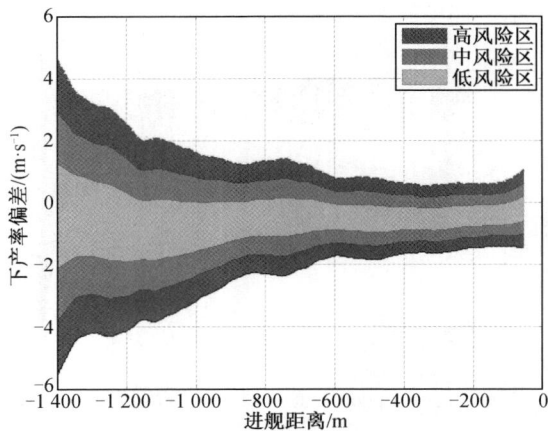

图 6-14 下沉率安全包络

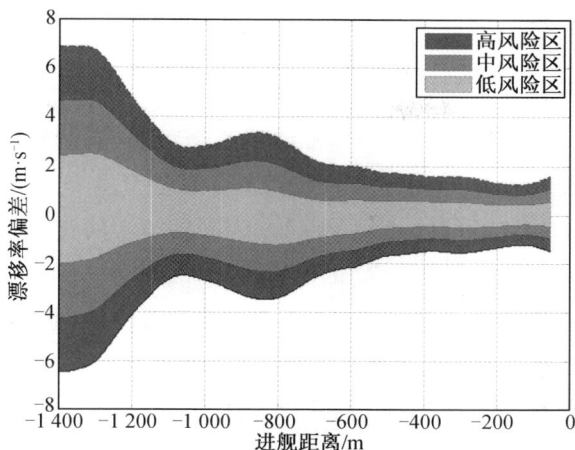

图 6 – 15　漂移率安全包络

在图 6 – 9 中,从整体角度看,横向偏差风险区并不是关于零偏差值对称的,这是由于斜角甲板并不是关于航母纵轴对称的,而是与纵轴成一定角度。当舰载机进舰距离较大时,正横向偏差不利于对准对中线,负横向偏差会随着航母的前进而增大;当进舰距离较小时,正横向偏差容易导致舰载机在钩索过程中撞击舰岛或其他位于甲板右舷的舰载机等设备,负横向偏差会导致偏心过大而无法顺利着舰。因此通过飞行员模型的仿真后的横向偏差风险区并不是对称的。在图 6 – 10 中,纵向偏差对着舰效果影响最大,容易引起撞舰事故或导致复飞。因此从整体看,即使下滑道入口的低风险区较大,但随着进舰距离的减小,整个低风险区急剧缩小,也从侧面说明了着舰过程中应对纵向偏差特别关注。另外,正纵向偏差相比负纵向偏差更安全,这是因为即使飞机高于理想下滑道,最坏的结果是无法钩索而拉起复飞,但是飞机低于理想下滑道的最坏结果却是撞击舰尾而机毁人亡,这是应坚决避免的,这也是为什么风险区关于零偏差轴对称的正偏差的风险比负偏差风险低的原因。图 6 – 11 至图 6 – 15 显示了舰载机速度、俯仰角、滚转角、下沉率和漂移率的风险区域,这些着舰状态量理想值为恒定值,因此风险区基本均匀变化,为保证顺利着舰,风险区逐步缩小。

6.3　进场飞行风险数学模型

为量化进场飞行风险,将划分每个进场飞行子风险的数值范围,并对进场飞行风险进行归一化处理。如图 6 – 9 至图 6 – 15 所示,各着舰状态风险区均分为高风险区、中风险区和低风险区,本节采用各状态偏差在同一风险区线性变化的方式,建立进场飞行风险数学模型,风险区间为$[0,1]$。

风险变化原则如下:

(1)$M-\delta_s \sim M+\delta_s$范围基本是标准着舰状态包络,舰载机按照此包络进场,可实现较小偏差着舰效果,这里定义该区间风险值为$[0,0.2)$;

(2)$M-2\delta_s \sim M-\delta_s$和$M+\delta_s \sim M+2\delta_s$范围属于中间过渡带,该范围包括的风险区间跨度最大,这里定义该区间的风险为$[0.2,0.9)$;

(3)$M-3\delta_s \sim M-2\delta_s$和$M+2\delta_s \sim M+3\delta_s$是高风险区,是舰载机应该尽量避免的包络区,该区域风险高,跨度小,本书定义该区间的风险为$[0.9,1.0)$;

(4)$M\pm3\delta_s$以外的区域,这里定义风险值最高,为常值1;

(5)在各安全区内部,风险值呈线性变化。

综上所述,针对某一进场飞行风险影响因素对应的风险$R_j(j=1,2,\cdots,7)$表达式为

$$
R_j = \begin{cases}
0.2 \cdot \dfrac{e_{\text{state}}}{M-\delta_s} & e_{\text{state}} \in (M-\delta_s, 0] \\[2mm]
0.2 \cdot \dfrac{e_{\text{state}}}{M+\delta_s} & e_{\text{state}} \in (0, M+\delta_s) \\[2mm]
0.2 + 0.7 \cdot \dfrac{(M-\delta_s) - e_{\text{state}}}{\delta_s} & e_{\text{state}} \in (M-2\delta_s, M-\delta_s] \\[2mm]
0.2 + 0.7 \cdot \dfrac{e_{\text{state}} - (M+\delta_s)}{\delta_s} & e_{\text{state}} \in [M+\delta_s, M+2\delta_s) \\[2mm]
0.9 + 0.1 \cdot \dfrac{(M-2\delta_s) - e_{\text{state}}}{\delta_s} & e_{\text{state}} \in (M-3\delta_s, M-2\delta_s] \\[2mm]
0.9 + 0.1 \cdot \dfrac{e_{\text{state}} - (M+2\delta_s)}{\delta_s} & e_{\text{state}} \in [M+2\delta_s, M+3\delta_s) \\[2mm]
1 & e_{\text{state}} \in (-\infty, M-3\delta_s] \, || \, e_{\text{state}} \in [M+3\delta_s, +\infty)
\end{cases}
$$

$$(6-1)$$

式中 e_{state}——各进场飞行风险状态偏差;

   M——状态偏差的均值。

公式(6-1)表示某一个飞行风险,而舰载机进场飞行风险包括7部分:横向位置风险R_{horp}、纵向位置风险R_{verp}、进舰速度风险R_{vel}、下沉率风险R_{sink}、漂移率风险R_{drift}、俯仰角风险R_{pitch}、滚转角风险R_{roll},定义舰载机进场飞行风险R_{fly}可表示为

$$R_{fly} = (R_{horp} + R_{verp} + R_{vel} + R_{sink} + R_{drift} + R_{pitch} + R_{roll})/7 \qquad (6-2)$$

试验人员在飞行模拟器上完成一次人工着舰试验,各进场飞行风险曲线如图 6-16 至图 6-23 所示。

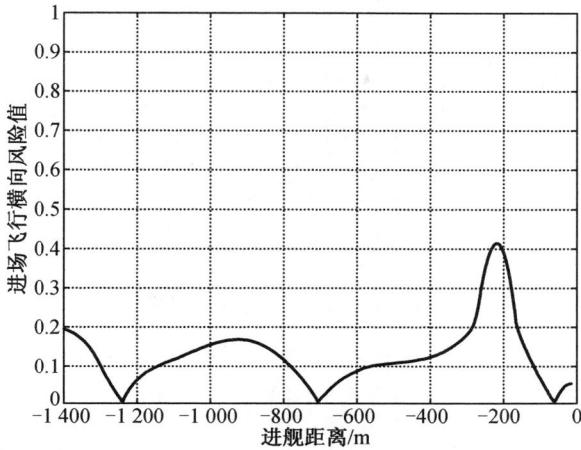

图 6-16　进场飞行横向风险

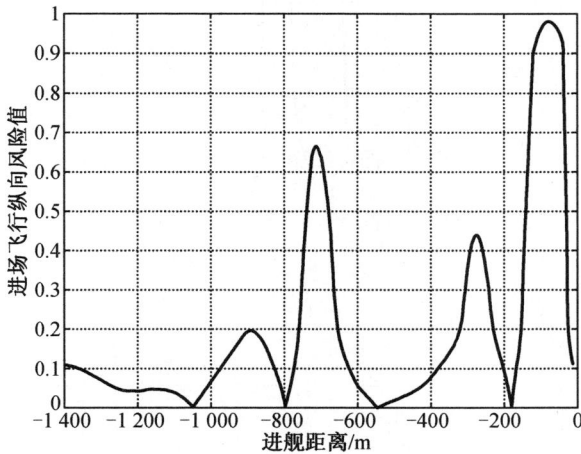

图 6-17　进场飞行纵向风险

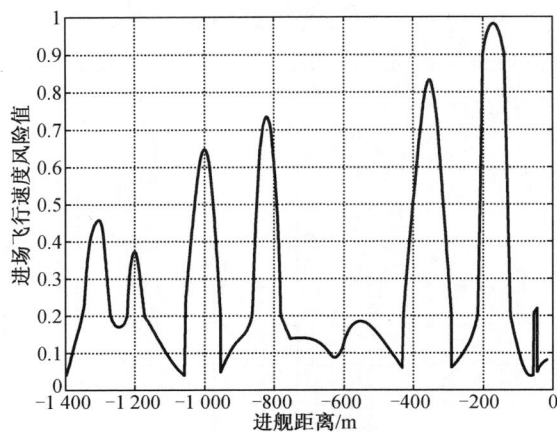

图 6 – 18　进场飞行速度风险

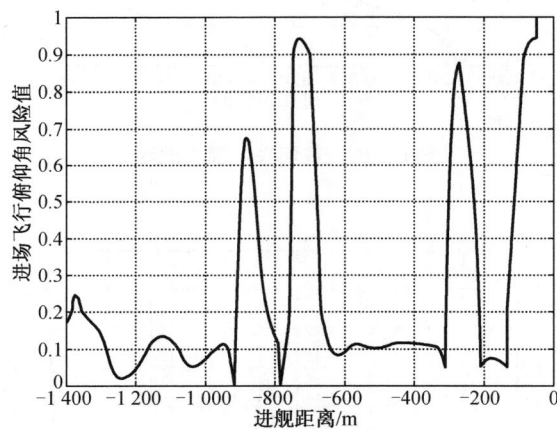

图 6 – 19　进场飞行俯仰角风险

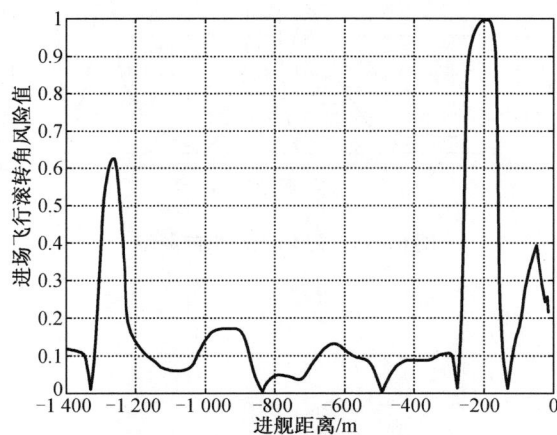

图 6 – 20　进场飞行滚转角风险

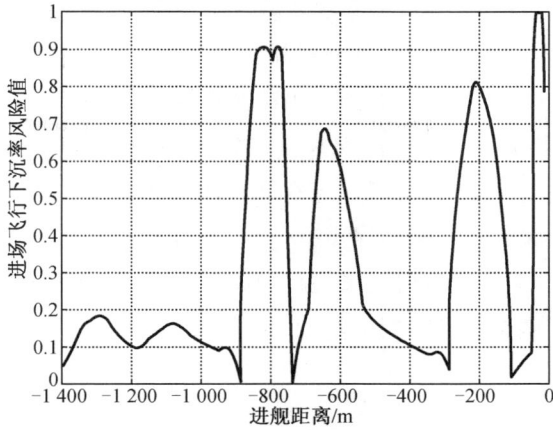

图 6 - 21　进场飞行下沉率风险

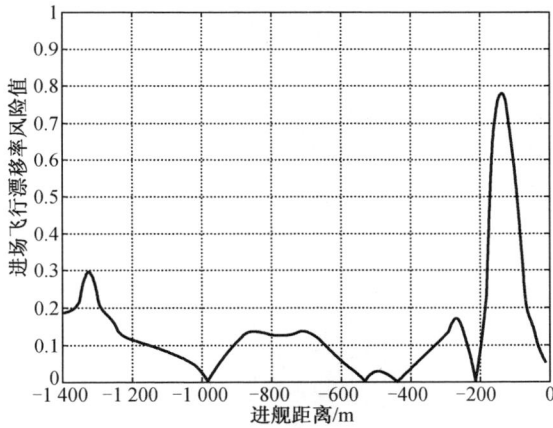

图 6 - 22　进场飞行漂移率风险

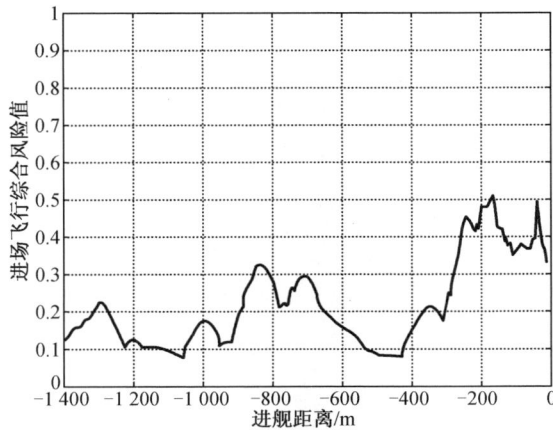

图 6 - 23　进场飞行综合风险

如图 6 – 16 至图 6 – 23 所示,本次着舰试验过程中各风险波动较大,特别是距舰 200 m 以内时,除横向风险外,其余风险均较大,一方面是由于进场飞行最后的阶段对各状态偏差要求较高,因此即使出现稍微大一些的偏差也会导致飞行风险较大;另一方面是由于本次试验海况较高,航母摇动较为剧烈。在图 6 – 23 中进场飞行综合风险波动反复较大,因此应有针对性来抑制和消除进场飞行风险。

本章主要针对舰载机着舰引导飞行过程,研究了舰载机整个过程的风险变化情况,以此为基础构建了舰载机进场飞行风险数学模型,包括横向和纵向全过程,为后续风险抑制策略奠定风险模型基础。

第7章 舰载机复飞风险建模技术

针对舰载机着舰引导过程的纵向风险的主要成因"撞舰风险"开展研究。该过程影响因素众多,综合考虑模型预测能力及其准确性,适当简化风险模型建立过程,忽略部分次要影响因素,仅针对主要影响因素完成风险模型的建立,如舰载机的纵向位置 Y,垂向位置 Z,速度 V,下沉率 V_z 等。并且寻找到了用来衡量该种风险的评判标准——最大剩余净高 Sl,再将其量化为 $0 \sim 1$ 的风险度以直观显示。

7.1 复飞风险建模原理

为满足实时性应用要求,本章拟采用 BP 神经网络来逼近风险评价函数,训练样本集由动态仿真系统离线仿真计算提供。同时对于舰载机的着舰引导过程中还复合着环境因素的影响,因而需要考虑甲板的运动状态。舰载机的着舰降落过程中,航母并不是不动的,由于海上的环境因素影响,航母上的甲板在做着复杂的六自由度运动,为了深化研究内容,将风险评价体系中加入甲板运动预测模型,以增加其引导过程风险评价系统的实用性。本章中所研究的纵向风险由于仅存在于纵向平面内,因而对于甲板运动的高度变化预测也仅限于航母的纵摇运动和升沉运动模型的作用。复飞风险建模原理如图 7-1 所示。

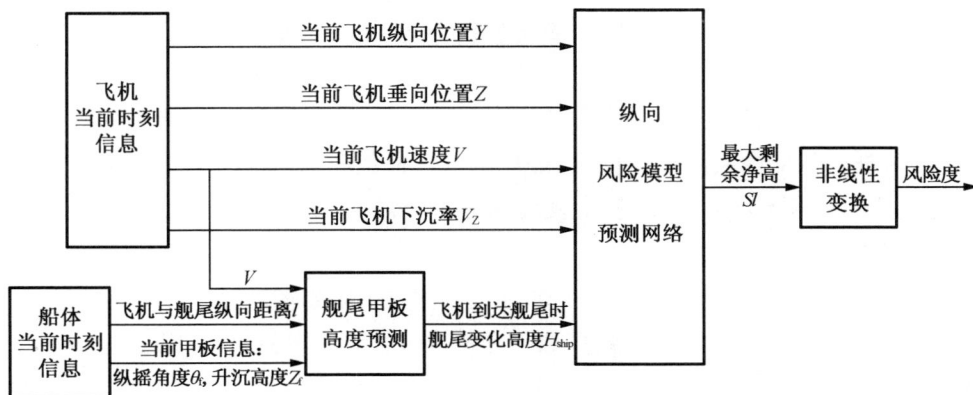

图 7-1 复飞风险模型示意图

7.2 复飞风险建模区域的选取

在舰载机着舰的引导过程中,飞机可以从任意位置出发,或执行着舰,或由于条件不足而执行复飞。虽然整个着舰空间区域也是存在界限的,但是在某些位置,可以很清晰直观地辨别出其高风险性,同样某些位置可以确定其风险性,这些区域对于风险评估的研究也并不关键,因而设定其为固定的高风险区和低风险区,重点研究的则是两者之间过渡的区域,在本节则将这部分过渡区域设定为复飞风险建模区域,着重进行研究划分,以简化整个空间区域的仿真范围。

7.2.1 复飞风险评判标准的选取

对于风险评估问题,需要给出评价风险大小的直观参照变量,以变量的大小来衡量纵向风险程度,本节借助舰载机复飞过程的原理来寻求纵向风险的评判标准。由于复飞风险主要为到达舰尾时飞机与舰尾可能会发生碰撞,鉴于这一原理,利用若飞机即刻进行复飞拉起操作,选取飞行轨线与舰尾的最短距离作为评判纵向风险的标准,这里定理该距离为"最大剩余净高",如图 7 - 2 所示。

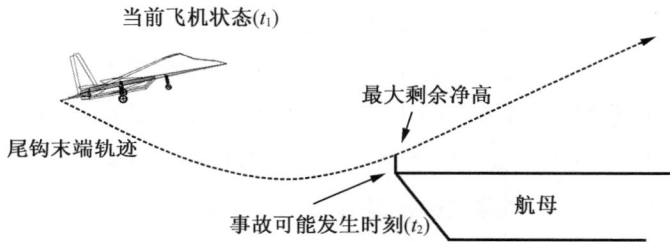

图 7 - 2 飞机引导着舰过程复飞风险示意

对舰载机的复飞进行决策时,常用一条复飞包络来划分飞机撞击舰尾的风险,认为进入包络内的飞机便已进入高风险区,故约定必须在临近进入包络前执行复飞。针对这一定义,从分析复飞包络原理出发,扩展这一思路以寻求风险大小评判标准。

复飞包络的确定由飞机速度 V 和下沉率 V_z 的函数所决定,并且由飞机到航母舰尾的纵向位置和垂向位置所约束。在形成复飞包络的这些临界点时,应满足事先规定的复飞边界准则,常采用三个参数来定义该准则:①阻拦钩钩尖到达舰尾上方的距离;②允许飞行员对复飞信号的反应时间;③飞行员采用的复飞技术。

目前,广泛采用的复飞技术为飞行员通过将发动机推力加至最大来改变舰载机的飞行轨迹,以执行拉起复飞。此方法虽操作简单,但由于油门的响应速度和发动机的能力限制,会产生较大的高度损失,从而使复飞风险区域变大。为了保证本章对风险评价的准确性,在计算复飞轨迹时,本章在使用军用推力复飞的同时,保持一定的平尾偏角,使舰载机维持合适的迎角,减少高度损失。根据如上分析,本书应用如下复飞准则:

(1)飞机尾钩到达舰尾上方时,至少需要有 3 m 的高度余量;

(2)飞行员允许对复飞信号的反应滞后时间为 0.7 s;

(3)飞行员采用的复飞技术为使用军用推力控制,同时维持一定的迎角。

本书借助这一想法,针对飞机任意时刻的状态,均假定即刻令其执行复飞,根据当前飞机状态和外界环境来计算复飞轨迹中尾钩距离舰尾的最短距离(定义这个距离为"最大剩余净高"),将这个距离作为衡量风险大小的依据,这样便实现了对任意时刻状态风险的定量表示。借助这个"最大剩余净高"作为评价撞见风险大小的性能指标。此外,由于借助复飞的"最大剩余净高"来完成对纵向风险的建模仿真,因而在研究纵向风险时的飞机操作模型即为对飞机采取复飞操作,这样飞行员模型则是参照上文的复飞准则是来进行搭建完成的。

7.2.2　复飞包络区域的极限分析

在保证风险准确性的同时,对风险建模区进行了适当简化,对于某些区域来说,可以很直接地分辨出若其拉起复飞必高出舰尾很大的距离,则此处的撞击舰尾的风险非常小;反之,有些位置本身就有很大的风险。这样就可以针对这些明显的区域直接应用固定值来定义它们的高风险性和低风险性。本节通过遍历影响复飞包络边界的因素,得出空间区域内上下界限,将包裹在中间的部分作为状态风险建模区,各风险区如图 7 - 3 所示。

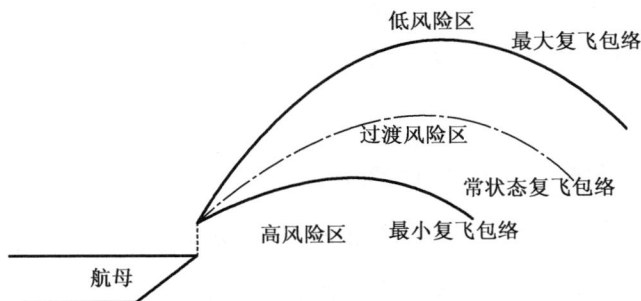

图 7 - 3　基于复飞包络极限区域的风险区域划分图

舰载机引导着舰过程中，当飞机的着舰偏差较大时，飞机不能够安全地执行着舰任务，飞行员需执行复飞操作以规避风险。对于复飞决策条件的一般定义为，在预定的操纵下，飞机到达航母舰尾上方时是否能够留有一定的安全余量要求，该安全余量为飞机尾钩安全经过舰尾时距离甲板的最小高度。因而，在着舰过程中，存在这样一系列的"临界点"，它们的复飞轨迹经过舰尾时恰好能够达到安全余量的要求，这些点组成了"常状态复飞包络"，即通常所指的复飞包络，其含义是指在飞机正常下滑着舰状态下，进入该包络后，即使立即以某种操纵方式进行拉起复飞，仍然有很高的撞舰风险。

如果在飞机位置基础上进一步考虑飞机下滑角度、船体运动、干扰下沉率等影响，则复飞包络应该是一条动态变化的曲线，在遍历所有影响因素可能出现的极限情况后，复飞包络会覆盖一个空间区域，假设区域的上极限边界和下极限边界如图7-3中的"最大复飞包络"和"最小复飞包络"，这两条包络轨迹就会将着舰的整个纵向空间划分为三个区域："低风险区""高风险区"和"过渡风险区"，在低风险区发生撞击舰尾事故的概率很小，而在高风险区发生事故的概率很大，故而建立纵向复飞风险评价函数中可针对这两个区域分别给出固定的小风险值和大风险值，并且只针对过渡风险区研究风险值的非线性变化关系即可。

1. 常状态复飞包络

对于进行复飞的飞机，从决策点开始拉起复飞，整个飞行过程中复飞轨迹线都是由拉起操作时刻的飞机速度 V 和下沉率 V_Z 所决定的，因而无论从任意位置处开始拉起复飞，飞机复飞轨线的形状规律均是相同的。基于这一点，利用着舰仿真平台设置飞机初始速度 $V = 70 \text{ m/s}$，以及下沉率 $V_Z = 4 \text{ m/s}$，选取任意一点初始位置对飞机进行拉起复飞操作，并获得一条复飞轨迹线，通过平移方式将轨线分别移动到距舰尾高 3 m 处，以得到一组复飞决策点，连接复飞决策点即获得了在该速度和下沉率条件下的复飞包络，即常状态复飞包络，仿真位置如图7-4所示。

2. 最大复飞包络和最小复飞包络

根据上述方法，遍历对复飞包络可能产生影响的各种因素，如飞机的速度 V，飞机的下沉率 V_Z，船体的垂荡运动及船体的纵摇运动等。选取这些影响因素的极限值，在这种相互叠加的极限情况下，复飞包络会覆盖一个空间区域，该区域的上、下边界即为复飞包络的极限情况，就可以得出该复飞包络空间的上下极限值：

两条极限复飞包络线。

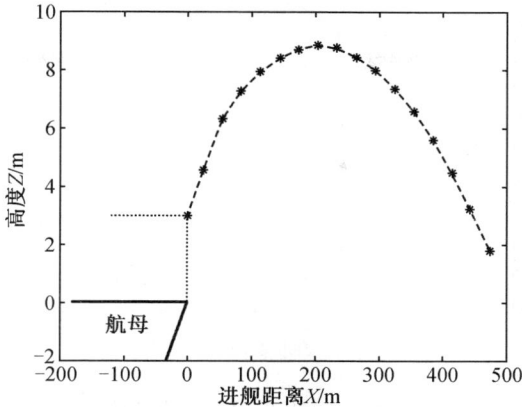

图 7 - 4　舰载机常状态复飞包络曲线图

考虑纵向平面内船体的垂荡运动和纵摇运动,按照前文中建立的纵向航母舰尾高度运动预测模型,可以根据飞机的位置计算出舰载机到达舰尾的时间 t,然后根据这个时间值 t 来预测出飞机到达舰尾时舰尾的高度变化值 $Deck\_h$。

根据前文的垂荡公式(2 - 4),可以计算出其幅值为 $Z_{Smax} = 1.375$ m,$Z_{Smin} = -1.375$ m;再纵摇运动公式(2 - 1),计算其幅值为 $\theta_{Smax} = 1.05°$,$\theta_{Smin} = -0.55°$。

选取航母纵摇中心与舰尾的距离 $L = 443$ ft $= 116.5$ m,可计算出上述极限情况。

$$\begin{cases} Deck\_h_{max} = Z_{Smax} + L \cdot \sin \theta_{Smax} = 3.51 \text{ m} \\ Deck\_h_{min} = Z_{Smin} + L \cdot \sin \theta_{Smin} = -2.49 \text{ m} \end{cases} \tag{7 - 1}$$

然后再由上述计算包络的方法,遍历这些影响因素的极限值,可以得出最大和最小复飞包络。经过对各种条件极限情况的不同组合,得到了这两条包络线,以及它们对应的条件值。

计算最大复飞包络曲线,对应的条件是飞机的速度为 $V = 55$ m/s,下沉率为 $V_Z = 8$ m/s,舰载机到达舰尾时舰尾运动的最大高度 $Deck\_h_{max} = 3.51$ m 时,通过仿真得出包络如图 7 - 5 所示。再计算最小复飞包络,其飞机的速度为 $V = 85$ m/s,下沉率为 $V_Z = 0$ m/s,舰载机到达舰尾时舰尾运动的最小高度 $Deck\_h_{min} = -2.49$ m 时,通过仿真得出包络如图 7 - 5 所示。

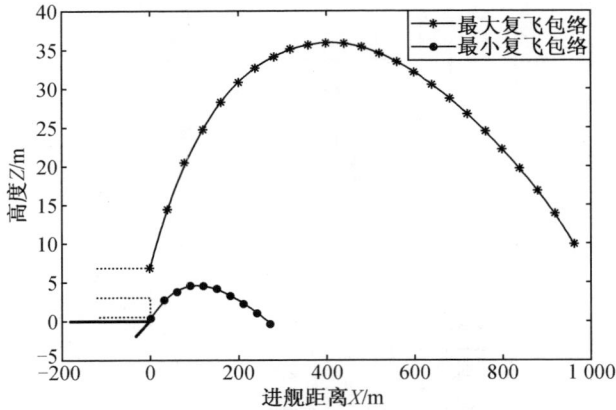

图 7 - 5　舰载机的极限复飞包络图

根据图 7 - 5 所示,通过仿真极限飞行状态确定的"最大复飞包络"和"最小复飞包络"组成舰载机实际飞行过程中复飞操作范围的上下边界,这两条包络将着舰空间划分为三个区域:"低风险区 Γ_{LowRisk}""高风险区 Γ_{HighRisk}"和"过渡风险区 $\Gamma_{\text{MiddleRisk}}$"。

低风险区内采取复飞操纵均可满足复飞准则要求,发生撞舰事故的概率极小,高风险区内即使采取复飞操纵未必能够成功安全着舰,发生撞舰事故的概率极大,两区域撞舰风险与当前舰载机飞行状态关联较小,因此在风险评价函数制定过程中针对这两个区域分别给出固定的风险值:

$$S(x,y) = \begin{cases} 0.1, & (x,z) \in \Gamma_{\text{LowRisk}} \\ 0.9, & (x,z) \in \Gamma_{\text{HighRisk}} \end{cases} \quad (7-2)$$

过渡风险区域内撞舰风险的大小与当前舰载机飞行状态关联紧密,本节的研究重点正是此区域内撞舰风险值的非线性变化关系,因此过渡风险区域即为"状态风险变化区"。在该区域内计算"最大剩余净高 Sl",再根据该评价标准寻求量化的纵向风险数值。

$$S(x,y) = f(Sl) \quad (x,z) \in \Gamma_{\text{MiddleRisk}} \quad (7-3)$$

7.2.3　确定飞机飞行的极限区域

经过上文论述,虽找到了状态风险的变化区域,但是飞机在着舰过程中下滑飞行时也存在极限区域,也就是说在上文的风险变化区域中,有些位置可能是舰载机在着舰过程中不可能覆盖的位置,因而要考虑飞机引导着舰过程中是否能够出现在这些位置。本节将确定着舰飞行的极限区域,并与上文区域求取交集,以求简化并且获得更为准确的风险建模区域。

同样在遍历引导过程中各种因素的影响下,计算出了飞机可能覆盖的飞行区域,统计为图 7-3 的"最大飞行包络",则状态风险函数建立区域化简为只针对图 7-3 中"最大飞行包络"和"过渡风险区"交集部分即可,本书称之为"状态风险建模区"。

在确定区域之前,需要在坐标系中选择飞机的理想着舰点作为参考点。在外文文献数据中,常选取第二、第三道阻拦索之间的位置作为理想着舰点。如图 7-6 所示,可以看出 A 点为理想着舰点位置,其距离舰尾的距离为 255.7 ft,即 78 m,因而这里也采用以 A 点位置作为基准点来考察最大飞行区域覆盖的面积。

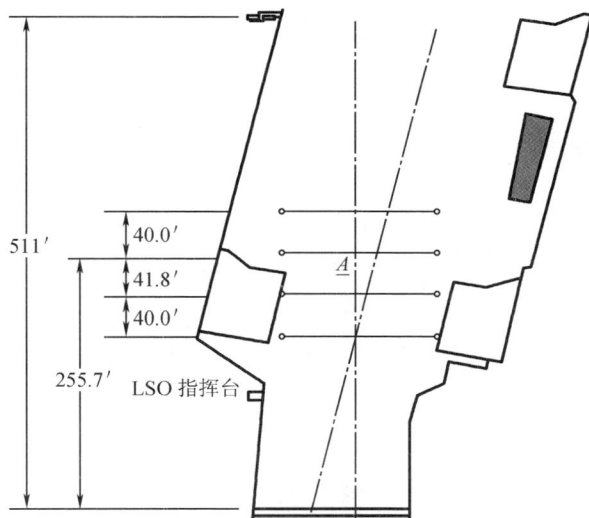

图 7-6　着舰甲板上理想着舰点位置

根据文献经验数据及仿真数据,为了使风险模型尽可能包含着舰区域,保守选取以二倍菲涅尔灯的角度覆盖飞机下滑可能的飞行区域,该区域将完全包含飞机着舰下滑过程中的最大飞行区域,标准下滑角度为 -3.5°,选取二倍菲涅尔灯的角度后则上下浮动1.7°,此时上下限的角度分别为 -4.2°和 -1.8°,因此舰载机着舰过程飞行纵向极限区域如图 7-7 所示。

最终,本书得出的标准下滑轨迹及飞机飞行极限位置轨线如图 7-7 所示,其上下界限之间包围的空间区域的即"最大飞行区域"。

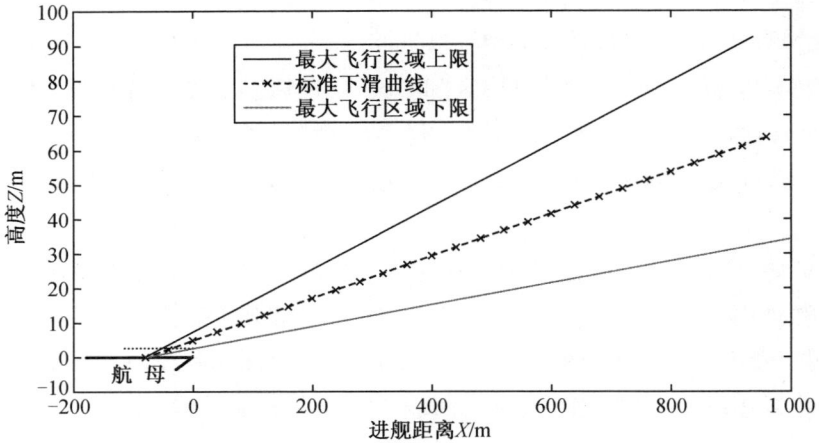

图7-7 飞机着舰过程飞行的极限区域覆盖图

7.2.4 纵向状态风险仿真建模区的合成

综合前述内容可得到的极限复飞包络和最大飞行区域,为了增加仿真效率和准确性,简化区域模型,剔除在过渡风险区内飞机着舰过程中不太可能出现的位置,将只针对两者的交集进行仿真,此区域称之为"状态风险及建模区"。

在该仿真区域内,规律性地获取以下位置点,将飞机初始时刻的位置设置成这些点,搭建舰载机引导着舰仿真平台,通过大量离线仿真来获取样本数据集合,利用这些样本数据来训练和测试后续的 BP 神经网络。

具体区域及取点集合如图7-8所示。

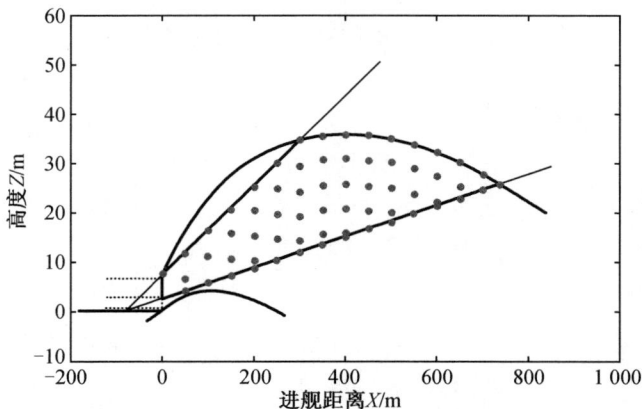

图7-8 样本数据舰载机的初始位置采点图

因此,本节获取了状态风险模型的重点建模区域,在这个区域中规律地选取了大量位置点集,用以遍历在这些位置处舰载机进行复飞操作的飞行工况,供后续的神经网络训练应用。

7.3　复飞风险样本集的处理

根据前文分析可知,拟定舰载机在任意位置即刻采用复飞操作来预测当前时刻飞机撞击舰尾的风险程度。在每次舰载机执行复飞时,飞行轨迹都会受到飞机自身速度 V 、下沉率 V_Z 、纵向位置 X 、垂向位置 Z ,以及飞机到达舰尾时刻舰尾的高度变化 ΔH_{ship} 这些因素的影响。在它们的影响下,每次的飞行轨迹均不同。为了全面涵盖各种影响因素,将这些影响条件逐一分档,并且遍历所有影响因素各种分档情况的任意搭配,然后针对每种工况求取飞行轨迹曲线,最后通过这些轨迹曲线来求取评价风险的最大剩余净高 Sl ,以此构成大量的样本数据集合。

此外,由于舰尾变化高度 ΔH_{ship} 是针对舰载机到达舰尾位置时的变量,而且与衡量撞舰风险的标准——飞机与舰尾的最短距离存在着直观的高度关系,因而可在舰尾处进行简单计算,即可得出真正的考虑船体运动问题的“最大剩余净高 Sl ”。

遍历初始影响因素的取值范围如下:

(1)将速度 $V/(\mathrm{m \cdot s^{-1}})$ 分为 55,60,65,70,75,80,85 ;

(2)将下沉率 $V_Z/(\mathrm{m \cdot s^{-1}})$ 分为 0,4,8 ;

(3)将飞机到达舰尾时舰尾变化高度 $\Delta H_{ship}/\mathrm{m}$ 分为 $-2.49, -1, 0, 1, 2, 3.51$ 。

纵向位置 X/m 和垂向位置 Z/m 的取点集合如图 7-8 取点所示,应用 VC 搭建舰载机着舰仿真平台的初始因素设定界面直接导入,该界面如图 7-9 所示。

7.3.1　获取样本曲线集合

遍历上述因素的各种取值情况,设定舰载机引导着舰系统综合仿真平台自动循环,使飞机在不同工况下复飞,针对每种工况进行飞行模拟仿真,并且不断循环直至遍历所有工况后结束。最后利用仿真平台保存大量工况的飞行曲线并以.txt 的数据格式导出。这样,就得到了大量的包含所有因素取值组合的样本曲线数据集合。

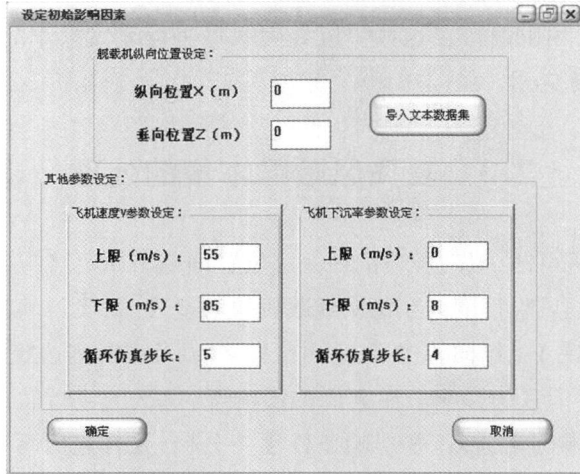

图 7 - 9　舰载机着舰过程 VC 仿真平台初始因素的设定界面

在循环仿真中,设定飞行员的操作策略模型,由于借助复飞操作的原理来设定纵向风险大小的评价标准,因而在此处的循环仿真中,对飞机的操作策略为舰载机拉起复飞的操作,即在仿真平台中设定飞行员采用复飞技术为使用军用推力控制,将油门杆推至最大,同时通过操纵杆来维持一定的迎角。在研究纵向风险模型的过程中,飞行员的操作策略就是对飞机进行拉起复飞操作,仿真程序界面如图 7 - 10 所示。

图 7 - 10　舰载机着舰引导过程综合系统仿真平台

在舰载机实际着舰过程中,飞机撞击舰体最保守的情况为舰载机尾钩与舰体之间的碰撞。因而上述得到的飞机质心的运动曲线应该转换为飞机尾钩的运动曲线,并在仿真平台中加入相应的质点变换模型。

根据国内外文献和仿真数据,F/A - 18 大黄蜂舰载机尾钩铰接点在飞机本体坐标系中的位置为(- 6,0,0),尾钩长度为 2.6 m,舰载机着舰过程中尾钩张开的极限角度为55°。如图 7 - 11 所示,考虑到纵向平面下的飞机本体坐标系 OX_bY_b 中,尾钩铰接点 A 的坐标为(- 6,0),尾钩与 X_b 轴成55°角度,尾钩长度为 $AB = 2.5$ m。根据这些数据,可以算出尾钩末端在飞机本体坐标系下的位置。

$$\begin{cases} BX_b = -6 + (-2.5) \times \cos 55° \\ BY_b = (-2.5) \times \sin 55° \end{cases} \tag{7-4}$$

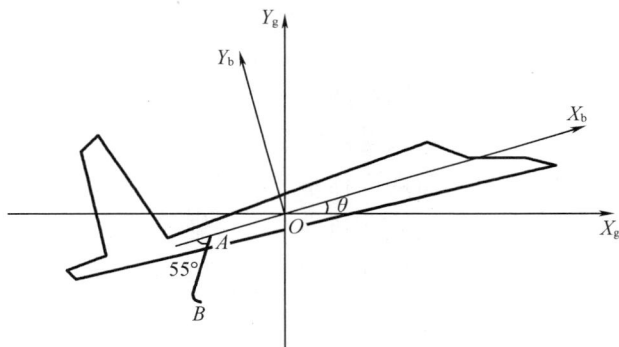

图 7 - 11   飞机尾钩在地面坐标系下的位置

由于尾钩是固定连接在飞机上的,在纵向平面中,当飞机做俯仰运动时,尾钩也会随飞机的运动而整体做俯仰运动,这样就会使在地面坐标系下的尾钩运动与飞机的俯仰角有关。根据上述分析,经过坐标变换后,得到了在地面坐标系下,尾钩末端点相对于飞机质心点的位置关系。

$$\begin{cases} X_{BO} = -6\cos\theta - 2.5\cos(55° + \theta) \\ Y_{BO} = -6\sin\theta - 2.5\sin(55° + \theta) \end{cases} \tag{7-5}$$

最后,再根据质心点在地面坐标系下的位置(X_{Og}, Y_{Og}),求得飞机尾钩末端的位置。

$$\begin{cases} X_{Bg} = X_{Og} + X_{BO} = X_{Og} - 6 \times \cos\theta - 2.5 \times \cos(55 + \theta) \\ Y_{Bg} = Y_{Og} + Y_{BO} = Y_{Og} - 6 \times \sin\theta - 2.5 \times \sin(55 + \theta) \end{cases} \tag{7-6}$$

通过上述公式得到在地面坐标系下飞机尾钩的位置坐标,然而为了能够方便截取飞机的飞行曲线中到达舰尾的最大剩余净高,以舰尾为坐标原点 O 建立纵向平面的舰尾坐标系,最后需要将地面坐标系下的尾钩坐标值转换到舰尾坐标系 $OX_{ship}Y_{ship}$ 下。

飞机位置从地面坐标系到着舰坐标系的转换如图 7-12 所示。

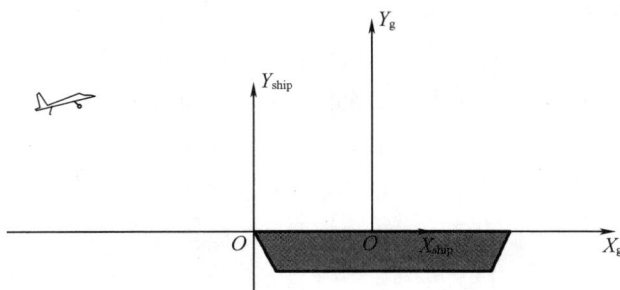

图 7-12 飞机位置从地面坐标系到着舰坐标系的转换

在舰载机综合仿真平台上,地面坐标系的坐标原点为初始时刻船体甲板的中心位置,考虑到船体的纵向运动,设定船体是以 24 kn 的速度向前行驶的,因而此时建立飞机尾钩相对于运动的着舰坐标系中的 X 坐标要减去航母纵向运动的影响,即为 $v_{\text{ship}} \approx 12 \text{ m/s}$。并且最后还应该向左平移船体长度的一半,即把坐标原点移动到舰尾的位置,此时即在舰尾坐标系中尾钩的位置了。

$$\begin{cases} X = X_{Bg} - v_{\text{ship}}t - \dfrac{1}{2}l_{\text{ship}} \\ Y = Y_{Bg} \end{cases} \tag{7-7}$$

最终,所得样本曲线均为在舰尾坐标系下,舰载机着舰过程中尾钩末端 B 的位置变化曲线。

7.3.2 针对单次样本的计算处理

本节以某一次样本曲线为例,计算该次曲线的最大剩余净高 Sl。选择样本速度 $V = 70 \text{ m/s}$,下沉率 $V_z = -3 \text{ m/s}$,以及位置为 $x = -600, z = 60$,舰尾变化高度 $\Delta H_{\text{ship}} = 0$,来计算该次样本的最大剩余净高。此时飞机的操作策略采用上文所分析的复飞操作技术,即使用军用推力控制,将油门杆推至最大,同时通过操纵杆来维持一定的迎角。

在这些初始条件下,通过综合平台仿真系统得到了一条飞机飞行轨线,并以.txt 格式将该曲线保存。考虑到曲线距离舰尾的最短距离与飞机在舰尾上方时的距离极为近似,并且该风险存在的主要原因是飞机和舰发生的碰撞,因而在计算最大剩余净高时,本书采用飞机到达舰尾上方时的高度作为近似替代,这种舰尾净高的余量对于风险的描述也较为直观。样本最大剩余净高计算示意图如图 7-13 所示。

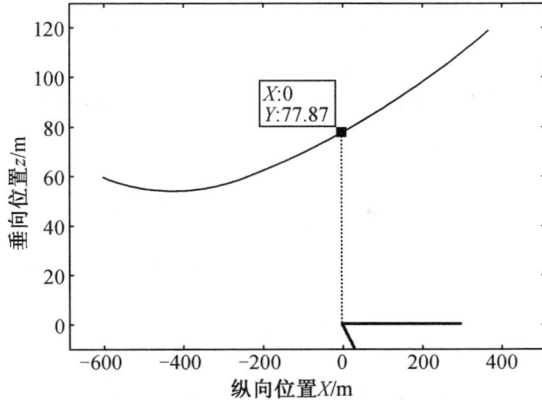

图 7 – 13　样本最大剩余净高计算示意图

在图 7 – 13 所示的样本数据曲线中,该曲线是由不同时刻飞机所处纵向平面位置(x,z)的点集组成的,而不是用连续函数来表示的。因而在计算时采用的方法是首先保存飞机到达舰尾左右 20 m 以内区域的飞行曲线点,然后将这些点采用最小二乘法的方法将其拟合成一条直线,最后计算出飞机达到舰尾位置 $x = 0$ 时,该飞行曲线的 z 值,此时 z 值即为本次飞机曲线的最大剩余净高。

针对此样本数据,通过计算得到了其最大剩余净高 $Sl = 77.87$。在后续计算中,均采用这种方法对最大剩余净高 Sl 进行计算。

7.3.3　复飞风险样本集的获取

通过仿真平台的离线仿真,遍历多种飞机相对于舰尾的纵向和垂向位置(x, z),飞机速度 V,下沉率 V_z 等影响因素的情况,最后得到了大量的样本集合,以供后续建立的神经网络应用。

在这些工况中,获得了飞机尾钩相对于舰尾坐标系的飞行曲线,并且算出了每次飞机轨线距离舰尾最短的距离,即最大剩余净高。为了便于神经网络的归一化处理,如果此时飞行曲线在舰尾处的高度为负值,即飞机的轨线低于舰尾端点的位置,说明在这种工况下飞机已经撞舰了,那么这里统一将该剩余净高定义为 0.0 m,表示飞机已经撞舰了,此时的撞舰风险值应该设定为最大值 0.9。表 7 – 1 为选取的一部分样本集合表。

根据表 7 – 1 的数据绘制的纵向风险的样本数据曲线如图 7 – 14 所示。

表7-1 纵向风险样本集合表

编号	输入变量					输出变量
	舰尾变化高度 H_{ship} /m	位置 X /m	位置 Z /m	速度 V /(m·s⁻¹)	下沉率 V_z /(m·s⁻¹)	偏离距离 Sl /m
1	0.0	50	11.77	55	0	6.681
2	0.0	50	6.77	55	0	1.854
3	0.0	50	4.08	55	0	0.0
4	0.0	100	16.29	55	0	9.618
5	0.0	100	11.29	55	0	4.618
6	0.0	100	5.65	55	0	0.0
7	0.0	50	11.77	55	4	3.97
8	0.0	50	6.77	55	4	0.0
9	0.0	50	4.08	55	4	0.0
10	0.0	200	25.34	55	4	9.284
11	0.0	200	20.34	55	4	4.284
12	0.0	200	15.34	55	4	0.0
13	0.0	200	10.34	55	4	0.0
14	0.0	50	11.77	70	4	6.139
15	0.0	50	6.77	70	4	1.139
16	0.0	50	4.08	70	4	0.0
17	0.0	100	16.29	70	4	8.648
18	0.0	100	11.29	70	4	3.648
19	0.0	100	6.29	70	4	0.0
20	0.0	150	20.82	70	4	12.13
21	0.0	150	15.82	70	4	7.135
22	0.0	150	10.81	70	4	2.135
23	0.0	150	7.22	70	4	0.0
24	−1.0	100	16.29	70	4	9.647
25	−1.0	100	11.29	70	4	4.648
26	−1.0	100	6.29	70	4	0.0
27	−1.0	200	25.34	70	4	17.23
28	−1.0	200	20.34	70	4	12.23
29	−1.0	200	15.34	70	4	7.235
30	−1.0	250	19.87	70	4	11.79
⋮	⋮	⋮	⋮	⋮	⋮	⋮
13228	2.0	150	15.82	80	4	6.884
13229	2.0	150	10.82	80	4	1.884
13230	2.0	150	7.223	80	4	0.0

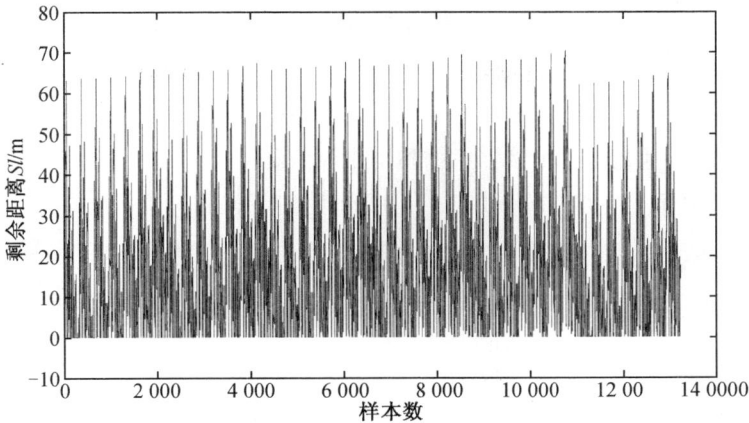

图 7 – 14 纵向风险的样本数据集

7.4 基于 BP 神经网络的纵向风险评价

BP 网络是一种多层前馈型神经网络,其神经元常采用的 S 型传递函数,输出的是 0～1 的连续量,该网络可以实现从输入到输出的任意非线性映射。被称为 BP 网络是由于其采用反向传播学习方法来调整权值。工程应用中,BP 网络被广泛应用于函数逼近、数据压缩、模式识别/分类等。本书应用 BP 神经网络来逼近状态风险评价函数,训练出可实时评价舰载机撞舰风险的函数模型,供 LSO 评估着舰安全性研究使用。

7.4.1 BP 网络算法

BP 神经网络是一种多层感知网络,网络的学习采用误差反向传播算法。BP 神经网络由输入层、隐层和输出层组成,每层之间存在连接权值,作用于各神经元之间,其大小反映的是连接强度。BP 网络学习规则的指导思想是:对网络权值和阈值的修正要沿着表现函数下降最快的方向——负梯度方向,最后则使网络的误差到达极小值或者最小值,即在这一点误差梯度为零。网络训练过程即是确定各神经元之间权重的过程。

$$x_{k+1} = x_k - \alpha_k g_k \qquad (7-8)$$

式中 x_k——当前权值和阈值矩阵;

      g_k——当前表现函数的梯度;

α_k——学习速率。

选用三层 BP 网络结构来对风险模型进行逼近,具体步骤如下:

(1)给定输入层单元至隐层单元的连接权 $V_{hi}(h=1,2,3,\cdots,n;i=1,2,3,\cdots,n)$,隐层到输出层单元连接权 $W_{ij}(i=1,2,3,\cdots,p;j=1,2,3,\cdots,q)$,赋随机值 n 为输入层节点数,p 为隐层节点数,q 为输出层节点数。

(2)对于样本 $(X_k,Y_k)(k=1,2,\cdots,m)$ 运用以下操作:

①将 X_k 值送入输入层单元,通过连接权 V_{hi} 送入隐层单元,产生隐层单元新激活值。

$$b_i = f(\sum_{i=1}^{h} V_{hi}x_h + \theta_i) \quad i = 1,2,\cdots,p \qquad (7-9)$$

式中,f 函数选为 S 型函数 $f(x)=(1+e^{-x})^{-1}$;θ_i 为偏移。

②计算输出层单元的激活值:

$$y_j = g(\sum_{i=1}^{p} W_{ij}b_i + \theta_j) \quad j = 1,2,3,\cdots,q \qquad (7-10)$$

式中,g 函数也选择 S 型函数 $f(x)=(1+e^{-x})^{-1}$;θ_i 为偏移。

③计算输出层单元误差

$$E(\omega) = \sum_{i=1}^{q} \|y_i - y_i^k\|^2 \qquad (7-11)$$

式中,y_i^k 为输出单元 i 的期望输出。

④持续训练网络,直至 $E(\omega)$ 小于给定误差值后结束。否则进行反向传播过程,继续进行权值调整,由下式确定:

$$\Delta W_{ij}^k(t+1) = \eta \times \Delta W_{ij}^{(k-1)} + (1-\eta) \times \alpha(t) \times G_{ij}^{(k-1)}(t) \qquad (7-12)$$

式中　η——动量因子,其取值范围为 $0 < \eta < 1$;

$\alpha(t)$——学习率;

$\Delta W_{ij}^{(k-1)}(t)$——第 t 次迭代时连接权值的变化量,位移的调整采取与权值相同的调整方式。

(3)重复步骤(2),直到所有样本的误差为允许误差,即得到了完整的网络,该网络就可以对新样本进行网络拟合,代入新样本的输入 X 值后,就能得到输出值 Y。

7.4.2　BP 网络结构设计

利用舰载机飞行状态数据来获得着舰风险的量化数据,其首要问题就是 BP 网络模型的整体设计,本节从以下四个方面着手,分别是输入和输出层的节点设计,隐层的节点设计,实验样本数据的预处理和学习率的选取。

（1）输入和输出层的节点设计

对于 BP 神经网络，网络模型的输入层、输出层节点的确定取决于使用者的要求，即实际模型的输入输出个数。采用仿真平台离线计算的方法计算风险度样本集，任务是根据任意设定的飞机初状态，计算出当前风险度大小的取值。

依据前文论述，舰载机着舰过程的纵向风险值是通过"最大剩余净高 Sl"来衡量的，为了使 BP 神经网络易于收敛，直接将 Sl 作为 BP 网络的输出量，为目标参数，因而其输出层节点为 1。

根据前文所述的确定复飞风险建模区的方法可知，影响舰载机复飞航迹的因素主要有"距舰距离""垂向位置""飞机进舰速度""下沉率"和"舰尾高度"等相关状态量，其中舰尾高度是根据航母的运动模型得到的，因此最终输入量为 5 个，由此可以确定网络对应的输入层节点数为 5。

同时为了易于网络训练，应该适当减少样本集，在飞机引导着舰过程中，"进舰速度"和"下沉率"两个状态量取值范围较小，相应地在该维度上采用点数目比较少；虽然飞机位置（进舰距离和垂向位置）输入取值范围较大，但这两个输入张成的二维空间，即是前文论述的"状态风险建模区"所在平面，取点过程也通过上文论述得到，同样可以减小样本数量，便于网络训练。

（2）隐层的节点设计

得到输出层和输入层节点数后，设计中间隐层的节点数目。理论研究已经证明，应用三层 BP 神经网络就可以完成任意 n 维到 m 维度的映射关系。如果隐层神经元数目充足的话，可以任意精度逼近任何一个具有有限间断点的非线性函数，因而本书模型就采用这种单隐层的结构。隐层节点的选择对于网络学习和计算特性具有非常重要的影响，隐层节点数与求解问题的要求、输入输出节点数多少都有直接的关系。对于隐层节点数目的确定，一般都是借助前人的设计经验并且综合自身试验所确定的。此外，若隐层点数过多会造成学习时间过长，而节点数目太少，容错性将变差，识别未经学习的样本能力低，因而设计时需综合考虑多方面因素。

隐层处理单元数的选取应用下式来完成：

$$N = \sqrt{n+q} + a \tag{7-13}$$

式中　N——隐层节点数；

　　　n——输入节点数；

　　　q——输出节点数；

　　　a——1 ~ 10 内的常量。

综合具体情况及计算精度和时间等因素,经过试验选择并且逐步试探优化后,模型将选用的隐层节点数为 7。因而得到 BP 网络的拓扑结构如图 7 - 15 所示,输入层为 5、输出层为 1、隐层为 7 的 5 - 7 - 1 型 BP 网络模型。其中,隐层选用双曲正切 S 型激活函数,输出层选用对数 S 型激活函数。

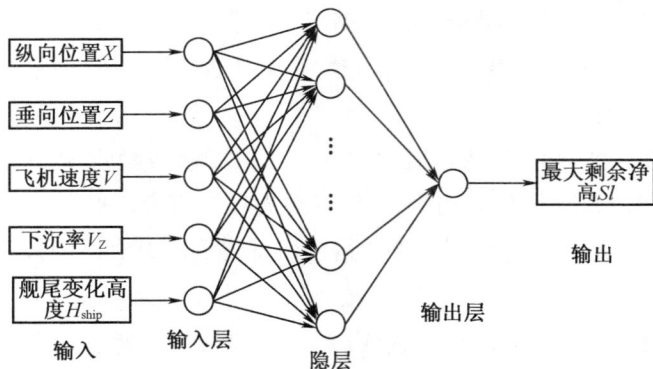

图 7 - 15　纵向风险 BP 网络模型的各层节点示意图

(3)输入输出样本数据的归一处理

在神经网络预测前,通常都要对数据进行归一化处理,也就是要把所有数据都转化为 0 ~ 1 的数,其目的是取消输入和输出量各维数据之间的数量级差别及量纲的不同,避免由数量级之间的较大差异而导致的网络预测误差。

将舰载机飞行状态变量和船体状态量作为 BP 神经网络的输入量,由于这些量的数量级和量纲不尽相同,因而按神经网络的输入输出规范,将这些数据参数进行归一化处理,将其转化成 0 ~ 1 的数值,减小模型训练的困难,使模型在学习过程中各个层之间的权值调节更简易些。对于数据归一化,一般有最大最小法和平均数方差法,采用最大最小法,选用如下公式对数据进行归一化处理:

$$X = \frac{0.8(x - x_{min})}{x_{max} - x_{min}} + 0.1 \qquad (7 - 14)$$

式中,x_{min}、x_{max} 分别为输入、输出量中的最大值和最小值。

(4)学习率的选取

在 BP 网络的收敛问题上,选择正确的学习率尤为重要。如果学习率较大,虽然会使收敛速度快,但是算法会不稳定,可能会造成网络振荡和发散;如果学习率较小,则算法的收敛时间就会增加,收敛速度又会较慢。因而只有合理地选取学习率才能提高计算效率。在选择了各种学习率后,将其训练效果对比分析后,采用 Levenberg - Marquardt 优化方法(tranlm 函数)。

与牛顿法相似,为了避免计算 Hessian 矩阵,在以近似二阶训练速率进行修正时设计了 LM 算法。当误差性能函数具有平方和误差的形式时,在这种训练前馈网络的典型误差函数下,Hessian 矩阵可近似表示为

$$H = J^{\mathrm{T}}J \tag{7-15}$$

梯度的计算表达式为

$$g = J^{\mathrm{T}}e \tag{7-16}$$

式中　H——包含网络误差函数对权值和阈值一阶导数的雅克比矩阵;

　　　e——网络的误差向量。

雅克比矩阵可以利用标准的前馈网络技术进行计算,较之 Hessian 矩阵,该计算要简单得多。同样近似于拟牛顿法,LM 算法也利用下式来修正上述近似 Hessian 矩阵:

$$x(k+1) = x(k) - [J^{\mathrm{T}}J + \mu I]^{-1}J^{\mathrm{T}}e \tag{7-17}$$

当系数 μ 接近 0 时,上述公式对应方法变为牛顿法;当系数 μ 的值很大时,上述方法又转变为步长较小的梯度下降法。为了能够提高逼近最小误差的速度,使其更为精确,最好使算法接近于牛顿法,这样做更具有优势,经过每一步的成功迭代后,都会使 μ 减小,只有在进行试探性迭代后的误差性能增加的情况时,才会使 μ 增加。因而,这种算法每一步迭代的误差性能总是在减小的。

该函数适用于函数拟合问题,在重复试验中发现其收敛性能快,收敛误差小,但是占用存储空间较大。此外,BP 神经网络的训练算法的过程是先经过计算得到性能函数的梯度,然后再沿着负梯度的方向来调整权值和阈值,最后获得最小性能函数。对于实现梯度下降,共有两种模式:递增模式和批处理模式。递增模式中,针对每个应用到网络后的样本输入,都进行一次网络权值和阈值调整;批处理模式中,需要一次性输入用于网络训练的样本,然后再进行网络权值和阈值的调整,所有训练样本数据也都参与梯度的计算。

7.4.3　复飞风险网络模型的训练与测试

根据前文的所设计的 BP 神经网络结构,本节建立纵向风险的 BP 神经网络模型,通过大量的样本数据对模型进行训练以逼近出了评价纵向风险的函数模型。最后再对网络进行测试,以得出网络模型与实际情况的契合程度。

通过对状态风险建模区内的各种工况进行仿真后,得到了大量的关于最大剩余净高的样本集合。再将其应用到神经网络中进行训练,首先要对样本进行归一化处理,把所有输入和输出数据都转化为 0～1 的数,具体量化方法按公式(7-

14)进行。然后将这些数据集合随机分为训练数据和测试数据两类,应用训练数据对 BP 神经网络模型进行训练,经过 500 次训练后,最终使网络收敛,误差为 0.000 227,精度较高,这样可以保证网络学习的效果,使得到的结果与实际的仿真数据更加接近,训练效果如图 7－16 所示。

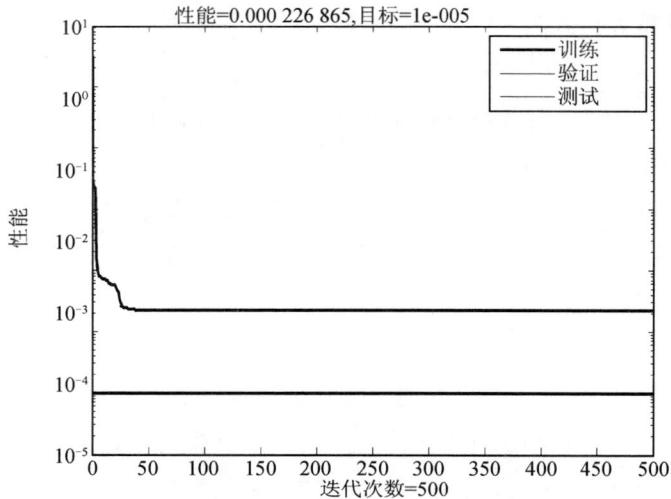

图 7－16   纵向风险 BP 网络的训练效果图

此外,在构建神经网络模型过程中,最重要的是要求建立的模型具有泛化能力,即没有经过训练的输入样本也能得到理想输出。为了验证所建模型的准确性,需要对训练完成的 BP 神经网络进行测试,取样本数据中随机分出的 100 组测试数据,将其进行与上文相同的归一化处理,然后将其输入量输入到神经网络中进行测试,并且得出了 100 个 BP 神经网络预测输出值,再将这些输出值与实际期望输出值进行比较,部分结果数据见表 7－2。

表 7－2   复飞风险 BP 神经网络的预测与期望输出比较表

编号	输入变量	期望输出	神经网络预测输出	编号	输入变量	期望输出	神经网络预测输出
1	(0.391,0.739, 0.233,0.1,0.9)	0.492 4	0.487 2	10	(0.391,0.739, 0.367,0.3,0.299)	0.373 6	0.374 5
2	(0.624,0.752, 0.367,0.7,0.432)	0.273 0	0.273 9	11	(0.900,0.645, 0.500,0.1,0.900)	0.867 9	0.876 6

表 7-2(续)

编号	输入变量	期望输出	神经网络预测输出	编号	输入变量	期望输出	神经网络预测输出
3	(0.449,0.388, 0.233,0.5,0.699)	0.175 7	0.163 7	12	(0.567,0.417, 0.633,0.5,0.299)	0.243 2	0.250 8
4	(0.741,0.683, 0.767,0.9,0.432)	0.258 1	0.264 7	13	(0.333,0.499, 0.900,0.5,0.699)	0.297 4	0.298 5
5	(0.508,0.648, 0.233,0.9,0.432)	0.108 9	0.1	14	(0.333,0.751, 0.900,0.9,0.432)	0.279 8	0.289 7
6	(0.100,0.168, 0.900,0.3,0.565)	0.159 7	0.147 4	⋮	⋮	⋮	⋮
7	(0.682,0.597, 0.633,0.5,0.565)	0.403 6	0.405 5				
8	(0.508,0.774, 0.233,0.7,0.699)	0.252 6	0.249 3	99	(0.391,0.487, 0.767,0.5,0.432)	0.258 2	0.262 2
9	(0.216,0.396, 0.900,0.1,0.432)	0.301 9	0.277 9	100	(0.449,0.640, 0.233,0.1,0.432)	0.43	0.432 2

表 7-2 所示的比较数据及输出误差如图 7-17、图 7-18 所示。

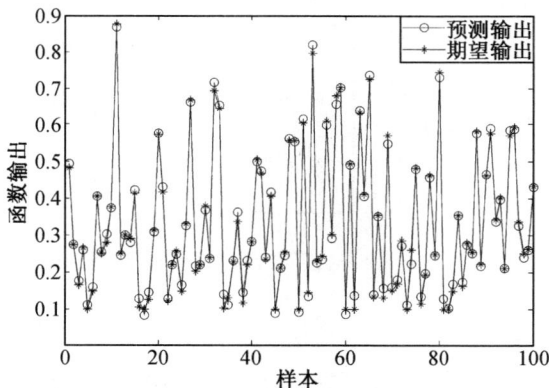

图 7-17　BP 网络输出与期望输出比较图

　　通过对量化后的网络实际输出值与期望输出进行比较,如表 7-2 和图 7-17、图 7-18 所示,可以看出在纵向风险 BP 网络拟合逼近形成的函数模型中,模型实际输出值与样本期望输出值基本吻合,误差较小,这就证明所建立的 BP 神经网络模型正确合理,能够对不同飞行状态的舰载机着舰纵向风险进行拟合输出。

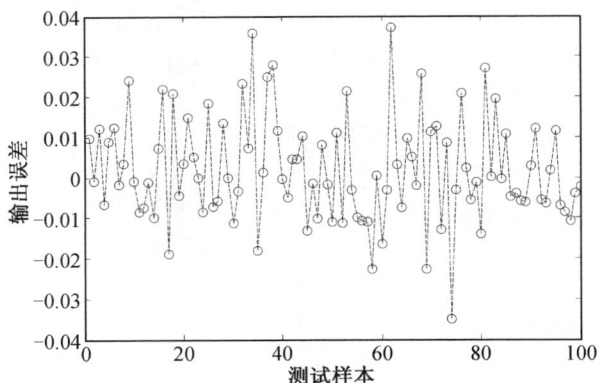

图 7-18   BP 网络预测误差图

最后,再将这些输出的归一化剩余净高(gSl)进行反归一化,就得到了用来描述风险的大小的标准变量,其反归一化函数为

$$Sl = \frac{(gSl - 0.1) \cdot (Sl_{max} - Sl_{min})}{0.8} + Sl_{min} \tag{7-18}$$

至此得出基于 BP 神经网络的纵向风险评价模型,模型根据当前信息即可获得剩余净高的大小,其 BP 风险评价模型示意图如图 7-19 所示。

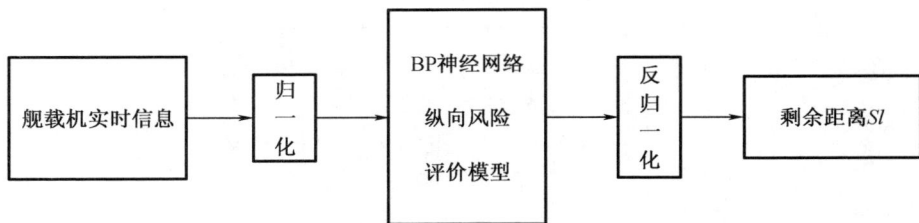

图 7-19   BP 神经网络风险评价模型示意图

7.5   基于最大剩余净高的复飞风险定义

依据训练完毕的纵向风险 BP 网络模型,能够根据当前时刻舰载机的状态实时地得出该时刻飞机到达舰尾的最大剩余净高,并且可借此数据来描述其着舰时撞击舰尾风险程度的大小。然而应用距离来描述仍然缺乏直观性和便捷性,为了

使飞行员能够更加准确直观地获知风险程度的大小,本节应用能够描述复飞风险大小的最大剩余净高来定义风险数值,将其转换为 $0 \sim 1$ 的量化数值,该风险值即为表示危险程度的情况。这里需要寻找一种非线性变换函数,此函数应该满足复飞风险度大小与最大剩余净高成反比的原则。采用 Sigmoid 型函数来实现这种平滑的反比例变换关系,根据实际调整,其函数为

$$f(s) = 4/[5 + 5 \cdot \exp(15 \cdot s - 7.5)] + 0.1 \qquad (7-19)$$

该函数的反比例曲线如图 7-20 所示,该函数可以在横坐标 $0 \sim 1$ 的范围内平滑地形成非线性反变换问题,而其纵坐标则为所需的量化的风险程度。利用这个平滑的反比例关系,扩展横坐标使其包含最大剩余净高 Sl 的大小范围,这样就得到了 Sl 与风险数值的对应关系。因而,这里需要将得到的剩余净高 Sl 等比例地缩小至 $0 \sim 1$,使风险度能均匀分布且便于实际应用。

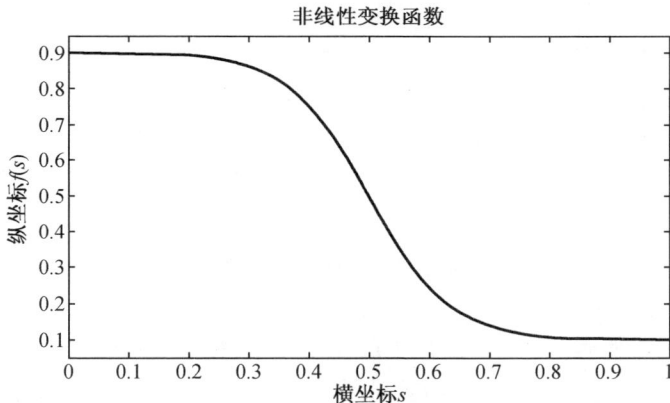

图 7-20 平滑的非线性关系映射

将结合实际情况设定出剩余净高 Sl 的上下限范围,当 $Sl \geqslant 10$ 时,均按照舰载机距离舰尾高出 $Sl = 10$ m 处理,这就表明飞机几乎不会撞击舰尾,即其低风险度为 0.1;而当 $Sl = 0$ 时,表明舰载机几乎必然撞击舰尾处,说明其高风险度为 0.9,因而这里的归一化直接设定了最大值 $Sl_{max} = 10$ 和最小值 $Sl_{min} = 0$,归一化公式为

$$g(Sl) = 0.8 \cdot \frac{(Sl - Sl_{min})}{Sl_{max} - Sl_{min}} + 0.1 \quad 0 \leqslant Sl \leqslant 10 \qquad (7-20)$$

此外,为了使剩余净高对应的风险度在小变化范围内迅速变化,以便于风险性决策问题,调整转换非线性变化函数,使其在剩余净高变化时其风险度数据迅速变化。最后得到了风险评价与剩余净高 Sl 之间的变换函数为

$$f(Sl) = \begin{cases} 0.1 & Sl > 10 \\ \dfrac{4}{5 + 2 \cdot e^{(25 \cdot g(Sl) - 7.5)}} + 0.1 = \dfrac{4}{5 + 2 \cdot e^{(2 \cdot Sl - 5)}} + 0.1 & 0 \leq Sl \leq 10 \end{cases}$$

$$(7 - 21)$$

根据该函数,能够得出合适的非线性变换,通过上文 BP 网络输出的剩余净高 Sl,经过公式(7 - 21)的非线性变换后,即可转换为与之相对应的风险度数值,同时应用该变换得到的风险度数值也更适合对着舰安全性的评价进行应用。剩余净高与I

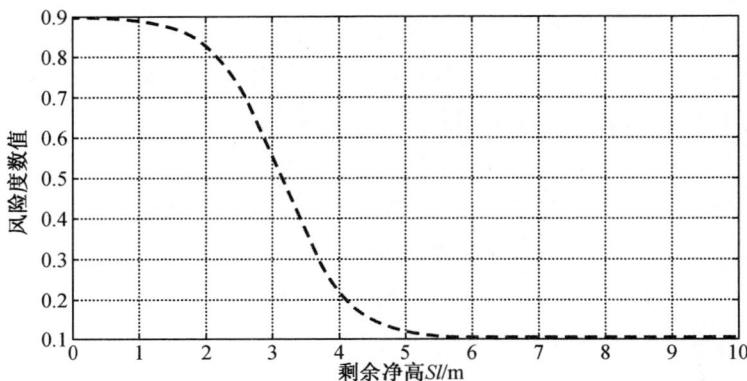

图 7 - 21 剩余净高与风险数值的非线性变换

如图 7 - 21 所示,当剩余净高 Sl 较大时,到达舰尾时高度较大,此时它们对应着撞击舰尾的风险也非常小,因而其风险度数值较低,即 0.1;当剩余净高 Sl 较小时,其风险度的变换非常明显,即要求在短范围内的剩余净高每变化一点都需要在风险度上得到明显的呈现,这样的变换才较为适合通过风险数值来对飞行的安全性问题进行决策研究。

综上所述,本书完成了着舰过程复飞风险的评价模型的建立,函数模型为

$$S(x, y) = f(Sl) = \begin{cases} 0.1 & (x, z) \in \Gamma_{\text{LowRisk}} \\ \dfrac{4}{5 + 2 \cdot e^{(2 \cdot Sl - 5)}} + 0.1 & (x, z) \in \Gamma_{\text{MiddleRisk}} \\ 0.9 & (x, z) \in \Gamma_{\text{HighRisk}} \end{cases} \quad (7 - 22)$$

针对低风险区域,舰载机发生该风险的概率非常小,因而对应的风险度为 0.1;针对高风险区域,舰载机发生该风险的概率则非常高,其风险度为 0.9;而对于中间区域,可通过 BP 网络建立的模型来实时计算出其风险度的数值量,舰载机纵向复飞风险建模原理如图 7 - 22 所示。

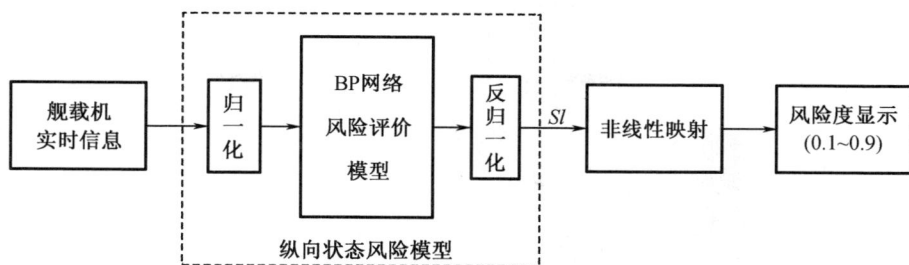

图 7 – 22　舰载机纵向复飞风险建模原理图

7.6　复飞风险模型综合分析

应用 BP 神经网络原理,完成了对复飞风险函数模型的逼近拟合,得到了舰载机纵向撞舰风险的模型。通过该模型,可以根据飞机不同状态的工况获得当前时刻飞机着舰过程撞击舰尾的风险度数值大小,该数值能够表示若此时以当前飞机状态来进行着舰的任务,飞机要面临的风险度大小。

根据文献资料显示,舰载机在执行复飞的条件中要求保证尾钩在到达舰尾处时至少要保留 3 m 净高的高度余量,该余量是为了考虑船体的摇摆运动,以及舰载机自身的姿态运动而保留的裕度。而在本书的状态风险评价模型中,加入了舰尾高度变化而考虑的船体运动,因而可以适当降低这个高度余量的标准。采用 2 m 作为风险划分的标准余量,从图 7 – 23 中可以看出,当剩余净高小于 2 m 时,将其划分为高危区域,当剩余净高达到 3 m 时,风险度迅速衰减越至 0.5,设置 3 m 以外的区域为基本安全区域,而关键的 2 ~ 3 m,可以根据实际情况来判别,以确定舰载机是否需要进行复飞操作。本书复飞风险区域的划分如图 7 – 23 所示。

剩余净高为 2 m 时,首先对其进行归一化处理得到 lm,然后再对该归一化数据进行非线性变换以得到剩余净高为 1 m 时所对应的风险度数值 $g(lm)$:

$$lm = \frac{0.8(l - Sl_{min})}{(Sl_{max} - Sl_{min})} + 0.1 = 0.26 \qquad (7-23)$$

$$g(lm) = \frac{4}{(5 + 2 \cdot e^{(25 \cdot lm - 7.5)})} + 0.1 = 0.8 \qquad (7-24)$$

根据不同危险要求,也可以相对保守地进行风险估计,这里选取风险度为 0.8 为复飞警戒线,当风险度高于 0.8 时,舰载机需执行复飞以规避风险;当风险度低于 0.8 时,可以认为舰载机具有调整姿态以安全着舰的余度,当风险度接近 0.1 时,则证明当前舰载机姿态良好,能够规避当前风险。此外,该风险度警戒线可以根据不同情况人工设置,以保证模型的灵活度,便于实际应用。

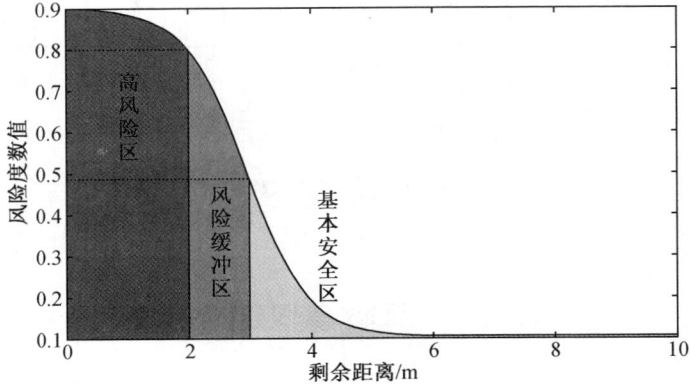

图 7 - 23　复飞风险区域的划分图

1. 不同工况下剩余净高及风险度的分析

在固定速度和下沉率的情况下,假定舰尾高度变化不明显时,围绕飞机纵向平面的位置变化能够得到关于剩余净高的三维曲面图。当统一速度或者下沉率某一变量恒定时,可以得出多个三维曲面图,通过这种单一变量变化的形式,可以直观地验证风险度模型的合理性,定性地给出判定依据。

(1)下沉率变化对剩余净高及风险度的影响

如图 7 - 24 所示,取飞机速度相同均为 55 m/s 的条件下,从上到下三个曲面的工况分别对应的下沉率为 0 m/s、4 m/s、8 m/s 三种情况。

从图 7 - 24 中可以看出,在距舰位置较远的地方,其剩余净高较大;相对于舰尾高度越高时,其剩余净高也较大。相同距舰距离 X 的条件下,相对舰尾高度 Z 越大,其剩余净高也越大。同样,在同等相对舰尾高度 Z 下,距舰距离 X 越远,其剩余净高也越大。

速度同等的条件下,从三个曲面的位置看出,随着下沉率增大,曲面的位置越来越低,即其剩余净高也越来越小。这是由于下沉率越大,其下降的距离也越大,因而导致飞机距离舰尾平面越来越近,飞机飞行越来越低,剩余净高也就随之变小。当下沉率为 8 m/s 时,图 7 - 24 曲面基本覆盖在 $x-y$ 面上了,并且从图 7 - 25 可以看出其风险值非常高,即该情况下剩余净高基本为 0,说明该情况下各个位置的纵向风险都非常大。

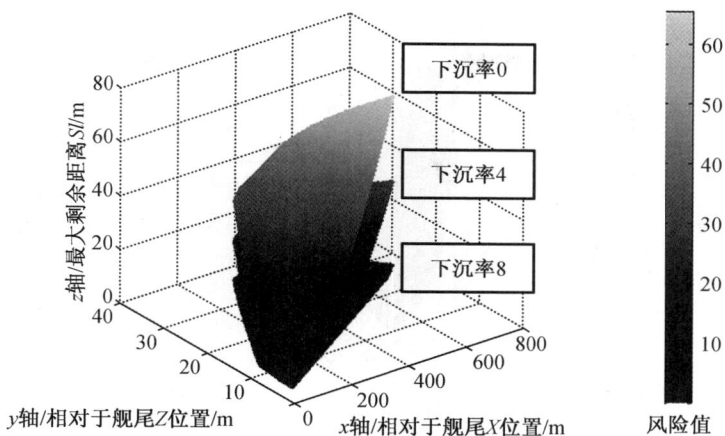

图 7-24   不同下沉率下的剩余净高曲面

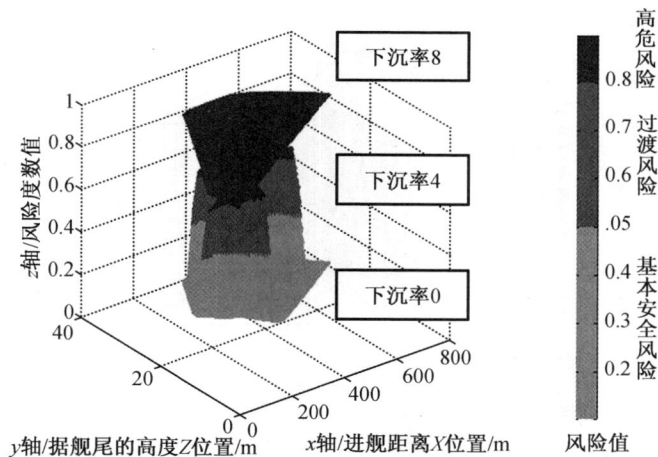

图 7-25   不同下沉率下的风险度曲面

（2）速度的变化对剩余净高及风险度的影响

如图 7-26 所示，取飞机下沉速度相同均为 4 m/s 的条件下，从上到下三个曲面的工况分别对应的不同的初始速度为 85 m/s、70 m/s、55 m/s 三种情况。

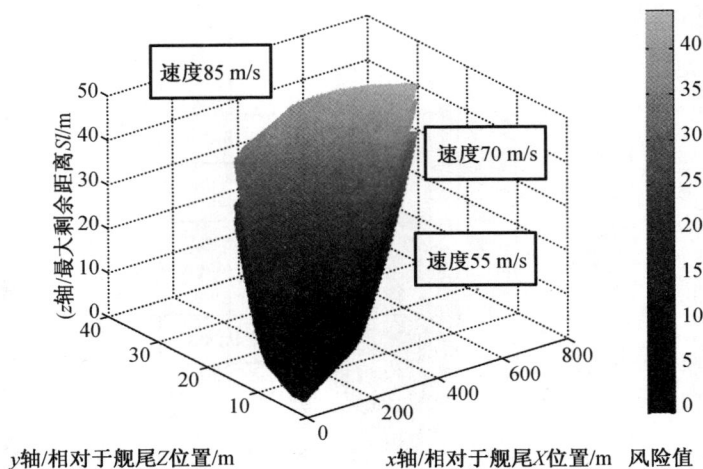

图 7 - 26　不同速度下的剩余净高曲面

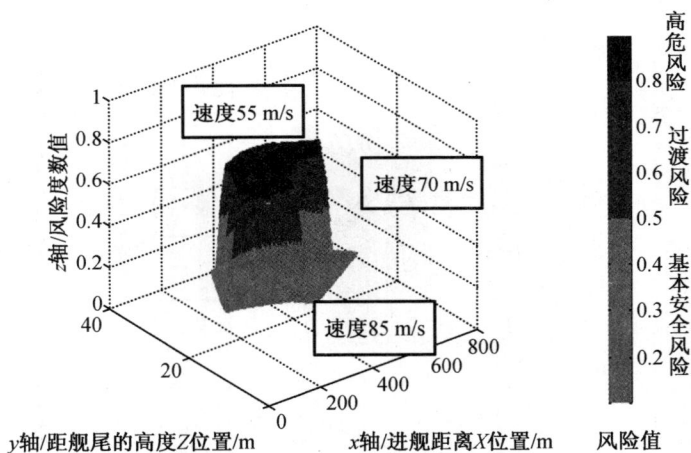

图 7 - 27　不同速度下的风险度曲面

从图 7 - 27 中可以看出,舰载机在距舰较远的 X 位置,其剩余净高都很大,说明此时风险非常小,而当随着距舰距离的缩短,风险在逐步提高。这说明当处于同样位置时,飞机速度的提升也是导致风险变高的原因。

在同等下沉率的条件下,舰载机速度的不同也表现为纵向速度的差别,从上述三维曲面来看,速度越小,其剩余净高的曲面也就越低,随之其风险值也就越大。这是由于相同的下沉率,飞机纵向速度越小,在同等距舰距离 X 的条件下,其进舰时间也越长,从而导致舰载机的下沉距离变大,使舰载机在垂向上越来越接近舰尾,增加了撞击舰尾的概率,表现出来风险值也就较大。

(3)舰尾高度的变化对剩余净高及风险度的影响

如图 7 - 28 所示,在舰载机的速度 $V = 70$ m/s 和下沉率 $V_Z = 4$ m/s 的条件下,改变舰尾变化高度 $h_1 = -2.49$ m, $h_2 = 3.45$ m。

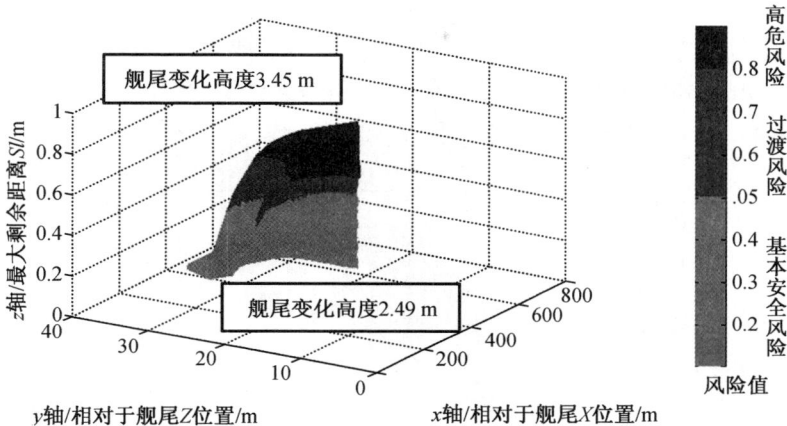

图 7 - 28　舰尾变化高度不同时的风险度曲面

条件相同时,当舰尾变化的高度为正值时,其相对于静止的舰尾会有正向的抬高,使舰尾高于原来状态,此时的剩余净高就会变短了,其风险度也会增大;反之,当舰尾变化高度为负值时,其舰尾相对于静止状态会有所降低,这样使舰载机到达舰尾的剩余净高变长,导致其风险性也随着降低。

通过上述分析,基本可以得出,不同工况下的风险度符合实际的情况,以及风险的逻辑规则,因而本书所建立的状态风险模型较为合理,并且符合实际情况,应用为风险评价指标可以帮助飞行员和着舰指挥官用来规避该纵向撞舰风险。

2. 不同工况下划分风险区域的分析

根据分析研究得出的状态风险模型,模型的输入量为多维量,可以固定其中的速度、下沉率,以及舰尾变化高度值时,这样就可以在平面内形成若干条风险度相同的曲线,这里称之为风险等高线。飞机在飞行过程中随着平面内位置的变化,同时还可以观察出飞机穿过不同风险等高线,进入不同风险度的区域,这样能更加直观地观测出风险的实时变化。

根据实验数据的三维模型,可以将其在平面内划分出不同风险度的区域,以供舰载机状态的实际情况进行参考,并且可根据不同区域来判断其风险数值。这样在不同的工况下,就能通过上文中风险区域的划分,再根据当前位置就可以得出此时所处风险的大小。对于相应的风险区域,飞行员可以做出相应的调整以确保着舰过程的安全问题。

选取五种舰载机着舰状态的不同工况,当舰尾高度不变时,选取四种工况:舰载机速度 $V = 70$ m/s,下沉率 $V_z = 4$ m/s;舰载机速度 $V = 70$ m/s,下沉率 $V_z = 6$ m/s;舰载机速度 $V = 55$ m/s,下沉率 $V_z = 4$ m/s;舰载机速度 $V = 85$ m/s,下沉率 $V_z = 4$ m/s。当舰尾高度变化为 $h = -2.49$ m 时,速度 $V = 70$ m/s,下沉率 $V_z = 4$ m/s,得出这些的风险分界线如图 7 - 29 至图 7 - 31 所示。

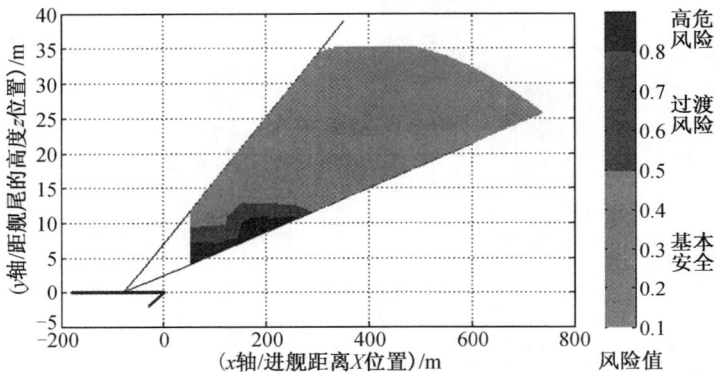

图 7 - 29 舰载机速度为 70 m/s,下沉率为 4 m/s 时的风险划分图

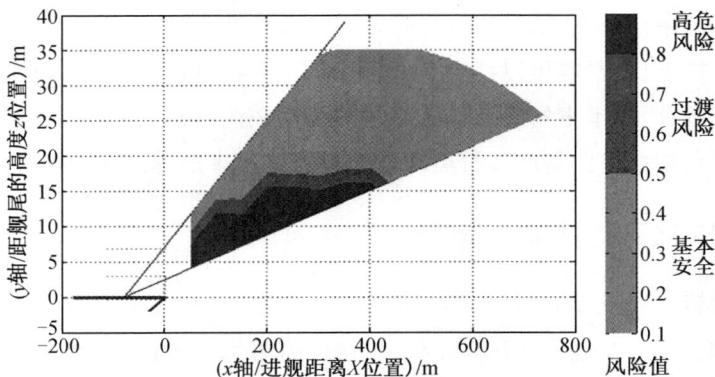

图 7 - 30 舰载机速度为 70 m/s,下沉率为 6 m/s 时的风险划分图

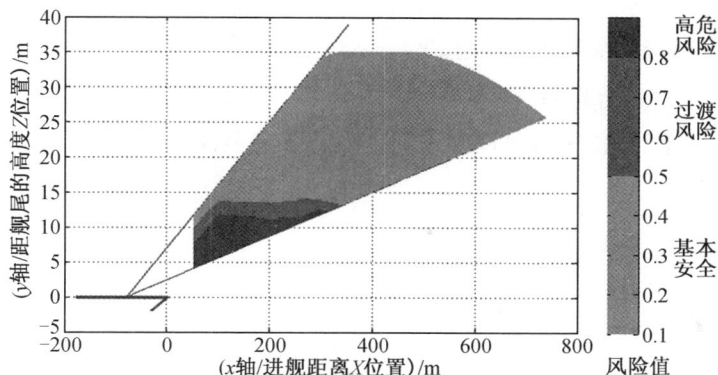

图 7 - 31　舰载机速度为 55 m/s，下沉率为 4 m/s 时的风险划分图

由图 7 - 29 至图 7 - 31 可以看出，在风险建模区域内，下方位置为高风险区，而最上方位置则为安全区域。比较不同工况下风险划分区域，当速度相同时，其下沉率将影响高风险区域的大小，下沉率越大，高风险区域也随之扩大；而当其他因素相同时，舰载机的速度也会对舰载机的高风险区产生影响，速度变小，由于下沉率不变，则即为飞机前向速度变小了，最后导致高风险区域变大，反之亦然。

舰尾高度变化时的风险区域如图 7 - 32 所示。

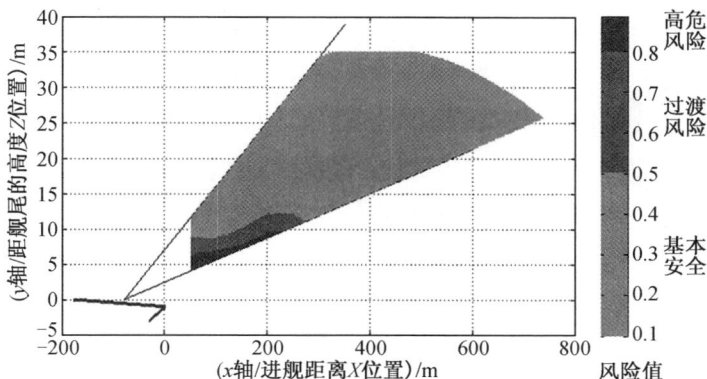

图 7 - 32　舰载机速度为 70 m/s，下沉率为 4 m/s，舰尾变化 - 1 m 时的风险划分图

如图 7 - 23 所示，通过风险划分区域的大小发现，当舰尾摇摆使其位置变低时，得到的剩余净高扩大了，其高风险区域也随着缩小；反之，舰尾升高会导致风险区域变大。图 7 - 23 中其风险划分曲线存在一定的曲线波动，而非平滑变化，结合本书对风险模型的建立过程来分析，这是由于所建立的风险模型作用着舰尾部气流场的变化模型，而这些波动是由尾流气场对舰载机的着舰运动所产生的影

175

响造成的,这样得到的结果也使该模型较为贴近实际情况。

综上所述,根据舰载机当前的飞行状态,本书所建立的复飞风险评估模型都会给出一个风险划分区域图,参照飞机在平面内的位置,可以得知舰载机当前的风险程度的大小,以便飞行员调整进而提高着舰安全性。

第8章　舰载机人工着舰抑制风险控制技术

根据前文所述舰载机着舰风险、进场飞行风险模型及复飞风险模型,共同组成舰载机着舰综合风险模型,考虑到在人工着舰过程中更加关注舰载机进场过程位置和着舰落点情况,因此由进场飞行风险中的横纵向位置风险及着舰风险中的落点横纵向风险共同组成人工着舰风险,人工着舰风险如图 8 - 1 所示。

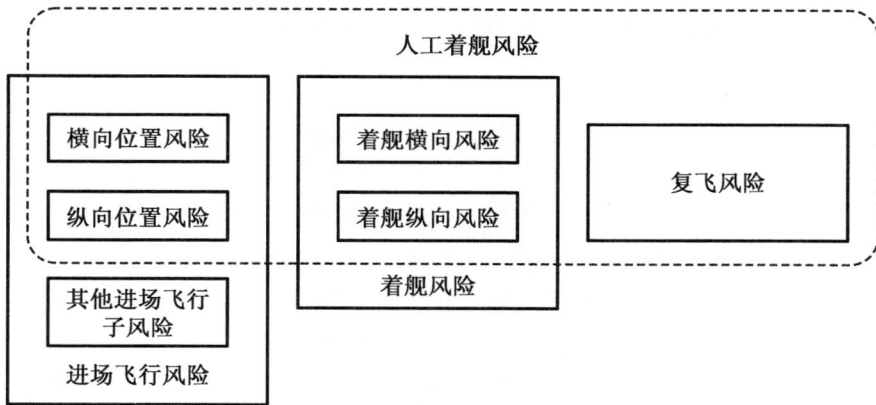

图 8 - 1　人工着舰风险划分

舰载机着舰技术发展至今,LSO 辅助决策仍然存在并不断发挥着重要作用,将 LSO 与 FLOLS 结合来协助飞行员完成着舰任务,在 20 世纪中期,着舰事故率从 3.5% 下降至 0.7%,因此本章将提出利用 LSO 辅助决策技术抑制人工着舰风险的控制策略,利用仿真手段确定 LSO 横纵向指令集,并形成 LSO 辅助决策模型与飞行员着舰的协同仿真系统,降低人工着舰过程风险。人工着舰仿真系统原理图如图 8 - 2 所示,航母运动模型为 LSO 辅助决策模型和飞行员着舰行为模型提供航母运动数据,LSO 辅助决策模型根据实时着舰状态为飞行员着舰行为模型提供指令,协助其控制舰载机着舰模型执行人工着舰任务。飞行员着舰行为模型一方面根据舰载机着舰状态和航母运动状态,依据模型自身设定的能力指标,可自行确定对舰载机着舰模型的操控策略;另一方面根据 LSO 辅助决策模型的控制指令,进一步做出控制响应,操控舰载机执行着舰任务,通过 LSO 与飞行员协同作用,有效抑制人工着舰风险的影响。

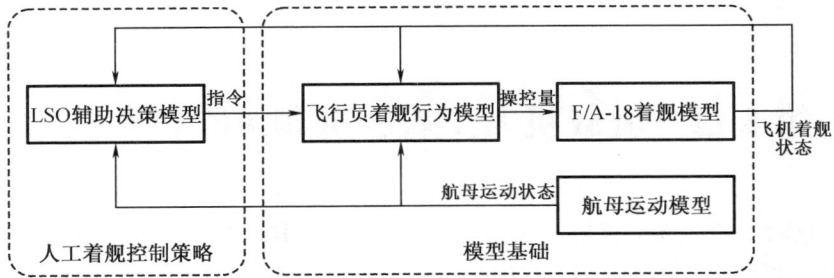

图 8 – 2 人工着舰仿真系统原理图

8.1 构建 LSO 指令集及飞行员响应动作策略

由于现阶段相关参考文献大多对 LSO 指令做定性分析,仅提供粗略的、不全面的量化边界,同时这些参考文献缺少精确的仿真验证成果。为此,将以着舰综合仿真平台及人工着舰风险模型为研究工具,开展 LSO 指令验证和边界条件优化的研究工作,并形成寻优后的 LSO 指令集,进而建立 LSO 辅助决策技术与飞行员着舰行为协同工作系统。为完成这项工作,本书将采取以下步骤:

(1)开展指令合理性分析,定性确定各指令触发范围及影响指令的关联变量;

(2)根据定性判断结果,利用着舰综合仿真平台对部分指令的关联变量开展大量的仿真试验,利用人工着舰风险模型计算风险值,进而确定量化的指令触发条件;

(3)将 LSO 指令和飞行员动作进行分类分级,并将其加以对应,形成 LSO 指令与飞行员动作精确的对应关系,实现 LSO 辅助决策技术与飞行员着舰行为的协同工作。

8.1.1 指令合理性分析研究

本节将开展指令的合理性分析工作,目标是确定各指令应该触发的大致范围和影响各指令判断的状态变量,为实现该目标,本小节的指令合理性分析流程图如图 8 – 3 所示。

如图 8 – 3 所示,本节根据国外参考文献,总结 LSO 指令名称,并与模拟器试验人员讨论确定各指令可关联的着舰状态变量。然后根据试验人员的丰富经验,确定飞行员的操控驾驶杆和油门杆的动作类型,并与 LSO 指令名称加以对应,同时对飞行员的动作幅值进行等级划分,考虑到飞行员在座舱中可操控驾驶杆和油门杆,实际执行机构为油门、副翼、升降舵,为此本书将飞行员的动作类型和幅值进行分类编号,如图 8 - 3 所示。

图 8 - 3　指令合理性分析流程图

(1)油门指令

● 1#油门指令:无油门指令;

● 2#油门指令:增大油门至 1/6 最大推力;

● 3#油门指令:增大油门至 1/3 最大推力;

● 4#油门指令:增大油门至最大推力;

● 5#油门指令:增大油门至可观测到 1/4 肉球;或者减小油门直至观测到中心肉球。

(2)俯仰角指令(除用油门控制飞机高度外的升降舵指令)

● 1#迎角指令:无俯仰角指令;

● 2#迎角指令:AOA 指示器标志不在正中间,直接利用升降舵来调整舰载机高度;

● 3#迎角指令:操纵升降舵使 AOA 标志不在正中间,直到飞行员可见肉球;

● 4#迎角指令:操纵升降舵使 AOA 标志不在正中间,直到飞行员看到一半肉球。

(3)副翼指令

● 1#副翼指令:驾驶杆右转 10°;

● 2#副翼指令:驾驶杆右转 20°;

● 3#副翼指令:驾驶杆右转 30°;

● 4#副翼指令:驾驶杆右转 40°;

● - 1#副翼指令:驾驶杆左转 10°;

● - 2#副翼指令:驾驶杆左转 20°;

● - 3#副翼指令:驾驶杆左转 30°;

● - 4#副翼指令:驾驶杆左转 40°。

在图 8 - 3 中,利用舰载机着舰综合仿真平台,按照着舰状态可能取值设置初始仿真工况,根据初始仿真工况,利用模拟器试验人员判断该工况下飞行员可采取的各种动作类型,如某种情况下可使用加油门指令,也可使用拉杆指令来调整飞机位置等,在着舰综合仿真平台上利用飞行员模型开展人工着舰仿真试验,然后根据一定时间内的各着舰状态仿真曲线详细分析该工况下飞行员各可采取动作类型的作用效果,进一步确定该工况下最佳的 LSO 指令,通过以上方式,当初始仿真工况遍历所有可能情况时,可总结出 LSO 各指令的可触发条件。限于篇幅长度,此处仅描述三种指令定性分析详细过程,其余指令采取同样的方法,此处不做赘述。

(1)加油门指令仿真

仿真工况设置如下:

①航母航速为 24 kn,着舰区域海况为 3 级,飞行员模型等级为 Level – S;

②舰载机初始进舰距离为 – 1 000 m,初始纵向偏差为 – 20 m,初始速度偏差为 – 4.5 m/s。

根据仿真工况,舰载机位置低于理想下滑道,飞行员着舰行为模型分别采用加油门、拉杆和无 LSO 响应动作,各完成 1 次操控舰载机执行动作,取未来 5 s 作为舰载机着舰执行动作参考时间,仿真曲线如图 8 – 4 至图 8 – 7 所示。

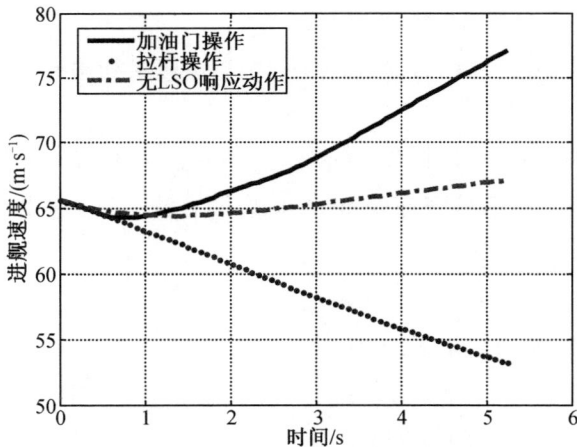

图 8 – 4　进舰速度仿真曲线

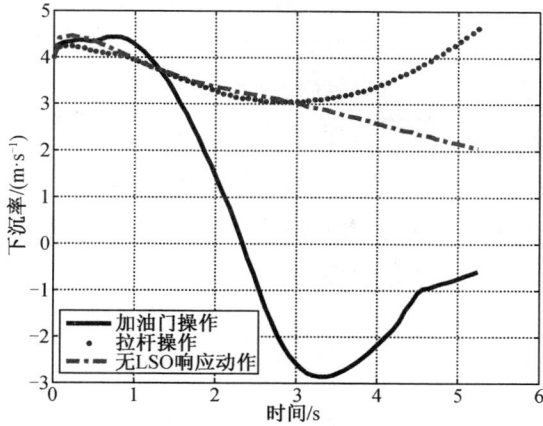

图 8-5　下沉率仿真曲线

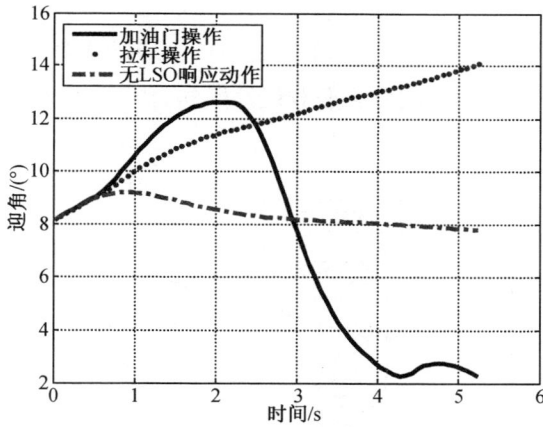

图 8-6　迎角仿真曲线

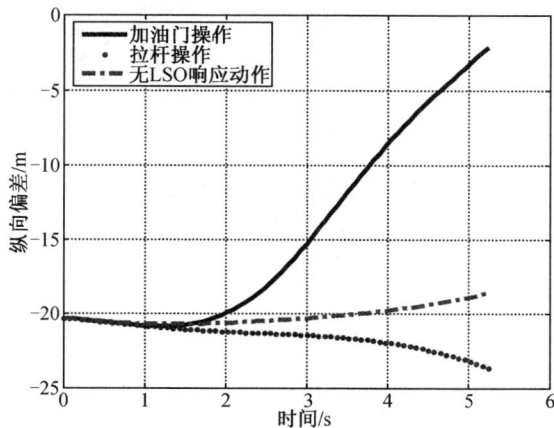

图 8-7　纵向偏差仿真曲线

图8-4至图8-7中拉杆操纵使舰载机迎角增大,导致其速度快速降低,纵向位置衰减较大,初始纵向偏差本身为负值,位置衰减致使飞机纵向偏差并不能得到补偿。从速度曲线可以看出,拉杆导致飞机减速,进舰速度不能达到 70 m/s 的期望值。虽然舰载机初始位置低于理想下滑道,但是该工况下飞行员通过拉杆无法达到消除纵向偏差的目的;相比之下,飞行员通过加油门操作,舰载机迎角变小,速度增大,补偿负向速度偏差,通过减小下沉率,飞机的纵向位置不断提升,纵向偏差不断减小。该工况下加油门指令更合理。

(2)前推驾驶杆指令仿真

仿真工况设置如下:

①航母航速为 24 kn,着舰区域海况为 3 级,飞行员模型的等级为 Level-S;

②舰载机初始进舰距离为 -1 000 m,初始纵向偏差为 20 m,初始速度偏差为 5 m/s。

飞行员模型分别采用减油门、推杆和无 LSO 响应动作各完成 1 次操控舰载机执行动作,取未来 5 s 内的时间作为舰载机着舰执行动作参考时间,仿真曲线如图 8-8 至图 8-11 所示。

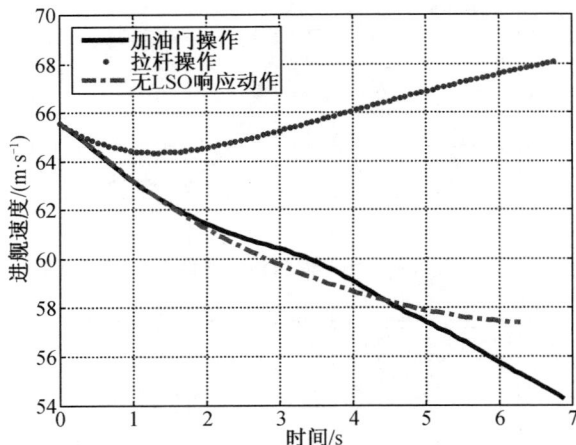

图 8-8 进舰速度仿真曲线

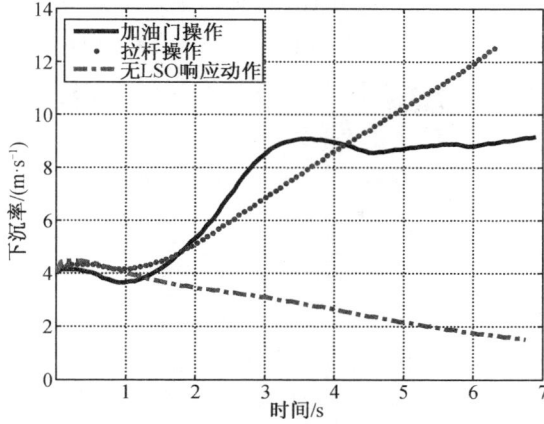

图 8 - 9　下沉率仿真曲线

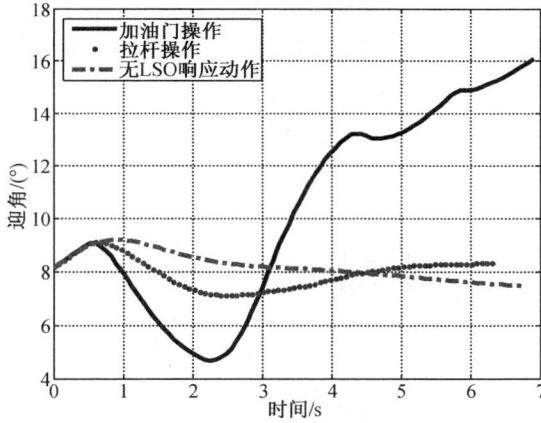

图 8 - 10　迎角仿真曲线

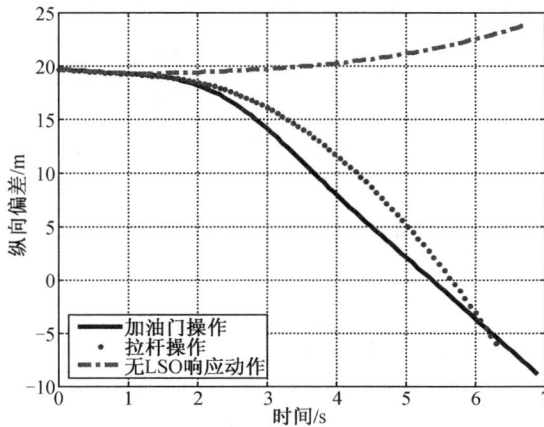

图 8 - 11　纵向偏差仿真曲线

图 8-8 至图 8-11 中虽然减油门使纵向偏差得到减小，但是速度继续减少，迎角迅速增加，使舰载机速度无法达到期望的 70 m/s，同时使下沉率持续增加，飞行员操控飞机的着舰效果不够理想；采用推杆操作，使该工况下迎角维持在 8.4°左右，速度回升，向 70 m/s 的目标速度变化，并控制合适的下沉率，将初始位置高于理想下滑道的飞机不断减小纵向偏差，调整飞机至合适的垂向位置。综上，该工况下推杆指令更合理。

（3）减油门指令仿真

仿真工况设置如下：

①航母航速为 24 kn，着舰区域海况为 3 级，飞行员模型的等级为 Level - S；

②初始进舰距离为 - 1 000 m，纵向偏差为 10 m，俯仰角为 3°，下沉率为 5 m/s。

该仿真工况下，飞机高于理想下滑道，但是飞机处于俯头状态，并且垂向速度过大，考虑到飞机未来的纵向位置可能高于也可能低于理想下滑道，本次仿真飞行员模型分别采用加油门、减油门、拉杆、推杆动作各完成 1 次操控舰载机执行动作，取未来 5 s 内的时间作为舰载机着舰执行动作参考时间，仿真曲线如图 8-12 至图 8-15 所示。

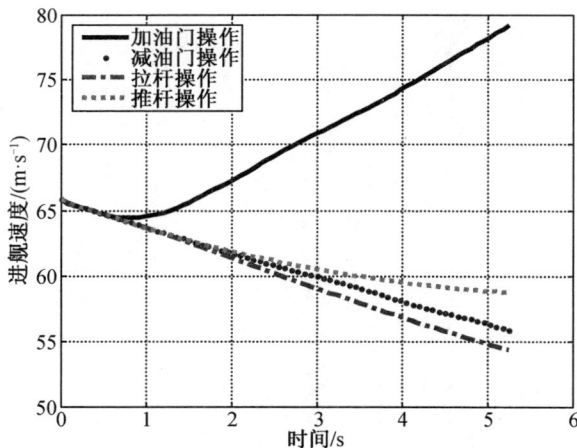

图 8-12　进舰速度仿真曲线

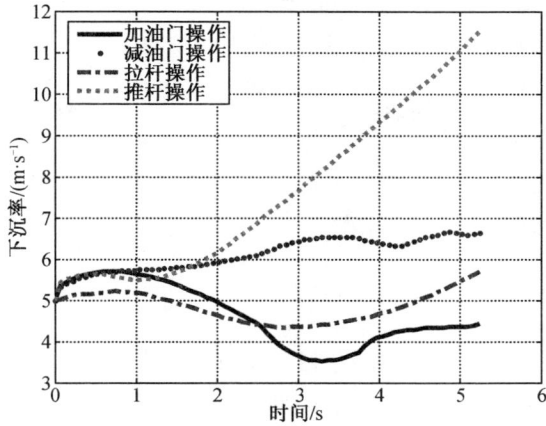

图 8 - 13 下沉率仿真曲线

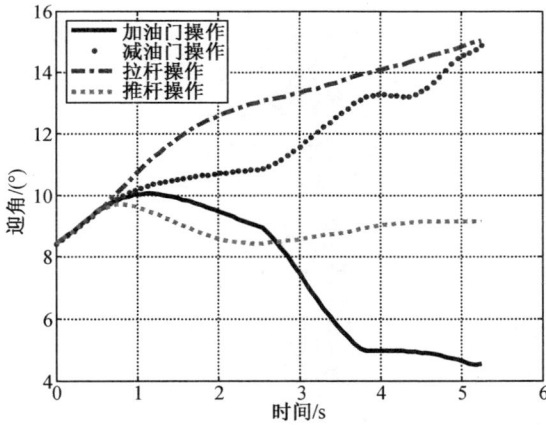

图 8 - 14 迎角仿真曲线

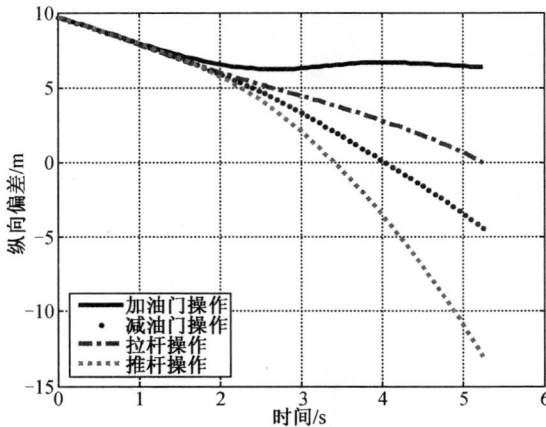

图 8 - 15 纵向偏差仿真曲线

该工况下未来几秒,飞机的位置不可知,无论是增大或减小油门,还是推杆或拉杆,从理论上讲都是合理的,但是从仿真曲线可以看出,从速度和迎角角度来讲,加油门操作可实现对速度的有效控制,但是从纵向偏差角度来讲,拉杆和减油门的操作使对飞机的控制效果更理想,同时推杆可迅速消除纵向偏差,但是下沉率增加得过快,进舰速度衰减较快,操控效果不够理想。综上,该工况下减油门指令更合理。

8.1.2 指令边界条件优化研究

根据 8.1.1 节的指令合理性的分析,可将所有指令的触发边界划定在一定范围内,本节将针对这个宽泛的界限进行进一步的仿真验证,进而量化指令触发边界,形成精确的指令集。本节的指令边界确定流程图如图 8 - 16 所示。

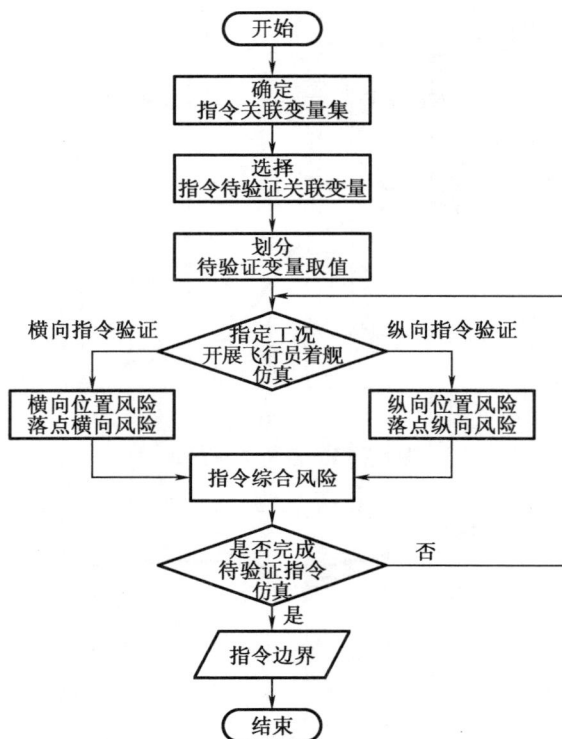

图 8 - 16 指令边界确定流程图

如图 8 - 16 所示,根据 8.1.1 节的介绍,确定指令所有关联变量,组成关联变量集,并确定各关联变量大致取值范围。关联变量具体包括如下信息[136-140]:舰

载机加速度 u'、进舰速度偏差 Δu、下沉率偏差 ΔV_z、下滑偏差 Δh、俯仰角偏差 $\Delta\theta$、对中偏差 Δw、飘移率 ΔV_y、偏航角偏差 $\Delta\alpha$、接近速度偏差 Δv、飞机距舰距离 R。

在以上工作的基础上,选择某条指令的某一个关联变量作为待验证变量,针对该变量及其大致取值范围,按照一定规律对其取若干个特定值作为指令边界验证对象,然后在关联变量集中不考虑该待验证变量,对其余变量在大致取值范围内取随机值,作为初始仿真工况,然后针对待验证变量的某一特定值和其余关联变量的随机值,在着舰综合仿真平台上利用飞行员着舰模型开展仿真试验,记录整个着舰过程及落点偏差,以此计算该次仿真试验的横/纵向位置风险和落点横/纵向风险。横/纵向位置风险可反映指令对引导着舰过程的辅助指导效果,落点横/纵向风险可反映指令对着舰最终效果的影响。由于横向和纵向耦合较小,横向或纵向指令只计算横向或纵向人工着舰风险。计算该变量的该特定值的若干次仿真后,针对下一个特定值继续开展仿真工作,采用的方法相同。为此各特定值的对比可确定该变量的最佳触发边界。

考虑到按照图 8-16,需要开展的仿真条件较多,并且每次需要开展的仿真次数也较多,本节选择一条指令的一个关联变量进行详细仿真过程介绍,具体如下。

指令边界验证工况如下:

(1)指令名称:油门。

(2)关联变量取值范围: $R \in [1\,000, 1\,500]$, $u' \in [-10, 10]$, $\Delta u \in [-20, 20]$, $\Delta\theta \in [-10, 10]$、$\Delta V_z \in [-6, 6]$。

(3)待验证变量: Δu 取 7.5 m/s, 10 m/s, 12.5 m/s, 15 m/s, 17.5 m/s 五种情况。

(4)其他初始状态:横向偏差为 $-20 \sim 20$ m 的随机值,纵向偏差为 $-30 \sim 30$ m 的随机值,进舰速度为 $50 \sim 80$ m/s 的随机值,俯仰角为 $3° \sim 7°$ 的随机值,滚转角为 $-3° \sim 3°$ 的随机值,下沉率为 $2 \sim 6$ m/s 的随机值,漂移率为 $-2 \sim 2$ m/s 的随机值。

考虑到待验证变量有 5 种待验证情况,其他关联变量共有 4 种,这里针对 Δu 的每种情况开展 100 次仿真试验,各工况下飞机纵向偏差及落点分布如图 8-17 所示。

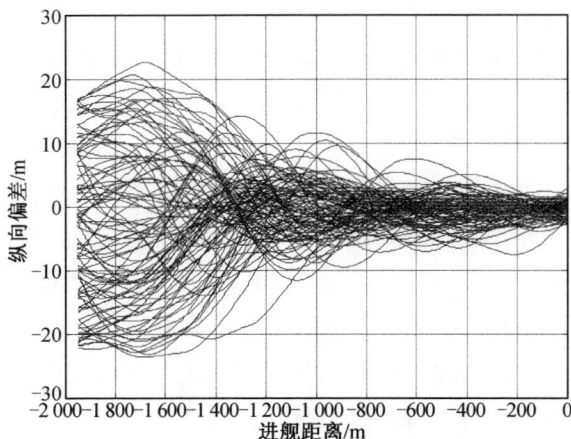

(a)Δ*u*=7.5 m/s纵向偏差

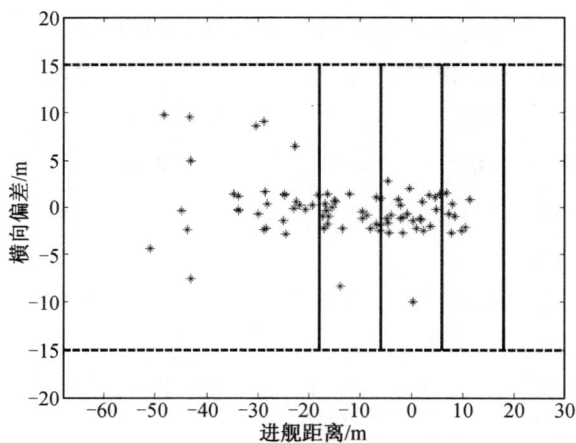

(b)Δ*u*=7.5 m/s落点分布

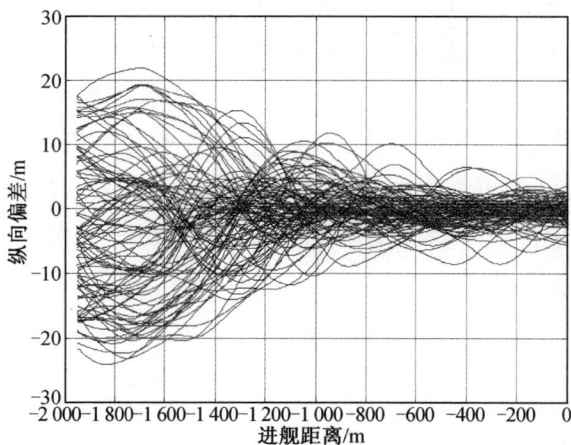

(c)Δ*u*=10 m/s纵向偏差

图 8 - 17　各仿真工况纵向轨迹及落点分布

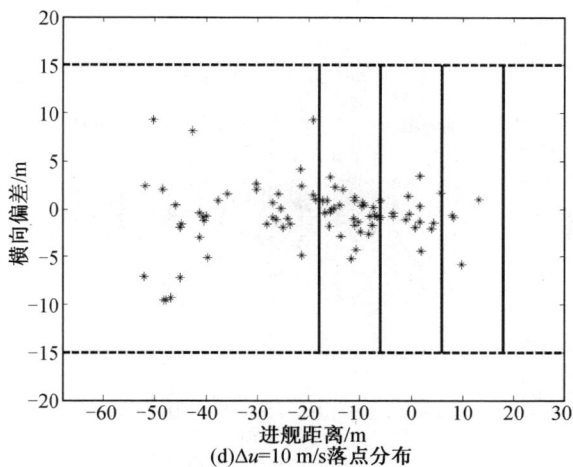

(d)Δ*u*=10 m/s落点分布

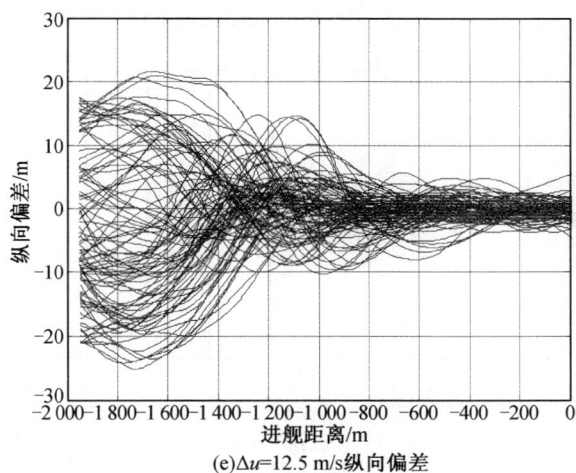

(e)Δ*u*=12.5 m/s纵向偏差

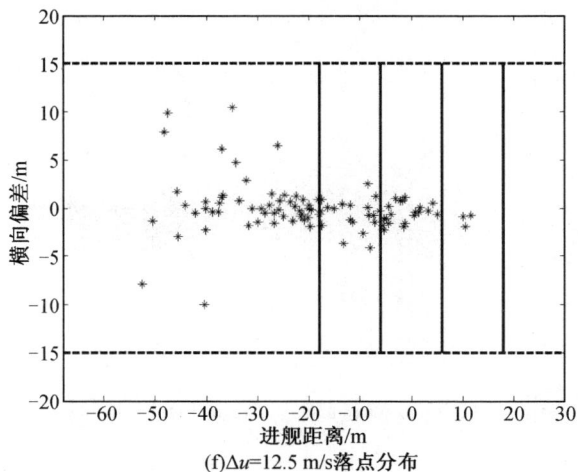

(f)Δ*u*=12.5 m/s落点分布

图 8 - 17（续）

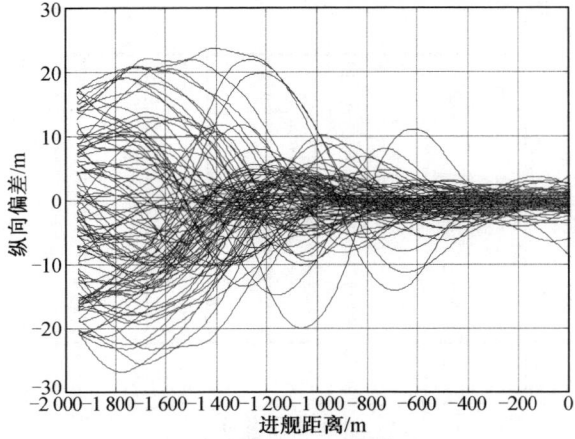

(g)Δu=15 m/s纵向偏差

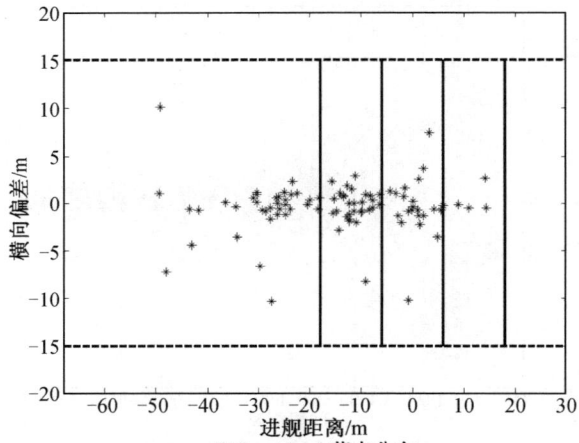

(h)Δu=15 m/s落点分布

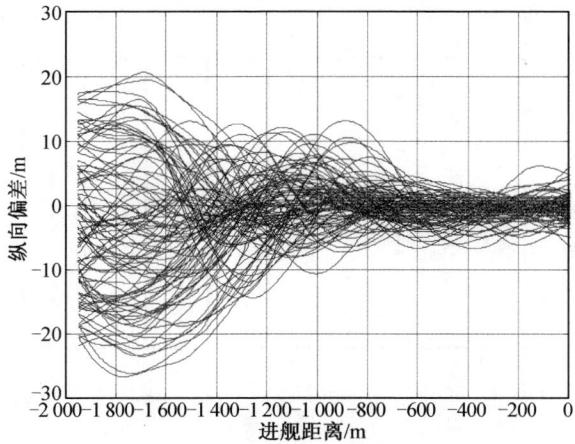

(i)Δu=17.5 m/s纵向偏差

图 8-17(续)

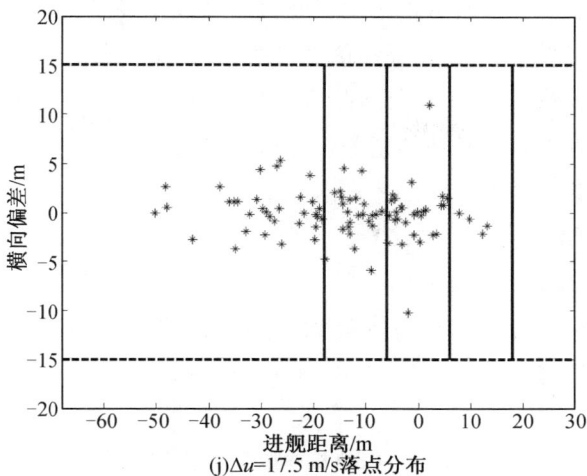

(j)Δu=17.5 m/s落点分布

图 8-17（续）

　　根据上述仿真数据,每种情况纵向位置风险、落点纵向风险和指令综合风险如图 8-18 所示。

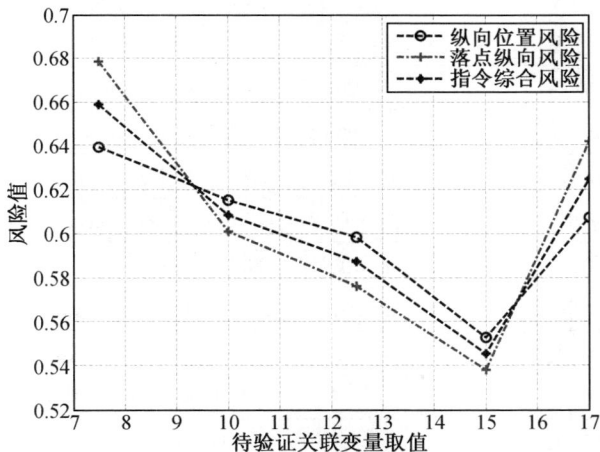

图 8-18　各仿真工况风险情况

　　图 8-18 中,为简化处理,指令综合风险为纵向位置风险和落点纵向风险的平均值,可确定在该仿真试验中油门指令的关联变量 Δu 取 15m/s 最为合适。当 Δu 选取过小时,导致油门指令频繁发送,容易对飞行员的操控过程产生干扰;当 Δu 选取过大时,油门指令不容易触发,不能及时通知飞行员增加油门,失去提醒飞行员的作用。

通过上述思路可确定所有指令关联变量的最优触发条件,但是考虑到按照上述试验案例的方式需要开展大量的仿真试验,并且耗时较长,为此本章重点放在提出量化指令的思路,并在已有部分指令边界的基础上,对其开展寻优工作,来进一步完善指令边界。具体开展的指令边界量化对象如下:

(1)"油门"指令中 $\Delta u, \Delta \theta, \Delta V_z$;

(2)"不要下降"指令中 $\Delta \theta, \Delta V_z$;

(3)"飞行将偏高"指令中 $\Delta h, \Delta V_z$。

综上所述,本节结合已有指令集和采用寻优方法确定的指令边界,可形成 LSO 横纵向指令集的边界条件,见表 8-1 和表 8-2。

表 8-1　LSO 纵向指令集边界条件

LSO 指令	飞机状态	指令集合触发条件
有点低	位置略低	$\Delta h < 0,\ \|\Delta h\| > R/300\ \text{m}, R < 1\ 200\ \text{m}$
油门	速度降低	$u' < 0, R < 1\ 000\ \text{m}, \|u'\| \geqslant 9\ \text{m/s}^2$
	速度略小	$\Delta u < 0, R \leqslant 1\ 200\ \text{m}, \|\Delta u\| \geqslant 15\ \text{m/s}$
	俯仰角略大	$\Delta \theta > 0, R < 1\ 500\ \text{m}, \|\Delta \theta\| \geqslant 9°$
	下沉率过大	$\Delta V_z > 0, \|\Delta V_z\| > R/150$
稍加姿态	俯仰角略小	$\Delta \theta < 0°, R < 1\ 500\ \text{m}, \|\Delta \theta\| \geqslant 2.98°$
	速度略大	$\Delta u > 0, R \leqslant 1\ 200\ \text{m}, \|u\| > 15\ \text{m/s}$
有点慢	速度降低	$u' < 0, R < 1\ 000\ \text{m}, 3\ \text{m/s}^2 \leqslant \|u'\| < 6\ \text{m/s}^2$
	速度略小	$\Delta u < 0, R \leqslant 1\ 200\ \text{m}, 5\ \text{m/s} \leqslant \|\Delta u\| < 10\ \text{m/s}$
稍增油门	速度降低	$u' < 0, R < 1\ 000\ \text{m}, 6\ \text{m/s}^2 \leqslant \|u'\| < 9\ \text{m/s}^2$
	速度略小	$\Delta u < 0, R \leqslant 1\ 200\ \text{m}, 10\ \text{m/s} \leqslant \|\Delta u\| < 15\ \text{m/s}$
不要下降	俯仰角略大	$\Delta \theta > 0°, R < 1\ 500\ \text{m}, 2.98° \leqslant \|\Delta \theta\| < 5.96°$
	下沉率过大	$\Delta V_z > 0, R/300 \leqslant \|\Delta V_z\| < R/200$
不要再下降	俯仰角略大	$\Delta \theta > 0°, R < 1\ 500\ \text{m}, 5.96° \leqslant \|\Delta \theta\| < 9°$
	下沉率过大	$\Delta V_z > 0, R/200 \leqslant \|\Delta V_z\| < R/150$
飞行将偏低	位置略低	$\Delta h < 0\ \text{m},\ \|\Delta h\| \geqslant R/300, R \geqslant 1\ 200\ \text{m}$
	下沉率过小	$\Delta V_z < 0, \|\Delta V_z\| > R/150, R \geqslant 1\ 200\ \text{m}$
飞行将偏高	位置略高	$\Delta h > 0\ \text{m}, R > 1\ 200\ \text{m}, \|\Delta h\| \geqslant R/75$
	下沉率过小	$\Delta V_z < 0, \|\Delta V_z\| > R/150, R < 1\ 200\ \text{m}$

表 8-1(续)

LSO 指令	飞机状态	指令集合触发条件
复飞	位置稍低	$\Delta V_z < 0.5\ \mathrm{m/s}, 150\ \mathrm{m} < R < 250\ \mathrm{m}, \Delta h < 0, |\Delta h| > 8.5\ \mathrm{m}$
	位置稍低	$0.5\ \mathrm{m/s} < \Delta V_z < 1.5\ \mathrm{m/s}, 150\ \mathrm{m} < R < 250\ \mathrm{m}, \Delta h < 0, |\Delta h| > 6.6\ \mathrm{m}$
	位置稍低	$\Delta V_z < 0.5\ \mathrm{m/s}, 250\ \mathrm{m} < R < 350\ \mathrm{m}, \Delta h < 0, |\Delta h| > 15\ \mathrm{m}$
	位置稍低	$0.5\ \mathrm{m/s} < \Delta V_z < 1.5\ \mathrm{m/s}, 150\ \mathrm{m} < R < 250\ \mathrm{m}, \Delta h < 0, |\Delta h| > 13.1\ \mathrm{m}$

表 8-2　LSO 横向指令集合边界条件表

LSO 指令	飞机状态	指令集合触发条件
右飘	偏航角略大	$-1 \leqslant \Delta\alpha < 3, R < 1\ 500\ \mathrm{m}$
	飘移率略大	$R/300 \leqslant \Delta\dot{w} < R/200, R < 1\ 200\ \mathrm{m}$
向左回调	偏航角略大	$3 \leqslant \Delta\alpha < 7, R < 1\ 500\ \mathrm{m}$
	飘移率略大	$R/200 \leqslant \Delta V_y < R/150, R < 1\ 200\ \mathrm{m}$
左飘	偏航角略小	$-3 \leqslant \Delta\alpha < -1, R < 1\ 500\ \mathrm{m}$
	飘移率略小	$-R/200 \leqslant \Delta V_y < -R/300, R < 1\ 200\ \mathrm{m}$
向右回调	偏航角略小	$-7 \leqslant \Delta\alpha < -3, R < 1\ 500\ \mathrm{m}$
	飘移率略小	$-R/200 \leqslant \Delta V_y < -R/150, R < 1\ 200\ \mathrm{m}$
右偏	偏航角略大	$\Delta\alpha \geqslant 7, R < 1\ 500\ \mathrm{m}$
	飘移率略大	$\Delta V_y \geqslant R/150, R < 1\ 200\ \mathrm{m}$
	对中偏右	$R/200 \leqslant \Delta\dot{w} < R/100, R < 1\ 500\ \mathrm{m}$
左偏	偏航角略小	$\Delta\alpha \leqslant -7, R < 1\ 500\ \mathrm{m}$
	飘移率略小	$\Delta V_y \leqslant -R/150, R < 1\ 200\ \mathrm{m}$
	对中偏左	$-R/100 \leqslant \Delta\dot{w} < -R/200, R < 1\ 500\ \mathrm{m}$
右舵	对中偏右	$\Delta\dot{w} \geqslant R/50, R < 1\ 500\ \mathrm{m}$
左舵	对中偏左	$\Delta\dot{w} \leqslant -R/50, R < 1\ 500\ \mathrm{m}$

8.1.3　飞行员操纵动作响应策略

结合前文指令合理性分析及边界触发条件的仿真试验,本书根据仿真试验结果总结 LSO 各指令与飞行员操控驾驶杆和油门杆的动作编号的优化的对应关系,见表 8-3 和表 8-4。

表 8 – 3 LSO 纵向指令与操控动作对应表

LSO 指令	飞行员操纵动作编号
有点低	3#油门指令,1#俯仰角指令
油门	4#油门指令,1#俯仰角指令
稍加姿态	3#油门指令,3#俯仰角指令
有点慢	4#油门指令,2#俯仰角指令
稍增油门	3#油门指令,2#俯仰角指令
不要再下降	3#油门指令,3#俯仰角指令
飞行将偏低	5#油门指令,3#俯仰角指令
飞行将偏高	6#油门指令,4#俯仰角指令

表 8 – 4 LSO 横向指令与操控动作对应表

LSO 指令	飞行员操纵动作编号
右飘	−4#副翼指令
向左回调	−3#副翼指令
左飘	4#副翼指令
向右回调	3#副翼指令
右偏	−2#副翼指令
左偏	2#副翼指令
右舵	−1#副翼指令
左舵	1#副翼指令

8.2 人工着舰下 LSO 与飞行员协同仿真

为验证利用 LSO 辅助决策指令集与飞行员着舰行为的协同作用对人工着舰风险的抑制效果,本节搭建 LSO 辅助决策系统与飞行员着舰行为模型协同仿真系统,该系统包括舰载机着舰综合仿真平台、LSO 辅助决策系统及仿真效果评估等模块,实现各种工况下 LSO 指令与着舰效果的对比。

仿真工况设置如下:

(1)母舰航速 24 kn,着舰海域海况为 3 级;

(2)飞行员模型的能力等级为 Level – C;

（3）舰载机初始进舰距离为 - 2 000 m,初始纵向偏差为 - 15 m,初始横向偏差为 15 m。

为避免飞行员等级过高、在无 LSO 指挥时着舰效果较好的情况,本书此处仿真环境选择飞行员等级为 Level - C。

为验证 LSO 指令抑制人工着舰风险效果,这里将针对 4 种情况开展验证工作,具体情况如下:

（1）无 LSO 指令:由飞行员着舰行为模型独自完成着舰任务;

（2）只含有 LSO 复飞指令:LSO 仅向飞行员模型发送复飞指令;

（3）自动 LSO 复飞和纠偏指令:由程序计算判断 LSO 的复飞和纠偏指令并发送给飞行员着舰行为模型;

（4）人工 LSO 复飞和纠偏指令:由有经验的模拟器试验人员判断 LSO 的复飞和纠偏指令并发送给飞行员着舰行为模型。

根据以上 4 种情况各完成 50 次仿真试验,落点分布、挂索编号及统计数据如图 8 - 19 至图 8 - 26 及表 8 - 5 所示。

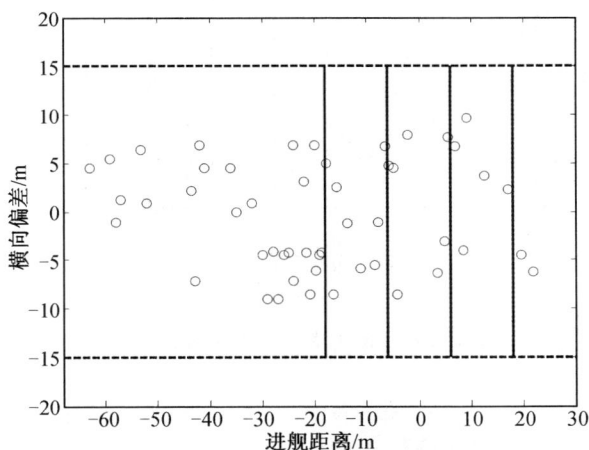

图 8 - 19　无 LSO 指令下落点分布

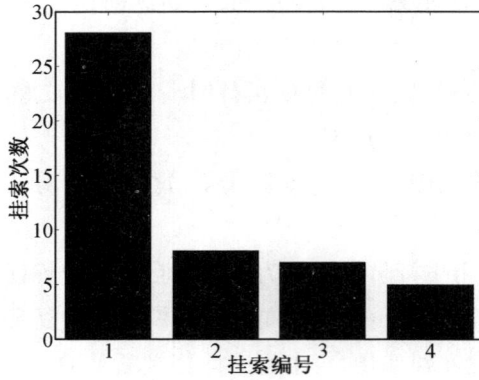

图 8 – 20 无 LSO 指令下挂索次数

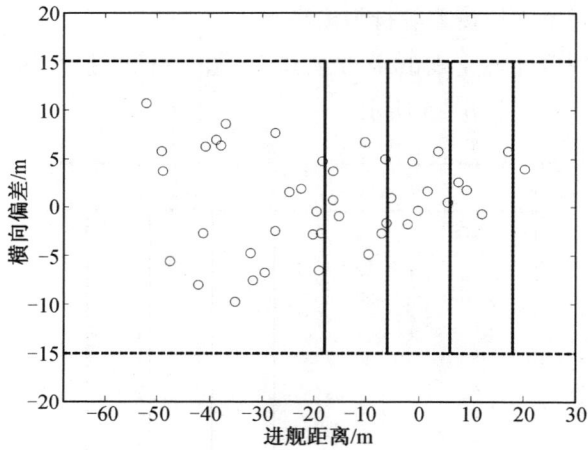

图 8 – 21 仅含复飞指令下落点分布

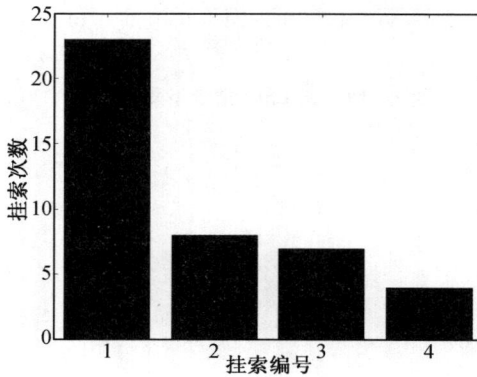

图 8 – 22 仅含复飞指令下挂索次数

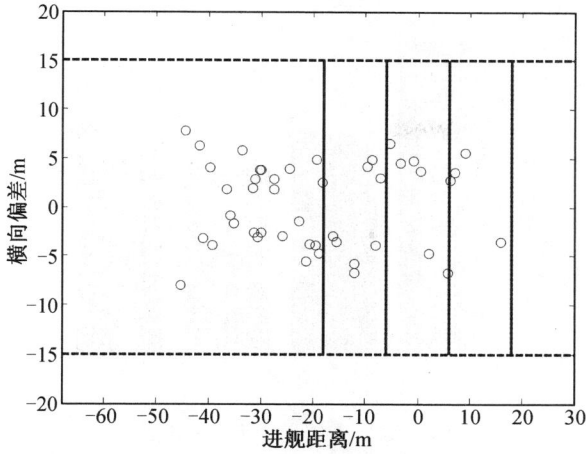

图 8 - 23　自动指令下落点分布

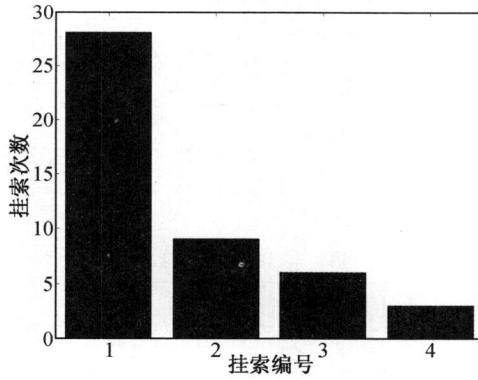

图 8 - 24　自动指令下挂索次数

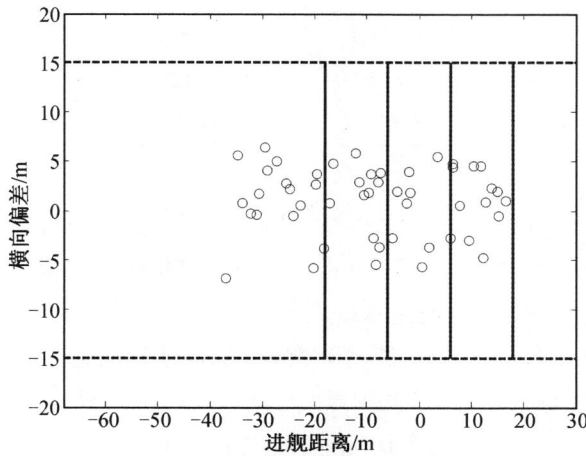

图 8 - 25　人工指令下落点分布

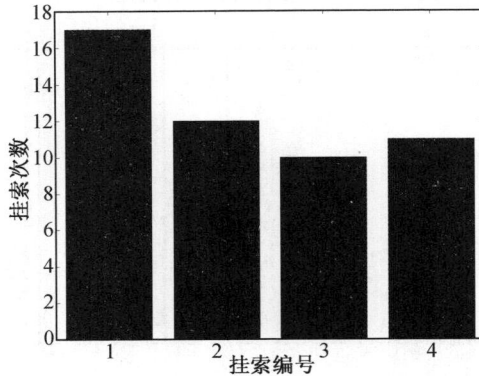

图 8-26　人工指令下挂索次数

表 8-5　仿真结果统计表

	无 LSO 指令	LSO 复飞指令	自动 LSO 指令	人工 LSO 指令
1 号索/次	28	23	28	17
2 号索/次	8	8	9	12
3 号索/次	7	7	6	10
4 号索/次	5	4	3	11
成功挂索/次	48	42	46	50
复飞/次	0	7	4	0
逃逸/次	2	1	0	0
成功率	96%	84%	92%	100%
落点横向偏差均值/m	1.644 7	1.321 5	1.254 3	0.018 4
落点横向偏差方差	5.984 4	4.834 6	4.203 2	2.816 9
落点纵向偏差均值/m	-20.687 1	-19.984 3	-15.956 5	-2.812 1
落点纵向偏差方差	21.676 3	20.878 5	18.074 3	15.472 5

通过图 8-19 至图 8-26 及表 8-5 所示,可总结如下规律:

(1)在无 LSO 指令情况下,在 50 次人工着舰过程中共完成了 48 次挂索任务,成功率为 96%,成功率较高,但是从落点分布和挂索编号图中可以看出,飞机落点位置较为靠前,挂 1 号索次数较多,靠近舰尾,危险度较高,着舰结果不够稳定,并且该情况下有 2 次逃逸情况,效果较差。

(2)在只含有 LSO 复飞指令情况下,共完成了 42 次挂索任务,着舰成功率为 84%,与前一种情况相比,成功率略有下降,但是在该情况下,飞机挂 1 号索次数减少至 23 次,稍微远离舰尾,逃逸次数减少至 1 次,同时,落点偏差均值和方差都有减少。该现象是由于 LSO 的复飞指令避免飞机落点靠前的情况,也使落点偏差和方差略有减少,但减少得并不明显。与前一种情况相比,该方式效果较好。

(3)在自动 LSO 复飞和纠偏指令情况下,共完成 46 次挂索任务,该情况下增加了 LSO 纠偏指令,协助飞行员模型不断调整着舰偏差,因此落点偏差明显减少,落点相对较为集中,无飞机复飞和逃逸情况。由于 LSO 指令为自动生成,因此挂 1 号索次数较多,飞行员着舰较为保守。该方式优于前两种情况。

(4)在人工 LSO 复飞和纠偏指令情况下,共完成 50 次挂索任务,着舰成功率为 100%,由于人工 LSO 为有经验的模拟器试验人员,经验十分丰富,使 50 次着舰试验的横纵向落点偏差均值和方差很小,着舰效果很好。比较上述四种方式,人工 LSO 复飞和纠偏指令情况最为理想。

综上所述,通过对有无 LSO 指令及不同 LSO 指令类型的仿真试验,可验证本章建立的 LSO 辅助决策模型能够协助飞行员顺利完成着舰任务。并且与无 LSO 指令相比,LSO 指令模型可大大减少着舰偏差,保证着舰效果的稳定性,同时可减少复飞率和逃逸率,有效抑制人工着舰风险。

本章主要阐述了 LSO 辅助决策技术抑制人工着舰风险控制策略的理论。针对现有 LSO 指令不全面和无量化边界的问题,提出了 LSO 指令集的制定策略,通过指令合理性分析确定飞行员动作的分类分级及指令的可触发范围,并利用典型仿真试验详细说明了指令合理性分析过程。提出了量化指令边界的可行性理论,利用人工着舰风险模型确定指令边界的最优值,结合已有指令边界和本书寻优获得的更加准确的指令边界形成横纵向指令集。通过与飞行员着舰行为模型的协同配合仿真,验证了提出的利用 LSO 辅助决策技术抑制人工着舰风险控制策略的正确性和有效性。

第 9 章 舰载机自动着舰抑制风险控制技术

根据前文所述舰载机着舰风险、进场飞行风险模型及复飞风险模型,自动着舰过程更加关注舰载机进场飞行状态和落点挂索编号,因此进场飞行风险及着舰风险中的落点纵向风险共同组成自动着舰风险,自动着舰风险如图 9－1 所示。

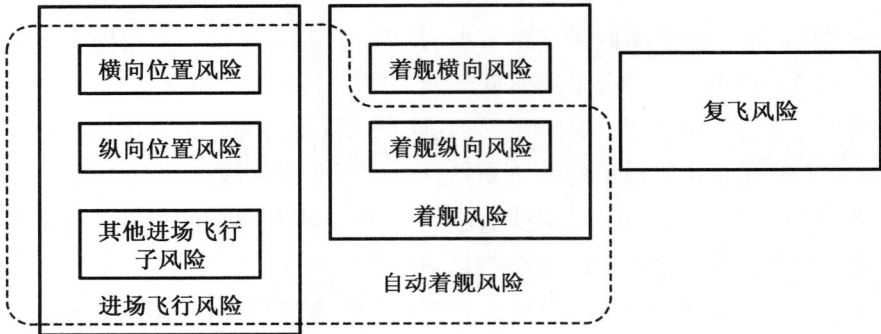

图 9－1 自动着舰风险划分

舰载机自动着舰技术对缓解飞行员着舰压力、提高着舰安全性具有重要意义,而传统的自动着舰引导律通常以消除横纵向位置偏差为唯一目的,并无抑制引导着舰过程风险的理念。为能够设计既考虑着舰状态偏差,又能兼顾引导着舰过程风险的引导律,本章将根据进场飞行风险、着舰风险和舰尾流扰动,提出基于时变权值模型预测控制(MPC)算法、带有着舰风险项 MPC 算法和抑制有界扰动算法,分别设计自动引导律,并提出通过变策略的方式来切换各独立引导律,有针对性地消除自动着舰过程风险及扰动。本书自动着舰仿真系统原理如图 9－2 所示,航母运动模型和舰尾流扰动模型为着舰引导律提供航母运动状态和扰动量,着舰引导律根据实时着舰状态计算操控量控制舰载机着舰模型。其中,本书中自动着舰引导律包括时变权值 MPC 引导律、带有着舰风险 MPC 引导律、抑制舰尾流扰动引导律,每种引导律的主要目标不同,以上三种引导律分别用于专门抑制进场飞行风险、着舰风险和舰尾流扰动,通过设置合适的引导律切换策略,在不同阶段下应用不同的引导律,可有效抑制自动着舰风险的影响。

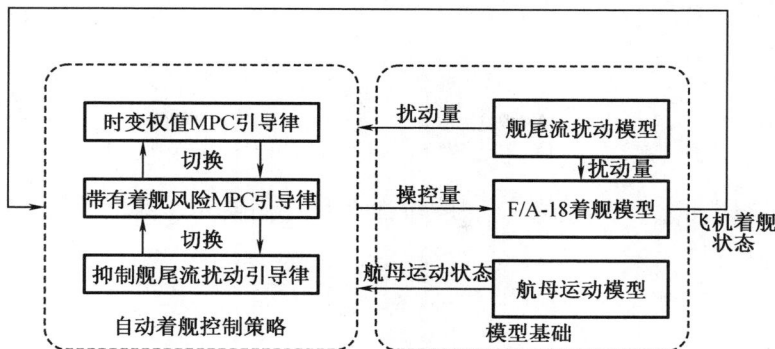

图 9-2 自动着舰仿真系统原理图

9.1 舰载机进场动力补偿系统和甲板运动补偿系统设计

9.1.1 基于非线性动态逆的进场动力补偿系统设计

采用多项式拟合舰载机气动数据的方法来建立舰载机的气动数据模型,舰载机的仿射非线性方程为

$$\begin{cases} \dot{\boldsymbol{x}} = f(\boldsymbol{x}) + g(\boldsymbol{x})\boldsymbol{u} \\ \boldsymbol{y} = h(\boldsymbol{x}) \end{cases} \tag{9-1}$$

式中,取 $h(\boldsymbol{x}) = \alpha$,由于采用推力控制迎角,$h(\boldsymbol{x})$ 中不含输入 $\boldsymbol{T}$,所以将 $h(\boldsymbol{x})$ 对时间求导得到

$$\dot{\alpha} = \frac{\partial h(\boldsymbol{x})}{\partial \boldsymbol{x}}\dot{\boldsymbol{x}} = \frac{\partial h(\boldsymbol{x})}{\partial \boldsymbol{x}}f(\boldsymbol{x}) + \frac{\partial h(\boldsymbol{x})}{\partial \boldsymbol{x}}g(\boldsymbol{x})\boldsymbol{T} := F(\boldsymbol{x}) + G(\boldsymbol{x})\boldsymbol{u} \tag{9-2}$$

将以上各参数代入公式(1-6)中 α 的方程得

$$\dot{\alpha} = -\frac{1}{m V \cos \beta}\boldsymbol{L} + q - \tan \beta(p\cos \alpha + r\sin \alpha) +$$

$$\frac{g}{V\cos \beta}(\cos \varphi\cos \theta\cos \alpha + \sin \alpha\sin \theta) - \frac{T\sin \alpha}{m V\cos \beta} \tag{9-3}$$

系统的输入量为发动机推力 $\boldsymbol{T}$。公式(9-3)改写为

$$\boldsymbol{T} = \frac{m V\cos \beta}{\sin \alpha}\Big(-\frac{1}{m V\cos \beta}\boldsymbol{L} + q - \tan \beta(p\cos \alpha + r\sin \alpha) +$$

$$\frac{g}{V\cos \beta}(\cos \varphi\cos \theta\cos \alpha + \sin \alpha\sin \theta) - \dot{\alpha}\Big) \tag{9-4}$$

定义推力控制规律为

$$T = \frac{mV\cos\beta}{\sin\alpha}\Big(-\frac{1}{mV\cos\beta}L + q - \tan\beta(p\cos\alpha + r\sin\alpha) +$$

$$\frac{g}{V\cos\beta}(\cos\varphi\cos\theta\cos\alpha + \sin\alpha\sin\theta) - \dot{r}_\alpha + v_\alpha\Big) \qquad (9-5)$$

本书假设 α_{cmd} 为参考输入, v 为待定的辅助控制输入。将公式(9-5)代入公式(9-3)中得

$$\begin{cases} \dot{e}_\alpha = -v_\alpha \\ e_\alpha = \alpha - \alpha_{cmd} \end{cases} \qquad (9-6)$$

迎角恒定的非线性控制方案如图9-3所示。

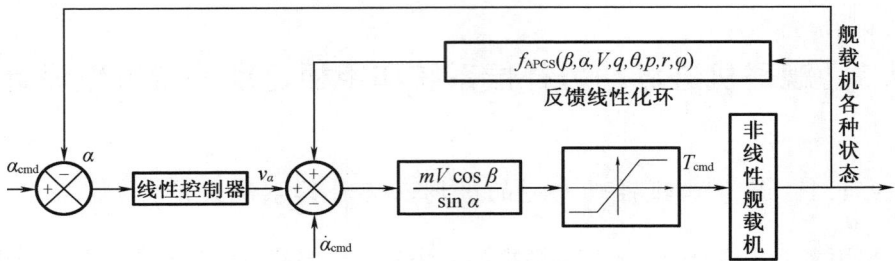

图9-3　迎角恒定的非线性控制方案

采取控制规律 $v_\alpha = K_p e_\alpha + K_I \int_0^t e_\alpha \mathrm{d}\tau$,因此闭环非线性控制系统结构框图如图9-3所示,将 $v_\alpha = K_p e_\alpha + K_I \int_0^t e_\alpha \mathrm{d}\tau$ 代入公式(9-6)中,闭环系统的跟踪误差为

$$\ddot{e}_\alpha + K_p \dot{e}_\alpha + K_I e_\alpha = 0 \qquad (9-7)$$

公式(9-7)为一个指数稳定的误差系统。因此,如果误差初始状态中 $e(0) = \dot{e}(0) = 0$,则 $e(t) \equiv 0, \forall t \geq 0$,闭环系统得到完全的跟踪;否则, $e(t)$ 将按指数方式收敛到零。

下面证明在非线性动态逆的控制规律作用下的迎角恒定控制方案也具有保持空速恒定的能力,为了简化证明,证明过程中忽略横侧向的干扰。首先提出两个假设:(1)舰载机要保持俯仰角回路的稳态值恒定;(2)忽略横侧向的耦合因素,仅仅考虑舰载机的纵向回路。因为忽略了横侧向的耦合令 $\varphi = \beta = 0$,保持迎角恒定的控制律为

$$T = \frac{mV}{\sin\alpha}\Big(\frac{-1}{mV}L + q + \frac{g}{V}(\cos\theta\cos\alpha + \sin\alpha\sin\theta) - \dot{r}_\alpha + v_\alpha\Big) \qquad (9-8)$$

公式(1-6)中关于空速的非线性状态方程简化为

$$\dot{V} = -\frac{1}{m}D + g\sin(\alpha - \theta) + \frac{T}{m}\cos\alpha \qquad (9-9)$$

将控制律(9-8)代入公式(9-9)中:

$$\dot{V} = \frac{-1}{m}D + g\sin(\alpha-\theta) - \frac{L}{m}\frac{\cos\alpha}{\sin\alpha} + \frac{\cos\alpha}{\sin\alpha}Vq + \frac{\cos\alpha}{\sin\alpha}g\cos(\alpha-\theta) -$$

$$\frac{\cos\alpha}{\sin\alpha}V\dot{r}_\alpha + \frac{\cos\alpha}{\sin\alpha}Vv_\alpha \qquad (9-10)$$

由于俯仰角 θ 恒定即 $q=0$,并且控制器稳态输入值 $v_\alpha=0$,所以公式(9-10)简化为

$$\dot{V} = -\frac{D\sin\alpha + L\cos\alpha}{m\sin\alpha} + \frac{\cos\theta}{\sin\alpha}g \qquad (9-11)$$

在舰载机迎角和俯仰角恒定的情况下,舰载机的法向受力是平衡的,有下式成立:

$$D\sin\alpha + L\cos\alpha - g\cos\theta = 0, t\to\infty \qquad (9-12)$$

将公式(9-12)代入公式(9-11)中得公式(9-13),可以得出结论:保持迎角恒定的舰载机非线性动力补偿系统也具有保持空速恒定的能力。

$$\dot{V}(t)\to0, t\to\infty \qquad (9-13)$$

下面证明保持迎角恒定的非线性动态逆控制方案与经典的保持迎角的控制方案是一致的,一方面为了与经典迎角控制律保持一致,另一方面为了证明的简洁,文中采用忽略横侧向耦合的简化方法来做如下证明。

将公式(9-8)做如下等价变换:

$$T = \frac{mV}{\sin\alpha}\left(-\frac{L\cos\alpha + D\sin\alpha}{mV\cos\alpha} + \frac{D\sin\alpha}{mV\cos\alpha} + q + \frac{g}{V}\cos(\alpha-\theta) + v_\alpha \right) \qquad (9-14)$$

$$a_z = (L\cos\alpha + D\sin\alpha)/mg \qquad (9-15)$$

$$D = \bar{q}S(C_D(\alpha,\beta) + C_{D\_stab}\delta_{stab}) \qquad (9-16)$$

式中 $C_D(\alpha,\beta)$——关于迎角 α 和侧滑角 β 的多项式函数;

$\quad\quad C_{D\_stab}$——常数。

将公式(9-15)和公式(9-16)代入公式(9-14)中得

$$T = f(a_z, \alpha, \theta, \delta_{stab})$$

$$= \frac{mV}{\sin\alpha}\left(\frac{-1}{mV\cos\alpha}a_z + \frac{\sin\alpha}{mV\cos\alpha}\bar{q}S(C_D(\alpha,\beta) + C_{D\_stab}\delta_{stab}) + q + \frac{g}{V}\cos(\theta-\alpha) + v_\alpha \right)$$

$$(9-17)$$

将公式(9-17)表示为偏差量的函数关系,考虑为输入为 Δa_z、$\Delta\theta$、Δv_α 和

$\Delta\delta_{stab}$，输出为推力 $\boldsymbol{T}$ 的非线性系统，如下所示：

$$\begin{cases} a_z = \Delta a_z + a_{z\_trim} \\ \theta = \Delta\theta + \theta_{trim} \\ v_\alpha = \Delta v_\alpha + v_{\alpha\_trim} \\ \delta_{stab} = \Delta\delta_{stab} + \delta_{stab\_trim} \end{cases} \tag{9-18}$$

将公式（9-18）代入公式（9-17）中的下式，其中 $a_z = v_\alpha = 0$。

$$\boldsymbol{T} = f(\Delta a_z, \Delta v_\alpha, \Delta\theta, \Delta\delta_{stab})$$

$$= \frac{m\boldsymbol{V}}{\sin\alpha}\left(\frac{-1}{m\boldsymbol{V}\cos\alpha}(a_{z\_trim} + \Delta a_z) + q + \frac{\sin\alpha}{m\boldsymbol{V}\cos\alpha}\cdot\right.$$

$$\left.\bar{q}S(C_D(\alpha,\beta) + C_{D\_stab}(\delta_{stab\_trim} + \Delta\delta_{stab})) + \frac{g}{V}\cos(\theta_{trim} + \Delta\theta - \alpha) + \Delta v_\alpha + v_{\alpha trim}\right)$$

$$\tag{9-19}$$

将公式（9-19）对偏差量输入进行雅克比线性化得到公式（9-20）：

$$\boldsymbol{T} = f(a_z, v_\alpha, \theta, \delta_{stab})\big|_{a_z=0, v_\alpha=0, \theta=\theta_{trim}, \delta_{stab}=\delta_{stab\_trim}}$$

$$= \frac{-1}{\sin\alpha_{trim}\cos\alpha_{trim}}\Delta a_z + \frac{\bar{q}SC_{D\_stab}(\alpha_{trim})}{\cos\alpha_{trim}}\delta_{stab\_trim}\Delta\delta_{stab} -$$

$$\frac{mg}{\sin\alpha_{trim}}\sin(\theta_{trim} - \alpha_{trim})\Delta\theta + \frac{m\boldsymbol{V}}{\sin\alpha_{trim}}v_\alpha \tag{9-20}$$

由公式（9-20）看出，舰载机的非线性动态逆的线性化推力控制规律是关于法向加速度变化 Δa_z、俯仰角偏差量 $\Delta\theta$、迎角控制器偏差量 Δv_α 和水平尾翼输入偏差量 $\Delta\delta_{stab}$ 的几个控制输入的线性化函数关系，利用叠加原理，对每个控制量采用相应的比例或比例积分控制规律，因此在公式（9-20）的基础上采用经典控制规律等价于经典迎角控制律。公式（9-20）中，v_α 表示为对 $\Delta\alpha$ 的比例积分控制项；公式（9-20）中第三项是关于 $\Delta\theta$ 的函数，这一项的作用就是补偿由重力加速度 g 而引起的静差；可以得出结论，在忽略横侧向状态干扰的情况下，基于非线性动态逆的进场动力补偿系统（NDI-APCS）与经典方法控制下的迎角恒定进场动力补偿的控制效果相同。

然而，经典的进场动力补偿方案式中并未引入横侧向的信息，因此在横侧向状态中出现较大波动时，经典的进场动力补偿会产生较大误差，并且容易发散，针对以上问题，本书采用基于非线性动态逆的进场动力补偿，可以很好地满足横侧向耦合情况下的迎角稳定控制。这是因为横侧向的扰动状态都在非线性动态逆的控制器中得到反馈体现，如图9-4至图9-6所示，在舰载机滚转角分别为0°和30°的情况下，舰载机的迎角和速度仍然能够保持稳定。

由图9-4至图9-6可知，在滚转角为0°的扰动下，传统的保持迎角恒定的进场动力补偿系统可以保持迎角和空速的恒定；在滚转角为20°的扰动作用下，传统的保持迎角恒定的进场动力补偿系统就很难维持迎角和空速的恒定,导致系统发散。与传统的迎角恒定的进场动力补偿方案相比,基于非线性动态逆的进场动力补偿方案在0°和30°滚转角扰动输入的情况下,均可以保持良好的迎角和空速的恒定。但是发动机推力会进入饱和。不过调整时间很短,4 s之后迎角、空速就进入了稳态值,并且稳态迎角无静差。可以得出结论:基于非线性动态逆的进场动力补偿系统方案较传统的迎角恒定的进场动力补偿方案具有良好的横侧向扰动抑制能力。图9-5和图9-6两种曲线之所以稳态值不一致,是因为舰载机在较大滚转角的情况下,舰载机等效的迎角减小,舰载机的发动机需要增加推力使舰载机所受空速增加,进而补偿由滚转角运动造成的迎角减小。

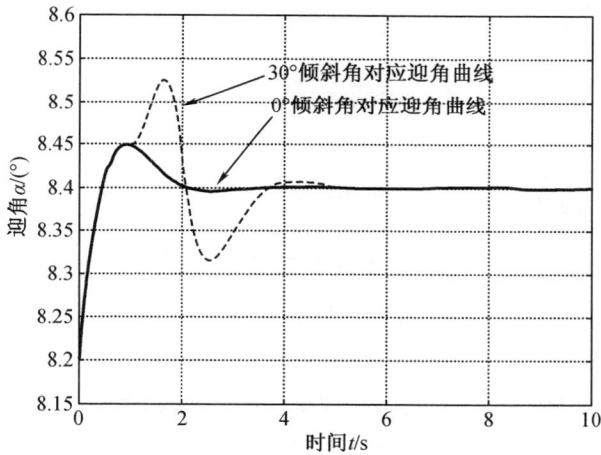

图9-4　NDI-APCS控制下的迎角恒定

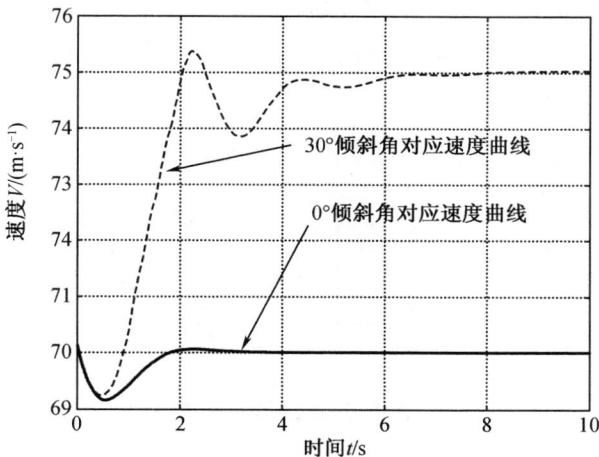

图9-5　NDI-APCS控制下的空速恒定

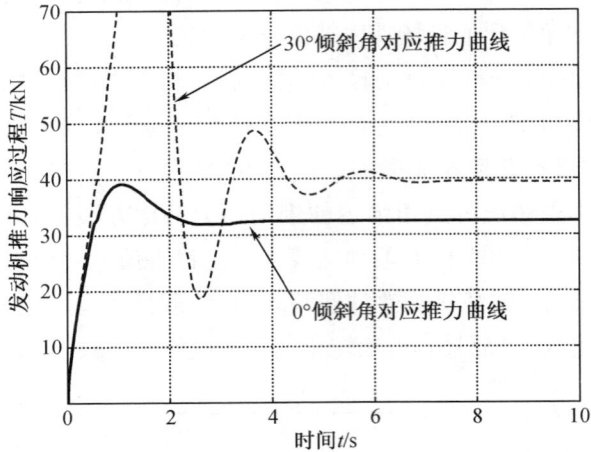

图9-6 NDI-APCS控制下的发动机推力变化曲线

9.1.2 舰载机纵向甲板运动补偿

航母俯仰运动、垂荡运动严重降低了舰载机着舰的安全性。为了实现舰载机在理想着舰点DTP与航母的斜角甲板相吻合,应将甲板运动信息引入舰载机引导控制规律中,使舰载机能够较好地跟踪航母甲板纵向的综合运动。由于纵向自动着舰引导系统在船体运动特征频率内存在相位滞后,造成舰载机的较大跟踪误差,严重降低了舰载机着舰的安全性。本节主要运用超前网络的甲板运动补偿器实现相位的同步。

在着舰前约800 m将甲板运动补偿加入纵向着舰自动引导系统,时间上大约是着舰前12.5 s,将需要补偿的甲板运动垂直高度信息H_{DM}加入期望高度偏差信号中。如图9-7所示。

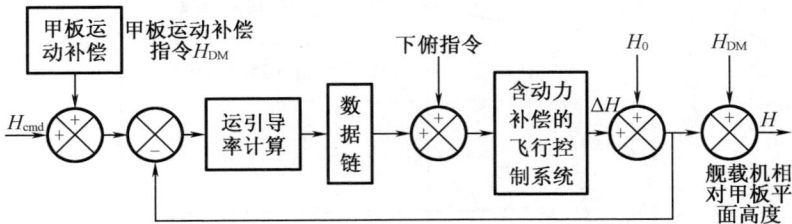

图9-7 含甲板运动补偿的纵向ACLS

H_{DM}与甲板的垂向运动$Z_s(t)$、俯仰运动θ_s和理想着舰点到舰尾的距离X_I有

关,有如下关系成立:

$$H_{DM} = Z_s - X_I \theta_s/2 \qquad (9-21)$$

通过引入甲板运动补偿器来实现舰载机的纵向运动跟随甲板运动 $G_{DMC}(s)$,补偿ACLS|$_{long}$系统在频率为 $0.2 \sim 1.0$ rad/s 范围内的相位滞后。理论上ACLS|$_{long}$的闭环频率特性 $G_{ACLS}(s)$ 与所设计的 $G_{DMC}(s)$ 应该在航母船体运动特征频率(0.2 rad/s$\leqslant \omega_s \leqslant 1.0$ rad/s)范围内,应满足下式:

$$G_{DMC}(s)G_{ACLS}(s)_{s=j\omega,0.2 \text{ rad/s}\leqslant w \leqslant 1.0 \text{ rad/s}} = 1 \qquad (9-22)$$

式中,$G_{ACLS}(s)$为ACLS|$_{long}$的闭环频率响应特性。相关文献中提出工程上应用的相位超前网络设计方法具有如下形式:

$$G_{DMC}(s) = K_{DMC} \frac{\tau_{DMC}s+1}{\dfrac{s}{5}+1} \frac{\dfrac{s^2}{\omega_{DMC}^2} + \dfrac{2\xi_{DMC}s}{\omega_{DMC}} + 1}{\left(\dfrac{s}{5}+1\right)^3} \qquad (9-23)$$

引入甲板运动补偿后闭环系统的幅频特性与相频特性如图 9－8 所示。图 9－9(a)为不含甲板运动补偿的 ACLS 跟踪甲板运动情况,相位滞后 2 ~ 3 s,图 9－9(b)为含甲板运动补偿的 ACLS 跟踪甲板运动情况。含甲板运动的 ACLS 可以很好地跟踪甲板运动,具有较小的跟踪误差。

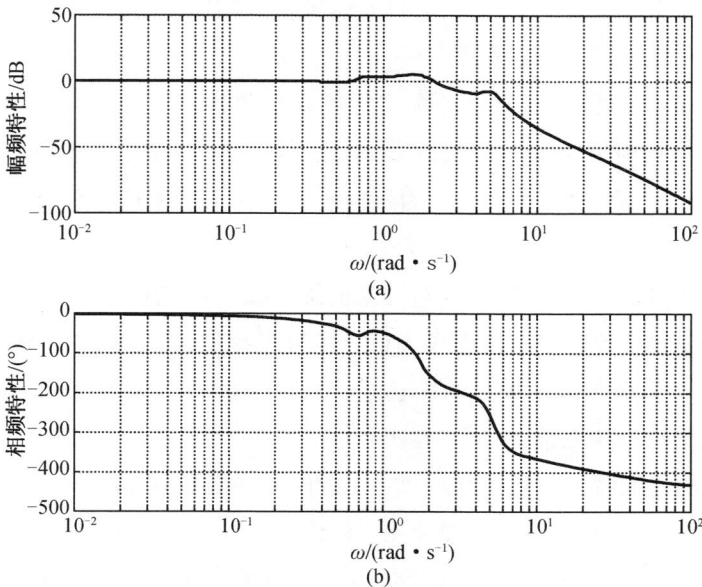

(a)

(b)

图 9－8　含甲板运动补偿的纵向 ACLS 波特图

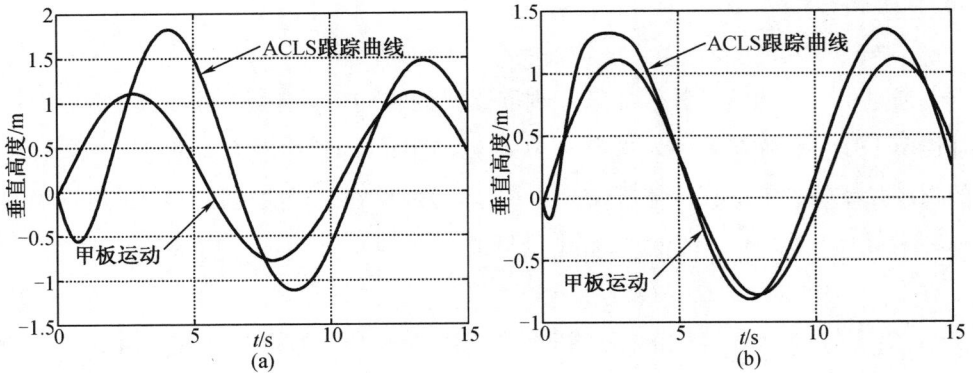

图 9 – 9 ACLS 跟踪甲板运动曲线

9.2 基于预测控制的自动着舰引导律设计

9.2.1 考虑进场飞行风险的时变权值 MPC 引导律

本节改进传统 MPC 控制方法建立舰载机自动引导律,使 MPC 性能指标权值系数根据进场飞行风险动态调整,有针对性地消除相应着舰状态偏差。

1. 进场飞行风险权值矩阵

通过前文所述可知,舰载机进场飞行风险由 7 种子风险组成,横向位置风险 R_{horp}、纵向位置风险 R_{verp}、进舰速度风险 R_{vel}、下沉率风险 R_{sink}、漂移率风险 R_{drift}、俯仰角风险 R_{pitch} 和滚转角风险 R_{roll}。为根据实时进场飞行风险动态控制性能指标中相应着舰状态,本书将 MPC 性能指标中状态项权值矩阵设置为动态变化形式,可根据进场飞行风险实时调整,有针对性地消除导致进场飞行风险过大的着舰状态值。考虑到舰载机着舰状态与进场飞行风险直接相关,本节定义引导律的风险权值矩阵 Q_{fRisk} 为进场飞行子风险的表达式。相应子风险越大则通过滚动优化消除相应状态偏差的力度也越大,反之越小。

舰载机的着舰状态包括进舰速度 V、迎角 α、侧滑角 β、滚转角 φ、俯仰角 θ、偏航角 ψ、滚转角速度 p、俯仰角速度 q、偏航角速度 r。为与以上状态符号加以区分,进场飞行子风险的影响因素包括横向位置 P_x'、纵向位置 P_z'、进舰速度 V'、俯仰角 θ'、滚转角 φ'、下沉率 V_z' 和漂移率 V_y',舰载机着舰状态与进场飞行风险影响因素关系如下:

$$
\begin{cases}
V = V' \\
\alpha = \theta' + a\tan\left(\dfrac{V_z'}{\sqrt{V'^2 - (V_y'^2 + V_z'^2)}}\right) \\
\beta = a\tan\left(\dfrac{V_y'}{\sqrt{V'^2 - (V_y'^2 + V_z'^2)}}\right) \\
\varphi = \varphi' \\
\theta = \theta' \\
p = \dot{\varphi}' \\
q = \dot{\theta}'
\end{cases}
\tag{9-24}
$$

式中,偏航角及偏航角速度无法通过进场飞行风险影响因素直接求取。

通过上式可知,各着舰状态与各进场飞行子风险存在一定的关系,为此本书设计性能指标状态项权值矩阵 $\mathbf{Q}_{\mathrm{fRisk}}$ 为

$$
\mathbf{Q}_{\mathrm{fRisk}} = \mathrm{diag}\{Q_V, Q_\alpha, Q_\beta, Q_\varphi, Q_\theta, Q_\psi, Q_p, Q_q, Q_r\}
\tag{9-25}
$$

根据公式(9-24)所确定着舰状态与进场飞行子风险的对应关系,公式(9-25)中各元素定义如下:

$$
\begin{cases}
Q_V = R_{\mathrm{vel}} \\
Q_\alpha = (R_{\mathrm{pitch}} + R_{\mathrm{vel}} + R_{\mathrm{sink}} + R_{\mathrm{drift}})/4 \\
Q_\beta = (R_{\mathrm{vel}} + R_{\mathrm{sink}} + R_{\mathrm{drift}})/3 \\
Q_\varphi = R_{\mathrm{roll}} \\
Q_\theta = R_{\mathrm{pitch}} \\
Q_\psi = 0.5 \\
Q_p = R_{\mathrm{roll}} \\
Q_q = R_{\mathrm{pitch}} \\
Q_r = 0.5
\end{cases}
\tag{9-26}
$$

式中,性能指标状态项权值矩阵元素是进场飞行风险的表达式,偏航角和偏航角速度采用进场飞行风险的一半作为常权值元素。

为增加各着舰状态在滚动优化过程中的收敛速度,这里设计 $\mathbf{Q}_{\mathrm{fRisk}}$ 的系数矩阵 $\mathbf{K}(S_{\mathrm{app}})$ 为

$$
\begin{aligned}
\mathbf{K}(S_{\mathrm{app}}) = \mathrm{diag}\{&k_V(S_{\mathrm{app}}), k_\alpha(S_{\mathrm{app}}), k_\beta(S_{\mathrm{app}}), k_\varphi(S_{\mathrm{app}}), k_\theta(S_{\mathrm{app}}), k_\psi(S_{\mathrm{app}}), \\
&k_p(S_{\mathrm{app}}), k_q(S_{\mathrm{app}}), k_r(S_{\mathrm{app}})\}
\end{aligned}
\tag{9-27}
$$

式中,S_{app} 表示进舰距离,$k_V(S_{\mathrm{app}})$、$k_\alpha(S_{\mathrm{app}})$、$k_\beta(S_{\mathrm{app}})$、$k_\varphi(S_{\mathrm{app}})$、$k_\theta(S_{\mathrm{app}})$、$k_\psi(S_{\mathrm{app}})$、

$k_p(S_{app})$、$k_q(S_{app})$、$k_r(S_{app})$分别表示Q_V、Q_α、Q_β、Q_φ、Q_θ、Q_ψ、Q_p、Q_q 和 Q_r 关于进舰距离S_{app}的权值系数。这里$k_\psi(S_{app})$取常值0.5,$k_r(S_{app})$取常值0.5,其余权值系数在本节中主要实现以下两个目的:

(1)当舰载机进舰距离较大时,通过增大Q_{eV}、$Q_{e\alpha}$和$Q_{e\beta}$的权值来快速消除对中偏差和下滑位置偏差,并放宽对舰载机滚转角及俯仰角的约束,利用相对充足的时间和空间来完成下滑和对中任务,并为进一步微调位置和姿态打基础;

(2)当舰载机进舰距离较小时,通过增大$Q_{e\varphi}$、$Q_{e\theta}$、Q_{e_p}和Q_{e_q}的权值来加强约束对舰载机滚转角和俯仰角的控制,使舰载机在着舰过程末端保持较理想的姿态完成钩索着舰任务。

设计$k_V(S_{app})$、$k_\alpha(S_{app})$、$k_\beta(S_{app})$、$k_\varphi(S_{app})$、$k_\theta(S_{app})$、$k_p(S_{app})$和$k_q(S_{app})$为Sigmoid 型函数来满足$K(S_{app})$的功能,并将定义$k_V(S_{app})$、$k_\alpha(S_{app})$、$k_\beta(S_{app})$的取值区间设定为$[0,3]$,定义$k_\varphi(S_{app})$,$k_\theta(S_{app})$,$k_p(S_{app})$和$k_q(S_{app})$的取值区间设定为$[1,2]$。因此$K(S_{app})$关于进舰距离变化曲线如图9-10所示。

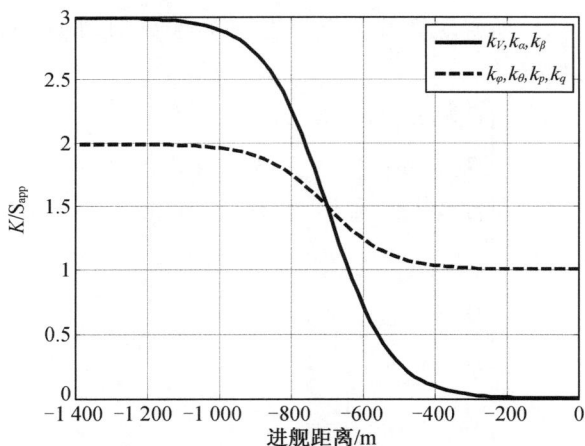

图9-10 风险权值矩阵随进舰距离变化曲线

将传统 MPC 性能指标中状态项常权值矩阵$\boldsymbol{Q}$设计为时变权值矩阵$\boldsymbol{Q}(k)$,表达式为

$$\boldsymbol{Q}(k) = \boldsymbol{K}(S_{app})\boldsymbol{Q}_{fRisk} \tag{9-28}$$

在自动着舰引导律 MPC 性能指标中,时变权值$\boldsymbol{Q}(k)$的含义是在 MPC 滚动优化过程中,消除着舰状态偏差的强度,$\boldsymbol{Q}(k)$中相应权值系数越大,消除相应状态偏差的强度越大,但是这里需要注意,并不是权值系数越大越好,原因是某个权值系数过大,对响应状态偏差的强度越大的同时,会对其他着舰状态有影响,应该在各

权值系数之间加以平衡。

对于性能指标控制项权值矩阵 $R(k)$，依然采用与 $\boldsymbol{Q}_{\mathrm{fRisk}}$ 相同的设计方式，$R(k)$ 的表达式为

$$R(k) = \mathrm{diag}\{R_{\mathrm{Stab}}, R_{\mathrm{Ail}}, R_{\mathrm{Rud}}, R_{\mathrm{Th}}\} \tag{9-29}$$

式中，R_{Stab}、R_{Ail}、R_{Rud} 和 R_{Th} 分别表示升降舵、方向舵、副翼和油门关于进场飞行风险的权值系数。

考虑各控制量对进场飞行子风险的直接影响效果，各控制量的权值系数为

$$\begin{cases} R_{\mathrm{Stab}} = (R_{\mathrm{verp}} + R_{\mathrm{sink}} + R_{\mathrm{pitch}})/3 \\ R_{\mathrm{Ail}} = 0.5 \\ R_{\mathrm{Rud}} = (R_{\mathrm{horp}} + R_{\mathrm{drift}} + R_{\mathrm{roll}})/3 \\ R_{\mathrm{Th}} = R_{\mathrm{vel}} \end{cases} \tag{9-30}$$

公式(9-30)中，由于方向舵对进场飞行子风险的直接影响较小，这里取常值 0.5，并依然通过进舰距离作为公式(9-30)的权值系数矩阵。时变权值的 MPC 引导律设计的主要思想是：通过实时计算进场飞行风险来动态调整 MPC 性能指标的状态项和控制项权值矩阵，在整个着舰过程中，达到对横向和纵向回路变控制策略的目的。

2. 时变权值 MPC 引导律控制器设计

本书设计的时变权值 MPC 引导律控制器原理如图 9-11 所示。

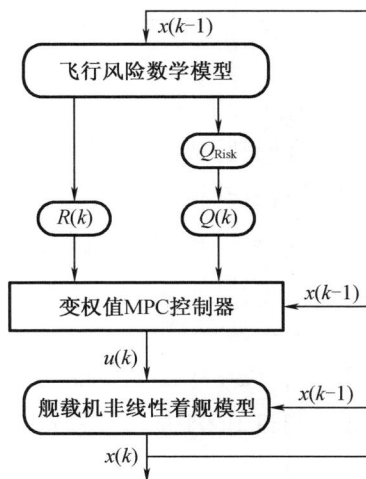

图 9-11　时变权值 MPC 引导律控制器原理

图 9-11 中，$\boldsymbol{Q}(k)$ 和 $\boldsymbol{R}(k)$ 可由进场飞行风险模型根据当前时刻的着舰状态

$x(k)$ 和进舰距离加以求解,变权值 MPC 控制器根据当前着舰状态偏差和时变权值矩阵计算最优控制量 $u(k)$,并持续滚动优化以实现自动着舰的目标。

MPC 在线解决最优化计算问题的详细过程:在 k 时刻求解未来所有时刻,即 $k+i$ 时刻的状态量和控制量,所有可行解中能够使 MPC 性能指标最小的控制量为最优解,每一个当前时刻均计算未来的所有控制量、状态量及性能指标,最优解组成的控制序列为系统的最优控制值。

在 k 时刻,本节建立的改进式 MPC 滚动优化性能指标函数 J 可表示为[141-143]

$$J_0^\infty(k) = \sum_{i=0}^{\infty} \{ x(k+i \mid k)^{\mathrm{T}} Q(k) x(k+i \mid k) + u(k+i \mid k)^{\mathrm{T}} R(k) u(k+i \mid k) \}$$

$$(9-31)$$

式中,$Q(k)$ 和 $R(k)$ 为当前时刻求解的时变权值矩阵[144],可由公式(9-28)和公式(9-29)计算求得。$x(k \mid k)$ 和 $u(k \mid k)$ 分别表示系统在当前时刻舰载机着舰状态和控制量,其中状态量包络舰载机的 9 个着舰状态值,控制量包括舰载机的升降舵、方向舵、副翼和油门的操控值,均为可测量值。$x(k+i \mid k)$ 和 $u(k+i \mid k)$ 分别表示系统在当前时刻所预测将来的舰载机着舰状态和控制量,均为预测值。由于 MPC 第一步输入值是确定值,未来的控制量可实时计算,为增加本节提出算法的求解速度,本书现将性能指标函数 $J_0^\infty(k)$ 分为两部分[145]:$J_0^1(k)$ 和 $J_1^\infty(k)$ 分别为

$$\begin{cases} J_0^1(k) = x(k \mid k)^{\mathrm{T}} Q(k) x(k \mid k) + u(k \mid k)^{\mathrm{T}} R(k) u(k \mid k) \\ J_1^\infty(k) = \sum_{i=1}^{\infty} \{ x(k+i \mid k)^{\mathrm{T}} Q(k) x(k+i \mid k) + u(k+i \mid k)^{\mathrm{T}} R(k) u(k+i \mid k) \} \end{cases}$$

$$(9-32)$$

MPC 算法滚动优化的第一步控制量偏差为确定值,用 $u(k \mid k)$ 表示,该时刻以后的控制量 $u(k+i \mid k)$ 采用舰载机着舰状态的反馈形式:

$$u(k+i \mid k) = F(k) x(k+i \mid k), i \geqslant 1 \qquad (9-33)$$

式中,$F(k)$ 为状态反馈增益矩阵。

此处定义二次型函数 $V(x(k+i \mid k))$ 为

$$V(x(k+i \mid k)) = x(k+i \mid k)^{\mathrm{T}} P(k) x(k+i \mid k), i \geqslant 1 \qquad (9-34)$$

式中,$P(k)$ 为正定对称阵,本节假设 $V(0) = 0, x(\infty \mid k) = 0$,即 $V(x(\infty \mid k)) = 0$,并且 $V(x(k+i \mid k))$ 满足代数不等式

$$V(x(k+1+i \mid k)) - V(x(k+i \mid k))$$
$$\leqslant -[x(k+i \mid k)^{\mathrm{T}} Q(k) x(k+i \mid k) + u(k+i \mid k)^{\mathrm{T}} R(k) u(k+i \mid k)], i \geqslant 1$$

$$(9-35)$$

将公式(9－35)按照从 $i=0$ 加至 $i=\infty$ 可得

$$J_1^\infty(k) \leqslant V(\boldsymbol{x}(k+1|k)) \tag{9－36}$$

本节设 $J_0^\infty(k)$ 的上界为 $\gamma(k)$，根据公式(9－36)可得

$$\boldsymbol{x}(k|k)^{\mathrm{T}}\boldsymbol{Q}(k)\boldsymbol{x}(k|k) + \boldsymbol{u}(k|k)^{\mathrm{T}}\boldsymbol{R}(k)\boldsymbol{u}(k|k) + \boldsymbol{x}(k+1|k)^{\mathrm{T}}\boldsymbol{P}(k)\boldsymbol{x}(k+1|k)$$
$$< \gamma(k) \tag{9－37}$$

综上所述，本节提出的时变权值矩阵的 MPC 算法可表示为

$$\min_{u(k|k),F(k)} \gamma(k) \tag{9－38}$$

定理1：对于满足输入输出约束的系统(1－19)，满足公式(9－39)至公式(9－42)的 LMIs，可求解出公式(9－38)的最优解，并且可保证系统为渐近稳定的闭环系统。

$$\begin{bmatrix} 1 & * & * & * \\ \boldsymbol{Ax}(k)+\boldsymbol{Bu}(k) & \widetilde{\boldsymbol{Q}}(k) & * & * \\ \boldsymbol{Q}(k)^{0.5}\boldsymbol{x}(k|k) & 0 & \gamma(k)\boldsymbol{I} & * \\ \boldsymbol{R}(k)^{0.5}\boldsymbol{u}(k|k) & 0 & 0 & \gamma(k)\boldsymbol{I} \end{bmatrix} \geqslant 0 \tag{9－39}$$

$$\begin{bmatrix} \widetilde{\boldsymbol{Q}}(k) & * & * & * \\ \boldsymbol{A}\widetilde{\boldsymbol{Q}}(k)+\boldsymbol{BY}(k) & \widetilde{\boldsymbol{Q}}(k) & * & * \\ \boldsymbol{Q}^{0.5}\widetilde{\boldsymbol{Q}}(k) & 0 & \gamma(k)\boldsymbol{I} & * \\ \boldsymbol{R}^{0.5}\boldsymbol{Y}(k) & 0 & 0 & \gamma(k)\boldsymbol{I} \end{bmatrix} \geqslant 0 \tag{9－40}$$

$$\begin{bmatrix} \boldsymbol{U}(k) & * \\ \boldsymbol{Y}^{\mathrm{T}}(k) & \widetilde{\boldsymbol{Q}}(k) \end{bmatrix} > 0 \tag{9－41}$$

$$\begin{bmatrix} \widetilde{\boldsymbol{Q}}(k) & * \\ \boldsymbol{C}(\boldsymbol{A}\widetilde{\boldsymbol{Q}}(k)+\boldsymbol{BY}(k)) & \boldsymbol{E}(k)^2\boldsymbol{I} \end{bmatrix} > 0 \tag{9－42}$$

式中，$*$ 表示关于主对角线对称位置的转置，后文中均采用该方式表示。系统的输入输出约束条件为舰载机升降舵、油门、副翼和方向舵的控制上界为 $\boldsymbol{U}(k)$，着舰状态输出上界为 $\boldsymbol{E}(k)$[146-147]。公式(9－39)至公式(9－42)中定义的变量矩阵为

$$\begin{cases} \boldsymbol{Y}(k) = \boldsymbol{F}(k)\widetilde{\boldsymbol{Q}}(k) \\ \widetilde{\boldsymbol{Q}}(k) = \gamma(k)\boldsymbol{P}(k)^{-1} \end{cases} \tag{9－43}$$

通过公式(9－39)至公式(9－42)的 LMIs 的计算可求解实时的状态反馈控制律 $\boldsymbol{F}(k)$，并利用公式(9－33)所示的状态反馈控制律来求解舰载机的升降舵、方向舵、副翼和油门的操控量。

证明:将公式(1-19)代入公式(9-37)可得

$$x(k|k)^{\mathrm{T}}Q(k)x(k|k) + u(k|k)^{\mathrm{T}}R(k)u(k|k) +$$
$$(Ax(k|k) + Bu(k|k))^{\mathrm{T}}P(k)(Ax(k|k) + Bu(k|k)) \leqslant \gamma(k) \qquad (9-44)$$

根据公式(9-43)中 $\gamma(k) = \widetilde{Q}(k)P(k)$,可利用 Schur 补引理将公式(9-44)转化为公式(9-39)。

将公式(9-33)和公式(1-19)代入公式(9-35)可得

$$x(k+i|k)^{\mathrm{T}}((A+BF(k))^{\mathrm{T}}P(k)(A+BF(k)) - P(k) +$$
$$F(k)^{\mathrm{T}}R(k)F(k) + Q(k))x(k+i|k) \leqslant 0 \qquad (9-45)$$

因此当 $i \geqslant 1$ 时存在

$$(A+BF(k))^{\mathrm{T}}P(k)(A+BF(k)) - P(k) + F(k)^{\mathrm{T}}R(k)F(k) + Q(k) \leqslant 0 \qquad (9-46)$$

公式(9-46)左右两边均乘 $\widetilde{Q}(k)$,并根据公式(9-41)代换关系,可利用 Schur 补引理将公式(9-46)转化为公式(9-40)。公式(9-41)和公式(9-42)的证明过程比较容易,可参见文献[141]提供的思路,此处不再赘述。

假设系统(1-19)在 k 时刻存在可行解,并且系统在 $k+1$ 时刻的可行解为 $x(k+1|k)$,$u(k+1|k)$ 和 $P(k)$,系统在 $k+1$ 时刻的最优解为 $x(k+1|k+1)$,$u(k+1|k+1)$ 和 $P(k+1)$,则有

$$x(k+1|k+1)^{\mathrm{T}}Q(k+1)x(k+1|k+1) +$$
$$u(k+1|k+1)^{\mathrm{T}}R(k+1)u(k+1|k+1) +$$
$$x(k+2|k+1)^{\mathrm{T}}P(k+1)x(k+2|k+1)$$
$$\leqslant x(k+1|k)^{\mathrm{T}}Q(k+1)x(k+1|k) + u(k+1|k)^{\mathrm{T}}R(k+1)u(k+1|k) +$$
$$x(k+2|k)^{\mathrm{T}}P(k)x(k+2|k) \qquad (9-47)$$

由于矩阵 $Q(k)$ 和 $R(k)$ 为单调递减的权值矩阵,因此有下式成立:

$$x(k+1|k)^{\mathrm{T}}Q(k+1)x(k+1|k) + u(k+1|k)^{\mathrm{T}}R(k+1)u(k+1|k) +$$
$$x(k+2|k)^{\mathrm{T}}P(k)x(k+2|k)$$
$$\leqslant x(k+1|k)^{\mathrm{T}}Q(k)x(k+1|k) + u(k+1|k)^{\mathrm{T}}R(k)u(k+1|k) +$$
$$x(k+2|k)^{\mathrm{T}}P(k)x(k+2|k) \qquad (9-48)$$

当 $i=1$ 时,公式(9-35)可写为

$$x(k+2|k)^{\mathrm{T}}P(k)x(k+2|k) + x(k+1|k)^{\mathrm{T}}Q(k)x(k+1|k) +$$
$$u(k+1|k)^{\mathrm{T}}R(k)u(k+1|k) < x(k+1|k)^{\mathrm{T}}P(k)x(k+1|k) \qquad (9-49)$$

将公式(9-47)、公式(9-48)和公式(9-49)联立可得

$$x(k+1|k+1)^{\mathrm{T}}Q(k+1)x(k+1|k+1) +$$
$$u(k+1|k+1)^{\mathrm{T}}R(k+1)u(k+1|k+1) +$$

$$x(k+2|k+1)^{\mathrm{T}}P(k+1)x(k+2|k+1)$$
$$<x(k+1|k)^{\mathrm{T}}P(k)x(k+1|k)$$
$$<x(k|k)^{\mathrm{T}}Q(k)x(k|k)+u(k|k)^{\mathrm{T}}R(k)u(k|k)+x(k+1|k)^{\mathrm{T}}P(k)x(k+1|k)$$
$$(9-50)$$

本节定义李亚普诺夫函数 $\eta(k)$ 为

$$\eta(k)=x(k|k)^{\mathrm{T}}Q(k)x(k|k)+u(k|k)^{\mathrm{T}}R(k)u(k|k)+$$
$$x(k+1|k)^{\mathrm{T}}P(k)x(k+1|k) \qquad (9-51)$$

根据公式(9-51)可知下式成立:

$$\eta(k+1)<\eta(k) \qquad (9-52)$$

即李雅普诺夫 $\eta(k)$ 单调递减,本节设计的时变权值的 MPC 算法渐近稳定。

另外,根据公式(9-37)存在下式成立:

$$x(k+i|k)^{\mathrm{T}}P(k)x(k+i|k)\leqslant\gamma(k) \qquad (9-53)$$

因此对于所有预测的着舰状态 $x(k+i|k)$,均存在 $Z=\{z^{\mathrm{T}}Pz\leqslant\gamma|z\in x(k+i|k)\}$,是系统的一个不变椭圆集。

3. 仿真结果与分析

(1)初始状态偏差见表 9-1。

表 9-1　初始仿真工况表

参数	着舰状态初始值
速度偏差/($\mathrm{m\cdot s^{-1}}$)	4.5
迎角偏差/(°)	1.5
侧滑角偏差/(°)	2.0
滚转角偏差/(°)	1.0
俯仰角偏差/(°)	1.5
偏航角偏差/(°)	0.8
滚转角速度偏差/($\mathrm{°\cdot s^{-1}}$)	-1.3
俯仰角速度偏差/($\mathrm{°\cdot s^{-1}}$)	0.5
偏航角速度偏差/($\mathrm{°\cdot s^{-1}}$)	2.1

（2）本节此处选择文献[141]和[142]中的静权值 MPC 方法作为对比算法，本书选择常权值 MPC 状态项和控制项系数矩阵元素分别为 1.0 和 0.8，两方法曲线如图 9－12 至图 9－25 所示。

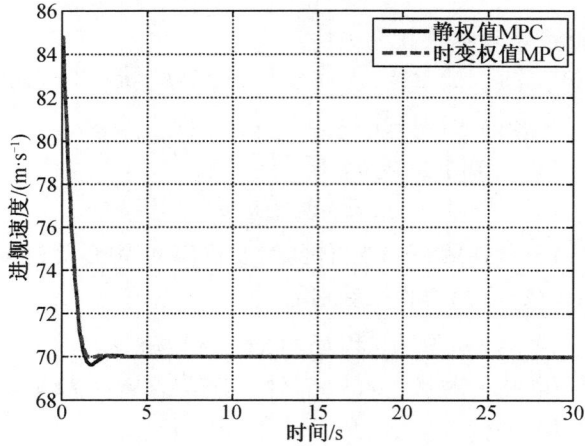

图 9－12 进舰速度仿真曲线

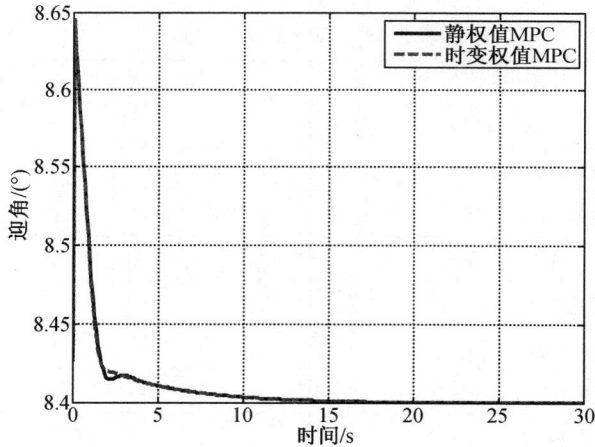

图 9－13 迎角仿真曲线

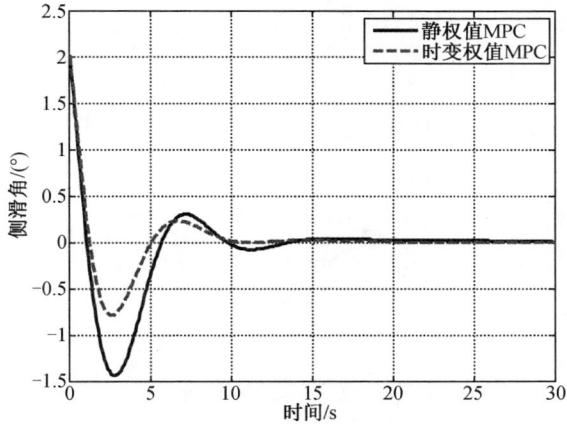

图 9 – 14　侧滑角仿真曲线

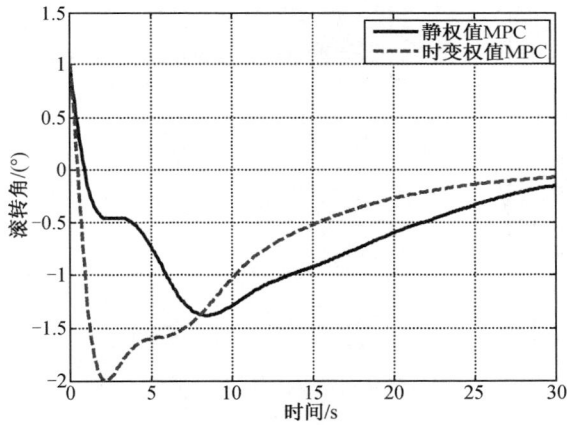

图 9 – 15　滚转角仿真曲线

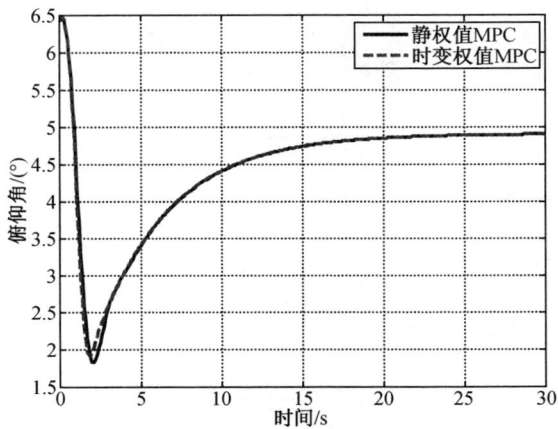

图 9 – 16　俯仰角仿真曲线

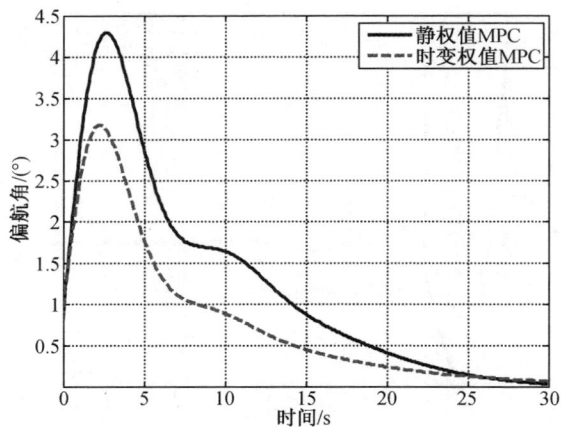
图9-17 偏航角仿真曲线

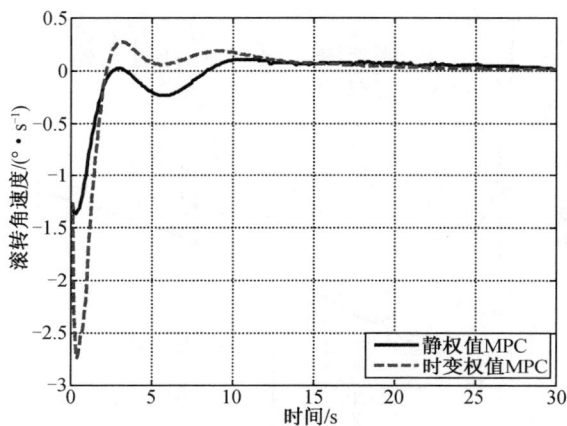
图9-18 滚转角速度仿真曲线

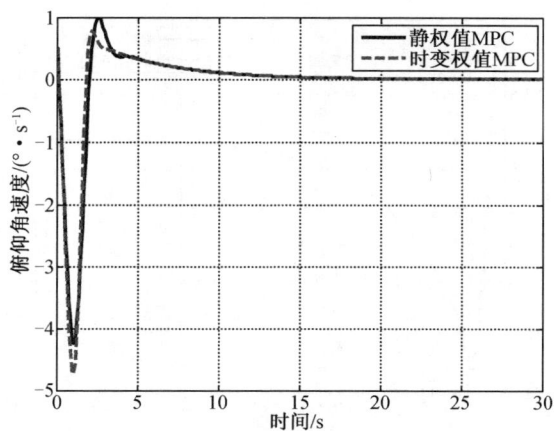
图9-19 俯仰角速度仿真曲线

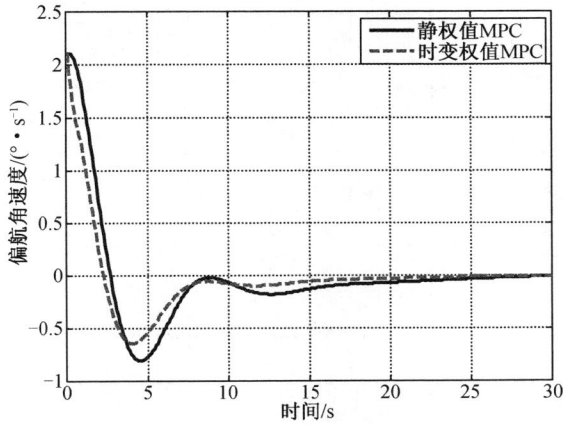

图 9 - 20　偏航角速度仿真曲线

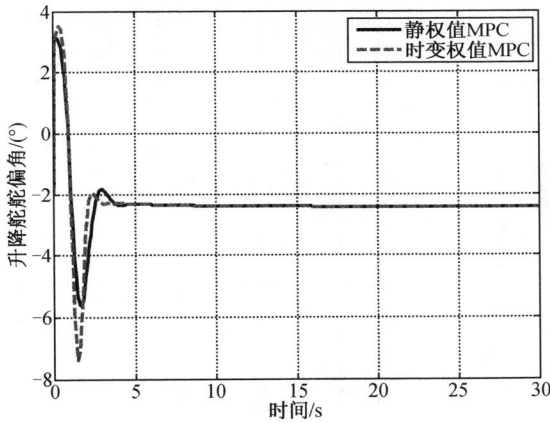

图 9 - 21　升降舵舵偏角仿真曲线

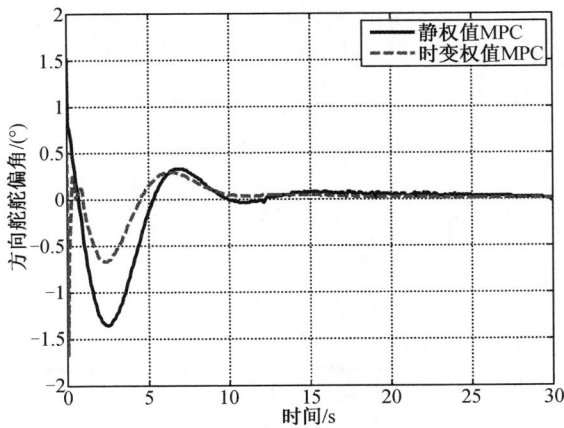

图 9 - 22　方向舵舵偏角仿真曲线

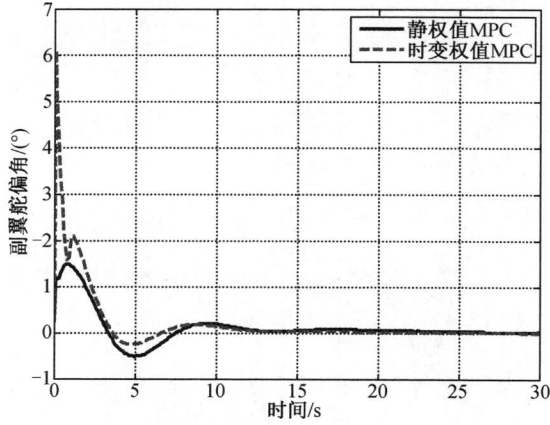

图 9 - 23　副翼舵偏角仿真曲线

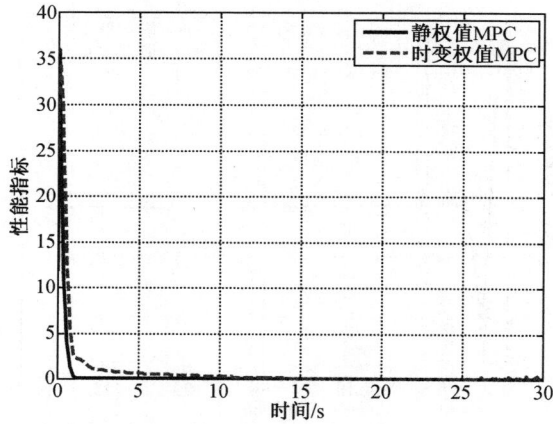

图 9 - 24　性能指标仿真曲线

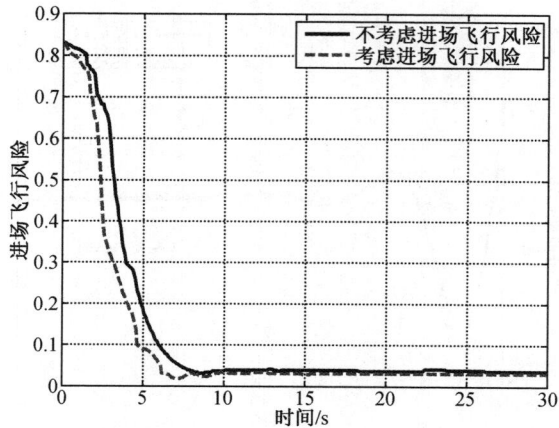

图 9 - 25　进场飞行风险仿真曲线

由图 9 - 12 至图 9 - 25 可以看出常权值 MPC 和时变权值 MPC 算法均能够控制舰载机实现自动着舰的任务,但两者的控制效果有所不同。

首先,两种方法对速度和迎角的控制较好,能够达到进场动力补偿的目的,略有不同的是常权值 MPC 对速度和迎角的控制略有超调,时变权值 MPC 对飞机速度和迎角的控制无超调,控制效果略好。两种方法对侧滑角的控制效果有明显不同,如图 9 - 13 所示,时变权值 MPC 算法能够将迎角控制在很小的范围内,与常权值 MPC 算法相比,控制速度更快,控制效果也更好。其次,从飞机姿态角和姿态角速度角度来讲,时变权值 MPC 算法对飞机俯仰角、滚转角和偏航角的控制速度更快,飞机姿态角的变化也更小,从飞机三个姿态角速度曲线来看,本算法能够快速消除姿态角偏差,能够保持飞机快速稳定,进一步实现飞机位置的调整。相比之下,传统的常权值 MPC 算法对飞机姿态的操控效果稍差一些。再次,从飞机的控制舵面角度来讲,两种算法相比之下,时变权值 MPC 算法对飞机舵面的控制量更加快速,舵偏角有时会稍大一些,这是为了能够控制飞机快速消除相应着舰偏差所致,从控制速度角度来讲,时变权值 MPC 算法对舵面的操控指令速度更快,因此达到的效果也更好。另外,图 9 - 24 和图 9 - 25 分别表示系统的性能指标和进场飞行风险曲线,由于仿真开始时常权值和时变权值算法的状态项和控制项系数相同,因此性能指标开始均为 35,但随着时间的推移,时变权值通过调整相应着舰状态的权值系数,导致性能指标略大一些,但总体不断变小,进一步验证了时变权值预测控制算法可保持系统渐近稳定。由于常权值并未考虑进场飞行风险,时变权值算法与之相比,能够更加快速地降低进场飞行风险,表现出突出的优越性。

9.2.2　附加着舰风险项的 MPC 引导律

根据前文对着舰风险的介绍可知,着舰风险与舰载机纵向偏差、下沉率及进舰距离直接相关,较大的着舰风险影响舰载机最终落点位置,落点靠前时可能导致撞击舰尾机毁人亡的严重事故,落点靠后可能导致舰载机复飞而需要重新着舰,为此需要有效抑制着舰风险的影响。本节将设计着舰风险项,将其置于传统 MPC 性能指标中,在滚动优化过程中,既能有效控制着舰状态,又能有针对性地抑制着舰风险。

1. MPC 性能指标风险项设计

由于着舰风险 R_{land} 与纵向偏差 e_{P_z}、下沉率偏差 e_{V_z} 和进舰距离 S_{app} 之间是一种复杂的非线性关系,可通过神经网络训练计算它们之间的关系,但是考虑到非线性着舰风险无法使用确定的数学表达式加以表现,并且着舰风险的非线性对控制器的稳定性影响较大,本书采用将非线性着舰风险模型线性化的方式获得着舰风险项,并改造 MPC 性能指标形式,设计自动着舰引导律,将该引导律作用于舰载机非线性模型上,通过非线性着舰风险的变化曲线验证着舰引导律抑制着舰风险的有效性。

根据前文中表 5 – 7 和表 5 – 8 中数据,通过线性拟合可获得如式(9 – 54)所示的着舰风险与纵向偏差、下沉率及进舰距离的线性表达式

$$R_{\mathrm{land}} = \begin{bmatrix} \lambda_1 & \lambda_1 & \lambda_1 \end{bmatrix} \begin{bmatrix} e_{P_z} \\ e_{V_z} \\ S_{\mathrm{app}} \end{bmatrix} \qquad (9-54)$$

纵向着舰状态包括进舰速度 V、迎角 α、俯仰角速度 q 和俯仰角 θ,而纵向偏差 e_{P_z}、下沉率偏差 e_{V_z} 和进舰距离 S_{app} 与以上着舰状态的关系可表示为

$$\begin{cases} S_{\mathrm{app}} = S_0 - \sum_{i=0}^{m} V_i \cos(\alpha - \theta) t_i \\ e_{P_z} = S_{\mathrm{app}} \tan 3.5° - \left(P_{z0} + \sum_{i=0}^{m} V_i \sin(\alpha - \theta) t_i \right) \\ e_{V_z} = 4.0 - V \sin(\alpha - \theta) \end{cases} \qquad (9-55)$$

式中　S_0——初始进舰距离;

　　　P_{z0}——初始纵向位置;

　　　m——当前推进步数。

因此着舰风险可以与着舰状态建立以下关系:

$$\boldsymbol{R}_{\mathrm{land}} = \boldsymbol{\lambda}_n \boldsymbol{x} = \boldsymbol{\lambda}_n \begin{bmatrix} V \\ \alpha \\ q \\ \theta \end{bmatrix} \qquad (9-56)$$

式中,$\boldsymbol{\lambda}_n$ 为着舰风险系数矩阵。

为利用 MPC 有效抑制着舰风险,本书设计着舰风险项 $\boldsymbol{R}_{\mathrm{land}}(k)^{\mathrm{T}} \boldsymbol{H} \boldsymbol{R}_{\mathrm{land}}(k)$,并将其作为传统 MPC 性能指标的附加项,正定对称阵 $\boldsymbol{H}$ 为着舰风险权值矩阵,其物理意义为着舰风险在性能指标中的权重,即在舰载机着舰过程中,控制系统对着舰风险的抑制力度。$\boldsymbol{H}$ 越大,对着舰风险的消除强度越大,反之越小。

2. 带有风险项的改进式 MPC 算法

含着舰风险项的舰载机着舰 MPC 性能指标函数 $J_0^{\infty}(k)$ 为[148-150]

$$J_0^\infty(k) = \sum_{i=0}^{\infty} \big[\boldsymbol{x}(k+i|k)^{\mathrm{T}} \boldsymbol{Q} \boldsymbol{x}(k+i|k) + \boldsymbol{u}(k+i|k)^{\mathrm{T}} \boldsymbol{R} \boldsymbol{u}(k+i|k) +$$

$$\boldsymbol{R}_{\mathrm{land}}(k+i|k)^{\mathrm{T}} \boldsymbol{H} \boldsymbol{R}_{\mathrm{land}}(k+i|k) \big] \tag{9-57}$$

式中,$\boldsymbol{Q}$ 和 $\boldsymbol{R}$ 均为常正定对称阵,状态量包括舰载机的进舰速度、迎角、俯仰角、俯仰角速度,控制量包括升降舵和油门。

　　这里需要说明一点,着舰风险与着舰状态存在关系,传统 MPC 性能指标中不含有风险项,也可通过滚动优化过程中对着舰状态的控制间接实现对着舰风险的抑制,但是并没有抑制着舰风险的理念,本书在传统性能指标中增加了着舰风险项,在对状态量和控制量的优化过程中,可有针对性地对着舰风险进行特别控制,并使着舰风险成为最小化性能指标的重要影响因素。为此,公式(9-57)改进的性能指标具有抑制着舰风险的特有功能。

　　本书定义着舰风险系数矩阵及着舰风险均有界,即

$$\boldsymbol{\lambda}_n(k) < \boldsymbol{\lambda}_{\max} \tag{9-58}$$

$$\boldsymbol{R}_{\mathrm{land}} < \boldsymbol{R}_{\mathrm{landmax}} \tag{9-59}$$

式中,$\boldsymbol{\lambda}_{\max}$ 和 $\boldsymbol{R}_{\mathrm{landmax}}$ 为着舰风险系数和着舰风险的上界。

　　与时变权值的 MPC 算法处理方式类似,本书将指标函数 $J_0^\infty(k)$ 分成第一步 $J_0^1(k)$ 和其他所有步 $J_1^\infty(k)$ 的和,分别为

$$\begin{cases} J_0^1(k) = \boldsymbol{x}(k|k)^{\mathrm{T}} \boldsymbol{Q} \boldsymbol{x}(k|k) + \boldsymbol{u}(k|k)^{\mathrm{T}} \boldsymbol{R} \boldsymbol{u}(k|k) + \boldsymbol{R}_{\mathrm{land}}(k|k)^{\mathrm{T}} \boldsymbol{H} \boldsymbol{R}_{\mathrm{land}}(k|k) \\ J_1^\infty(k) = \sum_{i=1}^{\infty} \big[\boldsymbol{x}(k+i|k)^{\mathrm{T}} \boldsymbol{Q} \boldsymbol{x}(k+i|k) + \boldsymbol{u}(k+i|k)^{\mathrm{T}} \boldsymbol{R} \boldsymbol{u}(k+i|k) + \\ \qquad \boldsymbol{R}_{\mathrm{land}}(k+i|k)^{\mathrm{T}} \boldsymbol{H} \boldsymbol{R}_{\mathrm{land}}(k+i|k) \big] \end{cases}$$

$$\tag{9-60}$$

　　因此系统的控制序列 $\boldsymbol{u}_0^\infty$ 可分为两部分:$\boldsymbol{u}_0^\infty = [\boldsymbol{u}(k|k), \boldsymbol{u}(k+i|k)]$,这里 $\boldsymbol{u}(k|k)$ 表示系统当前时刻的控制量,为确定量;$\boldsymbol{u}(k+i|k)$ 表示 MPC 算法未来所有步的控制量,为未知量,但可通过如下状态反馈加以计算:

$$\boldsymbol{u}(k+i|k) = \boldsymbol{F}(k) \boldsymbol{x}(k+i|k), i \geqslant 1 \tag{9-61}$$

　　含有着舰风险项的 MPC 算法可通过在线求解下面的指标函数来获得最优的控制量:

$$\min_{u(k|k), F(k)} \max J_0^\infty(k) \tag{9-62}$$

　　本书定义李亚普诺夫函数 $V(\boldsymbol{x}(k+i|k)) = \boldsymbol{x}(k+i|k)^{\mathrm{T}} \boldsymbol{P}(k) \boldsymbol{x}(k+i|k)$,这里 $\boldsymbol{P}(k)$ 为正定对称阵,并满足

$$V(\boldsymbol{x}(k+1+i|k)) - V(\boldsymbol{x}(k+i|k))$$

$$\leqslant -[\boldsymbol{x}(k+i|k)^{\mathrm{T}}\boldsymbol{Q}\boldsymbol{x}(k+i|k)+\boldsymbol{u}(k+i|k)^{\mathrm{T}}\boldsymbol{R}\boldsymbol{u}(k+i|k)+$$
$$\boldsymbol{R}_{\mathrm{land}}(k+i|k)^{\mathrm{T}}\boldsymbol{H}\boldsymbol{R}_{\mathrm{land}}(k+i|k)] \tag{9-63}$$

式中,将其左右两边同时从 $i=1$ 加到 $i=\infty$,并假设 $\boldsymbol{x}(\infty|k)=0$,$V(\boldsymbol{x}(\infty|k))=0$,因此下式成立:

$$\max J_1^\infty(k)\leqslant \boldsymbol{x}(k+1|k)^{\mathrm{T}}\boldsymbol{P}(k)\boldsymbol{x}(k+1|k) \tag{9-64}$$

结合公式(9-64),公式(9-62)可表示为

$$\min_{u(k|k)}\boldsymbol{x}(k|k)^{\mathrm{T}}\boldsymbol{Q}\boldsymbol{x}(k|k)+\boldsymbol{u}(k|k)^{\mathrm{T}}\boldsymbol{R}\boldsymbol{u}(k|k)+\boldsymbol{R}_{\mathrm{land}}(k|k)^{\mathrm{T}}\boldsymbol{H}\boldsymbol{R}_{\mathrm{land}}(k|k)+$$
$$\boldsymbol{x}(k+1|k)^{\mathrm{T}}\boldsymbol{P}(k)\boldsymbol{x}(k+1|k) \tag{9-65}$$

此处假设 $J_0^\infty(k)$ 的上界值为 $\gamma(k)$,则有下式成立:

$$J_0^\infty(k)<\boldsymbol{x}(k|k)^{\mathrm{T}}\boldsymbol{Q}\boldsymbol{x}(k|k)+\boldsymbol{u}(k|k)^{\mathrm{T}}\boldsymbol{R}\boldsymbol{u}(k|k)+\boldsymbol{R}_{\mathrm{land}}(k|k)^{\mathrm{T}}\boldsymbol{H}\boldsymbol{R}_{\mathrm{land}}(k|k)+$$
$$\boldsymbol{x}(k+1|k)^{\mathrm{T}}\boldsymbol{P}(k)\boldsymbol{x}(k+1|k)<\gamma(k) \tag{9-66}$$

综上所述,本节提出的时变权值矩阵的 MPC 算法可表示为

$$\min_{\gamma,u(k|k),\tilde{Q}(k),Y(k)} \gamma(k) \tag{9-67}$$

定理 2:对于舰载机着舰系统(1-19),存在 $\boldsymbol{u}(k|K)$、$\boldsymbol{F}(k)$ 及反馈控制律公式(9-61),满足下面 LMIs,可使 $J_0^\infty(k)$ 最小化:

$$\begin{bmatrix} 1 & * & * & * \\ \boldsymbol{A}\boldsymbol{x}(k|k)+\boldsymbol{B}\boldsymbol{u}(k|k) & \tilde{\boldsymbol{Q}}(k) & * & * \\ \boldsymbol{G}(k)^{0.5}\boldsymbol{x}(k|k) & 0 & \gamma\boldsymbol{I} & * \\ \boldsymbol{R}^{0.5}\boldsymbol{u}(k|k) & 0 & 0 & \gamma\boldsymbol{I} \end{bmatrix}>0 \tag{9-68}$$

$$\begin{bmatrix} \tilde{\boldsymbol{Q}}(k) & * & * & * \\ \boldsymbol{A}\tilde{\boldsymbol{Q}}(k)+\boldsymbol{B}\boldsymbol{Y}(k) & \tilde{\boldsymbol{Q}}(k) & * & * \\ \boldsymbol{G}(k)^{0.5}\tilde{\boldsymbol{Q}}(k) & 0 & \gamma(k)\boldsymbol{I} & * \\ \boldsymbol{R}^{0.5}\boldsymbol{Y}(k) & 0 & 0 & \gamma(k)\boldsymbol{I} \end{bmatrix}>0 \tag{9-69}$$

式中,$\boldsymbol{G}(k)=\boldsymbol{Q}+\boldsymbol{\lambda}_n(k)^{\mathrm{T}}\boldsymbol{H}\boldsymbol{\lambda}_n(k)$,$\boldsymbol{Y}(k)=\boldsymbol{F}(k)\tilde{\boldsymbol{Q}}(k)$,$\tilde{\boldsymbol{Q}}(k)$ 为正定对称阵。

通过上述 LMIs 和 $\boldsymbol{F}(k)=\boldsymbol{Y}(k)\tilde{\boldsymbol{Q}}(k)^{-1}$ 可求解状态反馈控制律 $\boldsymbol{F}(k)$,并利用公式(9-61)所示的状态反馈控制律可求解舰载机的升降舵和油门的操控量,作为自动着舰过程中对舰载机的控制输入。

证明:将舰载机线性着舰模型代入公式(9-66)中,可得

$$\boldsymbol{x}(k|k)^{\mathrm{T}}\boldsymbol{G}(k)\boldsymbol{x}(k|k)+\boldsymbol{u}(k|k)^{\mathrm{T}}\boldsymbol{R}\boldsymbol{u}(k|k)+[\boldsymbol{A}\boldsymbol{x}(k|k)+\boldsymbol{B}\boldsymbol{u}(k|k)]^{\mathrm{T}}\cdot$$
$$\boldsymbol{P}(k)[\boldsymbol{A}\boldsymbol{x}(k|k)+\boldsymbol{B}\boldsymbol{u}(k|k)]<\gamma(k) \tag{9-70}$$

令 $\boldsymbol{P}(k) = \gamma(k)\widetilde{\boldsymbol{Q}}(k)^{-1}$，利用 Schur 补引理，公式(9−70)可转化为公式(9−68)的 LMI 的形式。

同理，将舰载机着舰线性模型代入公式(9−63)中，可得

$$\boldsymbol{x}(k+1+i|k)^{\mathrm{T}}\boldsymbol{P}(k)\boldsymbol{x}(k+1+i|k) - \boldsymbol{x}(k+i|k)^{\mathrm{T}}\boldsymbol{P}(k)\boldsymbol{x}(k+i|k)$$

$$\leqslant -[\boldsymbol{x}(k+i|k)^{\mathrm{T}}\boldsymbol{G}(k)\boldsymbol{x}(k+i|k) + \boldsymbol{u}(k+i|k)^{\mathrm{T}}\boldsymbol{R}\boldsymbol{u}(k+i|k)], i\geqslant 1 \quad (9-71)$$

将 $\boldsymbol{x}(k+1+i|k) = \boldsymbol{A}\boldsymbol{x}(k+i|k) + \boldsymbol{B}\boldsymbol{u}(k+i|k)$，$\boldsymbol{u}(k+i|k) = \boldsymbol{F}(k)\boldsymbol{x}(k+i|k)$ 代入公式(9−63)可得

$$\boldsymbol{x}(k+i|k)^{\mathrm{T}}[(\boldsymbol{A}+\boldsymbol{B}\boldsymbol{F}(k))^{\mathrm{T}}\boldsymbol{P}(k)(\boldsymbol{A}+\boldsymbol{B}\boldsymbol{F}(k)) - \boldsymbol{P}(k) + \boldsymbol{G}(k) +$$
$$\boldsymbol{F}(k)^{\mathrm{T}}\boldsymbol{R}\boldsymbol{F}(k)]\boldsymbol{x}(k+i|k)\leqslant 0 \quad (9-72)$$

根据公式(9−72)可知，当 $i\geqslant 1$ 时，下式成立：

$$(\boldsymbol{A}+\boldsymbol{B}\boldsymbol{F}(k))^{\mathrm{T}}\boldsymbol{P}(\boldsymbol{A}+\boldsymbol{B}\boldsymbol{F}(k)) - \boldsymbol{P}(k) + \boldsymbol{G}(k) + \boldsymbol{F}(k)^{\mathrm{T}}\boldsymbol{R}\boldsymbol{F}(k)\leqslant 0$$

$$(9-73)$$

将 $\boldsymbol{P}(k) = \gamma\widetilde{\boldsymbol{Q}}(k)^{-1}$、$\boldsymbol{Y}(k) = \boldsymbol{F}(k)\widetilde{\boldsymbol{Q}}(k)$ 代入公式(9−73)，并且使上面不等式两边同时左乘 $\widetilde{\boldsymbol{Q}}(k)^{\mathrm{T}}$ 和右乘 $\widetilde{\boldsymbol{Q}}(k)$，并转化为 LMI 形式，可推导出公式(9−69)形式。

定理3：对于舰载机着舰系统公式(1−19)，存在 $\boldsymbol{F}(k)$ 及反馈控制律公式(9−61)，满足下面 LMI，则对于未来状态 $\boldsymbol{x}(k+i|k)$ 均满足 $Z = \{z|z^{\mathrm{T}}\boldsymbol{P}z\leqslant\gamma, z\in\boldsymbol{x}(k+i|k)\}$。这里称 $Z = \{z|z^{\mathrm{T}}\boldsymbol{P}z\leqslant\gamma\}$ 是系统的一个不变椭圆集。

$$\begin{bmatrix} 1 & * \\ \boldsymbol{x}(k|k) & \widetilde{\boldsymbol{Q}} \end{bmatrix}\geqslant 0 \quad (9-74)$$

证明：根据公式(9−66)可得

$$\boldsymbol{x}(k+1|k)^{\mathrm{T}}\boldsymbol{P}(k)\boldsymbol{x}(k+1|k) < \gamma(k) \quad (9-75)$$

再根据公式(9−63)可得

$$\boldsymbol{x}(k+1+i|k)^{\mathrm{T}}\boldsymbol{P}(k)\boldsymbol{x}(k+1+i|k) < \boldsymbol{x}(k+i|k)^{\mathrm{T}}\boldsymbol{P}(k)\boldsymbol{x}(k+i|k) \quad (9-76)$$

因此可知 $\boldsymbol{x}(k+i|k)^{\mathrm{T}}\boldsymbol{P}(k)\boldsymbol{x}(k+i|k)\leqslant\gamma(k)$，令 $\boldsymbol{P}(k) = \gamma\widetilde{\boldsymbol{Q}}(k)^{-1}$，则有

$$\boldsymbol{x}(k+i|k)^{\mathrm{T}}\boldsymbol{Q}^{-1}\boldsymbol{x}(k+i|k)\leqslant 1 \quad (9-77)$$

公式(9−77)可转化为公式(9−74)的形式。

定理4：对于舰载机着舰系统公式(1−19)，存在输入输出约束时，系统需满足如下 LMIs：

$$\begin{bmatrix} \boldsymbol{X} & \boldsymbol{Y} \\ \boldsymbol{Y}^{\mathrm{T}} & \widetilde{\boldsymbol{Q}}(k) \end{bmatrix}, X_{jj} < u_{j,\max}^2, j = 1,2 \quad (9-78)$$

式中，$u_{j,\max}$ 为舰载机升降舵和油门的允许最大值。

$$\begin{bmatrix} \widetilde{\boldsymbol{Q}}(k) & * \\ \boldsymbol{C}(\widetilde{\boldsymbol{AQ}}(k)+\boldsymbol{BY}) & \boldsymbol{y}_{\max}{}^2\boldsymbol{I} \end{bmatrix}>0 \qquad (9-79)$$

式中，$y_{\max}$ 为系统输出的允许最大值。

定理 5：对于舰载机着舰系统公式（1-19），着舰风险系数 $P_z>0$ 满足如下 LMI，可使着舰风险满足风险有界条件公式（9-58）：

$$\begin{bmatrix} \boldsymbol{R}_{\text{landmax}} & * \\ \boldsymbol{\lambda}_n & \boldsymbol{I} \end{bmatrix}\geqslant 0 \qquad (9-80)$$

证明：

$$\max_{i\geqslant 1}\mid \boldsymbol{R}_{\text{land}}(k)\mid^2=\max_{i\geqslant 1}\mid \boldsymbol{\lambda}_n\boldsymbol{x}(k\mid k)\mid^2\leqslant\max_{z\in Z}\mid\overline{\boldsymbol{\lambda}}z\mid^2 \qquad (9-81)$$

公式（9-81）可化为公式（9-80）的 LMI 形式。

定理 6：满足公式（9-68）、（9-69）、（9-74）、（9-78）、（9-79）、（9-80）的系统为渐近稳定闭环系统。

证明：由于 $Z=\{z\mid z^{\mathrm{T}}\boldsymbol{P}z\leqslant\gamma,z\in\boldsymbol{x}(k+i\mid k)\}$ 为舰载机线性着舰系统的不变椭圆集，因此当系统在 $k=0$ 时刻存在可行解，此时系统在 $k+i,i>0$ 时刻均存在可行解。在 $k+1$ 时刻，$\boldsymbol{P}(k+1)$ 是最优解，而 $\boldsymbol{P}(k)$ 是可行解，因此有 $\boldsymbol{P}(k+1)\leqslant\boldsymbol{P}(k)$，并且有下式成立：

$$\boldsymbol{x}(k+1\mid k+1)^{\mathrm{T}}\boldsymbol{P}(k+1)\boldsymbol{x}(k+1\mid k+1)\leqslant\boldsymbol{x}(k+1\mid k+1)^{\mathrm{T}}\boldsymbol{P}(k)\boldsymbol{x}(k+1\mid k+1)$$
$$(9-82)$$

由公式（9-63）可得下式成立：

$$\boldsymbol{x}(k+1\mid k)^{\mathrm{T}}\boldsymbol{P}(k)\boldsymbol{x}(k+1\mid k)\leqslant\boldsymbol{x}(k\mid k)^{\mathrm{T}}\boldsymbol{P}(k)\boldsymbol{x}(k\mid k) \qquad (9-83)$$

由于 $\boldsymbol{x}(k+1\mid k+1)=(\boldsymbol{A}+\boldsymbol{BF}(k))\boldsymbol{x}(k\mid k)$，则 $\boldsymbol{x}(k+1\mid k+1)$ 也满足公式（9-83），因此有

$$\boldsymbol{x}(k+1\mid k+1)^{\mathrm{T}}\boldsymbol{P}(k)\boldsymbol{x}(k+1\mid k+1)\leqslant\boldsymbol{x}(k\mid k)^{\mathrm{T}}\boldsymbol{P}(k)\boldsymbol{x}(k\mid k) \qquad (9-84)$$

公式（9-82）和公式（9-84）联立得：

$$\boldsymbol{x}(k+1\mid k+1)^{\mathrm{T}}\boldsymbol{P}(k+1)\boldsymbol{x}(k+1\mid k+1)\leqslant\boldsymbol{x}(k\mid k)^{\mathrm{T}}\boldsymbol{P}(k)\boldsymbol{x}(k\mid k) \qquad (9-85)$$

设李亚普诺夫函数 $\eta(\boldsymbol{x})=\boldsymbol{x}(k\mid k)^{\mathrm{T}}\boldsymbol{P}(k)\boldsymbol{x}(k\mid k)$，根据公式（9-85）可知 $\eta(\boldsymbol{x})$ 为单调递减函数，故该系统为渐近稳定闭环系统。

3. 仿真结果与分析

本节利用上述理论推导，利用 F/A-18 非线性模型，在舰载机着舰半物理仿真平台上验证算法的控制效果，仿真工况设置如下：

（1）母舰航速 24 kn,海况 3 级;

（2）舰载机初始纵向偏差为 5.0 m,初始进舰速度为 71.5 m/s;初始下沉率为 4.9 m/s;初始俯仰角速度为 −0.05°/s;初始俯仰角为 4.9°;

（3）根据参考文献［141］中的介绍,构建该文献中不考虑着舰风险方法的仿真算法,与本书带有着舰风险项的算法做对比。以上两种算法的性能指标中的权值系数矩阵为常对角方阵,其中状态项系数矩阵对角元素均为 0.05,控制项系数矩阵对角元素均为 0.1,本书提出的带有着舰风险项 MPC 算法中风险项系数矩阵对角元素均为 0.25。仿真曲线如图 9−26 至图 9−33 所示。

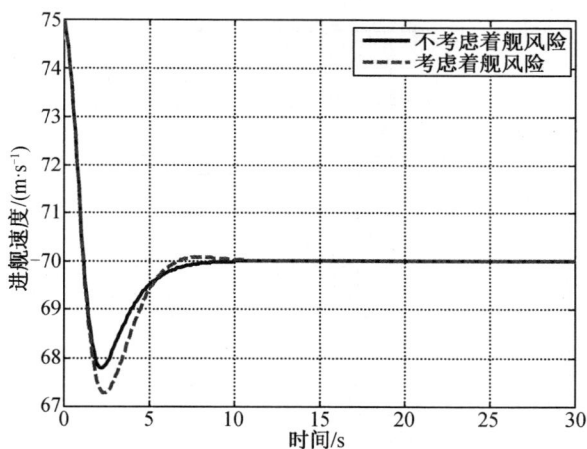

图 9−26　进舰速度仿真曲线

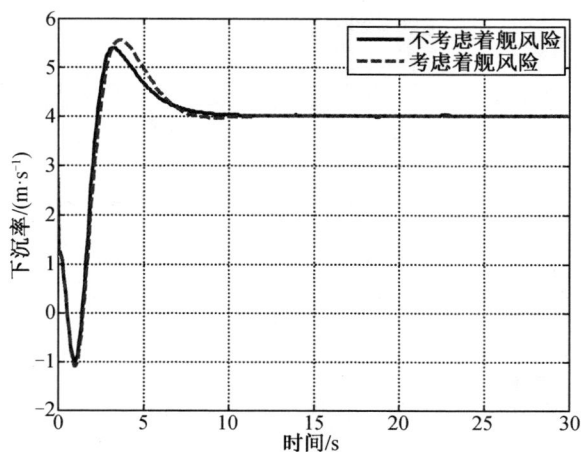

图 9−27　下沉率仿真曲线

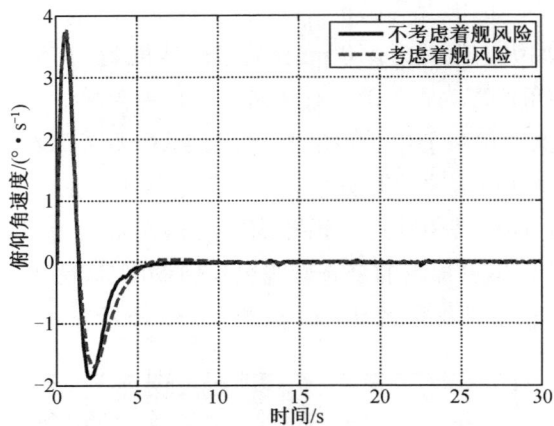

图 9 - 28　俯仰角速度仿真曲线

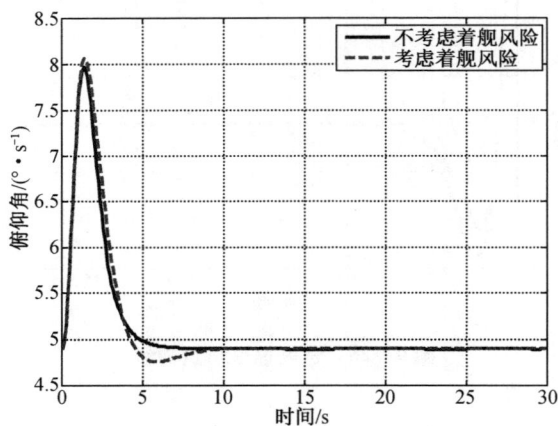

图 9 - 29　俯仰角仿真曲线

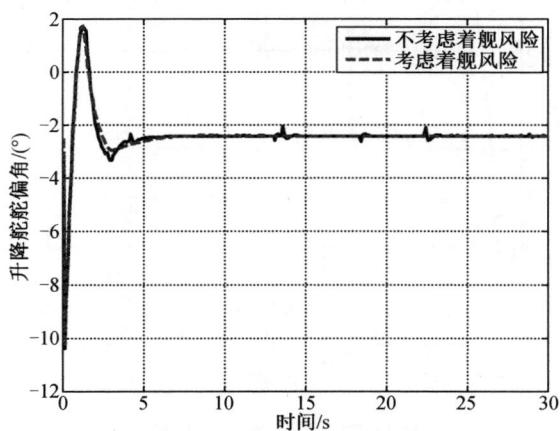

图 9 - 30　升降舵舵偏角曲线

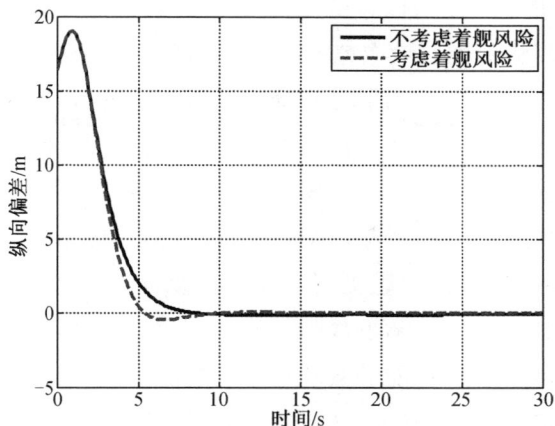

图 9-31　纵向偏差仿真曲线

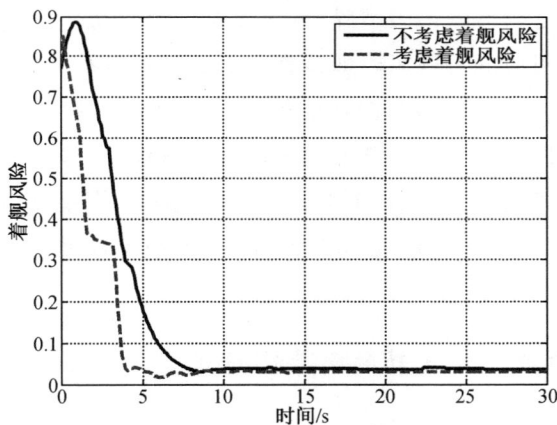

图 9-32　着舰风险仿真曲线

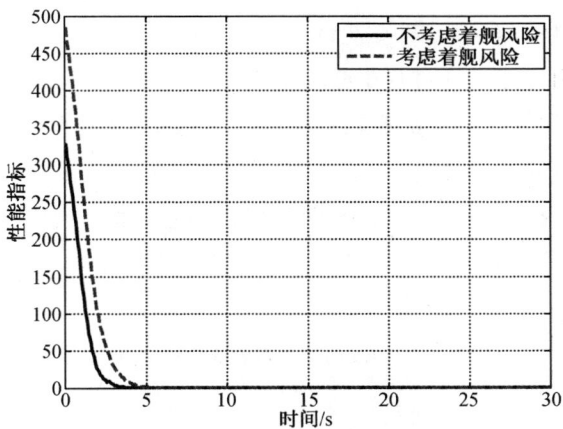

图 9-33　性能指标仿真曲线

由图 9 - 26 至图 9 - 33 可以看出,两种算法均能完成自动着舰任务,但是从各着舰状态来看,各算法的控制效果略有不同。图 9 - 31 为纵向偏差仿真曲线,从图中可以看出不考虑着舰风险的算法迅速消除偏差并能维持在 0 值,同时不出现超调量,相比之下本书所提出的算法虽然消除纵向偏差的速度略快一些,但是出现纵向位置超调现象,这是由于不考虑着舰风险的算法需要调整升降舵,维持较大俯仰角,使飞机纵向偏差在消除后维持 0 偏差,而俯仰角和迎角共同影响下滑角和下沉率,根据前文介绍,舰载机着舰风险由纵向偏差和下沉率有关,因此图 9 - 26 至图 9 - 31 中,与不考虑着舰风险的算法相比,本书所提出的算法中各着舰状态的消除效果不够理想,在能够实现自动着舰的前提下,在着舰过程中对着舰风险的控制较好,如图 9 - 32 所示,本书算法能够在仿真开始后 4 s 快速消除着舰风险,并能够将着舰风险控制在很小的区间内,而不考虑着舰风险的算法的纵向风险在仿真开始 8 s 后方能得以消除,这也体现了本算法的优越性。这里需要说明一点,两种算法对应的着舰风险曲线在仿真初期局部略有增加,这是仿真初始工况的状态偏差所致,曲线整体趋势能够反映舰载机着舰风险的变化情况。图 9 - 33 表示各算法的性能指标,由于本书算法与不考虑着舰风险的算法相比,性能指标函数中增加了着舰风险项,同时状态项和控制项权值系数矩阵是相同的常静态方阵,因此仿真开始时,性能指标略大,随后迅速不断减小,算法可保持渐近稳定。

9.2.3　抑制舰尾流扰动的引导律研究

舰尾流会造成舰载机横向和纵向的位置偏差,特别是纵向上,舰尾流扰动的垂直分量引起舰载机垂向误差,以航迹角为 3.5° 的 F/A - 18 大黄蜂舰载机为例,垂向为 1 m 的高度偏差会造成 16.4 m 的水平误差[151]。为此,抑制纵向舰尾流扰动是舰载机自动引导律设计过程中必须要解决的问题,本节提出抑制舰尾流的自动着舰引导律,该引导律既能够有效抑制舰尾流扰动,又能够消除着舰纵向偏差。

1. 抑制舰尾流的理论分析

在仅考虑舰载机纵向回路时,舰载机线性着舰模型公式(1 - 19)中并未含有舰尾流扰动项,本节将对公式(1 - 19)中增加舰尾流扰动项,因此将公式(1 - 19)改造为

$$\begin{cases} \boldsymbol{x}(k+1) = \boldsymbol{A}\boldsymbol{x}(k) + \boldsymbol{B}\boldsymbol{u}(k) + \boldsymbol{D}_{aw}\boldsymbol{v}_{aw}(k) \\ y = \boldsymbol{C}\boldsymbol{x}(k) \end{cases} \tag{9 - 86}$$

式中,$\boldsymbol{A}$、$\boldsymbol{B}$ 和 $\boldsymbol{C}$ 为系统矩阵,$\boldsymbol{v}_{aw}$ 为扰动量,$\boldsymbol{D}_{aw}$ 为扰动矩阵。具体参数如下:

$$A = \begin{bmatrix} -0.136 & -76.07 & 0 & -30.335 \\ -0.001 & -0.724 & 1 & 0.047 \\ 0 & 0.256 & -0.167 & 0 \\ 0 & 0 & 1 & 0 \end{bmatrix}$$

$$B = \begin{bmatrix} -1.64 & 0.001 \\ -0.057 & 0 \\ -1.652 & 0 \\ 0 & 0 \end{bmatrix}$$

$$C = \mathrm{diag}\{1,1,1,1\}$$

$$D_{aw} = \begin{bmatrix} 0.054 & 0.092 \\ 0.004 & 0.006 \\ -2.05 \times 10^{-4} & -0.01 \\ 0 & 0 \end{bmatrix}$$

由于 D_{aw} 为 4 行 2 列的矩阵,考虑到后文中将系统约束转换为 LMIs 的过程,需要满足 D_{aw} 为可逆方阵的条件,本书此处将矩阵 D_{aw} 和 v_{aw} 增广化处理:将 D_{aw} 扩展为可逆方阵 D,将 v_{aw} 扩展为矩阵 v。由于可逆矩阵的一个必要条件为矩阵的行列式不为 0,现将 D 和 v 形式设计为

$$D = \begin{bmatrix} D_1 & D_2 & 0 & 0 \\ D_3 & D_4 & 0 & 0 \\ D_5 & D_6 & D_{x1} & 0 \\ 0 & 0 & 0 & D_{x2} \end{bmatrix}$$

$$v = \begin{bmatrix} \omega_{xg} \\ \omega_{zg} \\ \omega_1 \\ \omega_2 \end{bmatrix}$$

考虑到 D_{aw} 形式,同时兼顾 D 与 v 相乘后不影响舰载机着舰模型,其中 D_{x1} 和 D_{x2} 数值为 1,ω_1 和 ω_2 数值为 0。因此矩阵增广后,既能保证 D 是可逆方阵,使系统约束容易转换为 LMIs,又能在求解最优解过程中保持系统状态计算结果与矩阵 D_{aw} 扩展前相同。

舰尾流由自由大气絮流分量、尾流随机分量、尾流稳态分量和尾流的周期性分量叠加构成,这些分量都是有界的,因此,本书定义舰尾流扰动量 v 满足如下紧致集:

$$\varepsilon_v = \{\boldsymbol{v} \mid \boldsymbol{v}^{\mathrm{T}}\boldsymbol{P}_v, \boldsymbol{v} \leqslant 1\} \tag{9-87}$$

式中，$\boldsymbol{P}_v$ 为正定对称矩阵。

为方便后文开展理论描述与公式推导，现介绍以下定义[152-154]：

（1）正不变集：如果存在 Z 域，使系统在 k 时刻的状态满足 $\boldsymbol{x}(k \mid k) \in \boldsymbol{Z}$，同时系统 k 时刻所预测未来的所有状态均满足 $\boldsymbol{x}(k+i \mid k) \in \boldsymbol{Z}$，则称 Z 域为系统的正不变集。正不变集示意图如图 9-34 所示。

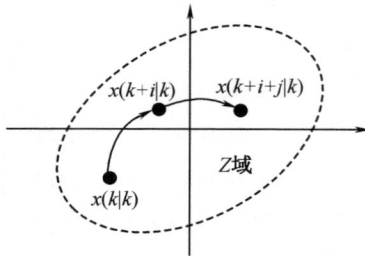

图 9-34 正不变集示意图

（2）二次有界系统：对于着舰系统公式（9-86），如果存在正定对称阵 $\widetilde{\boldsymbol{Q}}^{-1}(k)$，使得 $\boldsymbol{x}(k+i \mid k)^{\mathrm{T}}\widetilde{\boldsymbol{Q}}^{-1}(k)\boldsymbol{x}(k+i \mid k) \geqslant 1$ 时，有下式成立：

$$\boldsymbol{x}(k+i+1 \mid k)^{\mathrm{T}}\widetilde{\boldsymbol{Q}}^{-1}(k)\boldsymbol{x}(k+i+1 \mid k) \leqslant \boldsymbol{x}(k+i \mid k)^{\mathrm{T}}\widetilde{\boldsymbol{Q}}^{-1}(k)\boldsymbol{x}(k+i \mid k)$$

则称系统（9-86）是二次有界系统。

正不变集是一种有如下属性的状态空间集：如果系统在某一时刻包含了某系统状态，则系统在未来所有时刻一直包含该系统状态[155]。根据正不变集的概念，这里关注的是在约束和扰动存在的情况下，通过计算反馈增益矩阵来保证约束系统的不变性。

正不变集 V_z 可用公式（9-88）的椭圆集形式加以表示：

$$\boldsymbol{E} = \{\boldsymbol{x} \mid \boldsymbol{x}^{\mathrm{T}}\boldsymbol{G}^{-1}\boldsymbol{x} \leqslant 1\} \tag{9-88}$$

在纵向上，着舰状态为进舰速度 $\boldsymbol{V}$、迎角 α、俯仰角速度 q 和俯仰角 θ，因此公式（9-88）中 $\boldsymbol{G}^{-1} = \boldsymbol{P} \in \boldsymbol{R}_{4 \times 4}$，且为正定对称矩阵。

为使舰载机着舰过程中的状态一旦进入某个集合，就不再从该集合中出来，本书采用寻找最大正不变集的方法来抑制舰尾流的扰动作用。根据公式（9-86），本书寻找 $\boldsymbol{G}$ 矩阵以获得舰载机着舰过程最大的正不变集。

取李雅普诺夫函数 $V(\boldsymbol{x}(k \mid k))$ 如下

$$V(\boldsymbol{x}(k \mid k)) = \boldsymbol{x}(k \mid k)^{\mathrm{T}}\widetilde{\boldsymbol{Q}}^{-1}(k)\boldsymbol{x}(k \mid k) \tag{9-89}$$

根据二次有界系统的定义可知,$V(\boldsymbol{x}(k|k)) > 1$ 时的所有状态,均可保证 $V(\boldsymbol{x}(k+i|k))$ 是单调递减的。

引理 7[156-158]:如果存在正定对称矩阵 $\boldsymbol{P}$,使着舰系统公式(9-86)为二次有界系统,那么一定存在正定对称阵 $\widetilde{\boldsymbol{Q}}^{-1}(k)$,使得 $\varepsilon_x = \{\boldsymbol{x} \mid \boldsymbol{x}(k|k)^{\mathrm{T}}\widetilde{\boldsymbol{Q}}^{-1}(k)\boldsymbol{x}(k|k) \leqslant 1\}$ 是着舰系统公式(9-86)的正不变集。

本书取如下系统性能指标 γ 为

$$\gamma = \max \sum_{i=0}^{\infty} \left[\boldsymbol{x}(k+i|k)^{\mathrm{T}}\boldsymbol{Q}\boldsymbol{x}(k+i|k) + \boldsymbol{u}(k+i|k)^{\mathrm{T}}\boldsymbol{R}\boldsymbol{u}(k+i|k) \right]$$

$$(9-90)$$

式中,$\boldsymbol{Q}$ 和 $\boldsymbol{R}$ 为正定对称阵。

本书通过状态反馈计算系统控制量,使舰载机飞行状态满足二次有界条件,进而在正不变集中,有效抑制舰尾流,并使系统性能指标不断减小,消除纵向偏差,最终达到顺利着舰目的。系统输入量采用如下状态反馈控制律:

$$\boldsymbol{u}(k+i|k) = \boldsymbol{F}(k)\boldsymbol{x}(k+i|k) \tag{9-91}$$

为达到上述目的,本书在系统滚动优化过程中,按照公式(9-92)求解最优控制量:

$$\min_{\gamma, \boldsymbol{F}(k), \widetilde{\boldsymbol{Q}}(k)} \gamma \tag{9-92}$$

为保证系统的鲁棒性,同时使系统的状态在如下正不变集中:

$$\varepsilon_x = \{\boldsymbol{x} \mid \boldsymbol{x}(k|k)^{\mathrm{T}}\widetilde{\boldsymbol{Q}}^{-1}(k)\boldsymbol{x}(k|k) \leqslant 1\} \tag{9-93}$$

需要使公式(9-94)成立:

$$\boldsymbol{x}(k|k)^{\mathrm{T}}\widetilde{\boldsymbol{Q}}^{-1}(k)\boldsymbol{x}(k|k) \leqslant 1 \tag{9-94}$$

当 $\boldsymbol{x}(k+i|k)^{\mathrm{T}}\widetilde{\boldsymbol{Q}}^{-1}(k)\boldsymbol{x}(k+i|k) \geqslant 1$ 时,

$$\boldsymbol{x}(k+i+1|k)^{\mathrm{T}}\widetilde{\boldsymbol{Q}}^{-1}(k)\boldsymbol{x}(k+i+1|k) - \boldsymbol{x}(k+i|k)^{\mathrm{T}}\widetilde{\boldsymbol{Q}}^{-1}(k)\boldsymbol{x}(k+i|k)$$

$$\leqslant -\frac{1}{\gamma}\left[\boldsymbol{x}(k+i|k)^{\mathrm{T}}\boldsymbol{Q}\boldsymbol{x}(k+i|k) + \boldsymbol{u}(k+i|k)^{\mathrm{T}}\boldsymbol{R}\boldsymbol{u}(k+i|k) \right] \tag{9-95}$$

综上所述,为了既能在一定程度上消除舰载机的纵向偏差,又能在着舰过程中有效抑制满足公式(9-87)的舰尾流的扰动影响,系统公式(9-86)需要同时满足公式(9-92)至公式(9-95)。

2. 抑制舰尾流引导律设计

定理 8:存在 $\boldsymbol{Y}(k)$、$\widetilde{\boldsymbol{Q}}(k)$、标量 γ 和 θ、状态反馈增益 $\boldsymbol{F}(k) = \boldsymbol{Y}(k)\widetilde{\boldsymbol{Q}}(k)^{-1}$ 满足以下 LMIs,使公式(9-95)成立:

$$\begin{bmatrix} (1-\theta)\widetilde{\boldsymbol{Q}}(k) & * & * & * & * \\ A\widetilde{\boldsymbol{Q}}(k)+\boldsymbol{BY}(k) & \widetilde{\boldsymbol{Q}}(k) & * & * & * \\ R^{0.5}\boldsymbol{Y}(k) & 0 & \gamma(k)\boldsymbol{I} & * & * \\ \boldsymbol{Q}^{0.5}\boldsymbol{Q}(k) & 0 & 0 & \gamma(k)\boldsymbol{I} & * \\ A\widetilde{\boldsymbol{Q}}(k)+\boldsymbol{BY}(k) & 0 & 0 & 0 & \boldsymbol{S}(k)-\widetilde{\boldsymbol{Q}}(k) \end{bmatrix} \geqslant 0 \quad (9-96)$$

$$\begin{bmatrix} \theta \boldsymbol{P}_v & * \\ \boldsymbol{D} & \widetilde{\boldsymbol{Q}}(k) \end{bmatrix} \geqslant 0 \quad\quad (9-97)$$

$$\begin{bmatrix} \boldsymbol{S}(k) & * \\ \widetilde{\boldsymbol{Q}}^{0.5}(k) & \boldsymbol{I} \end{bmatrix} \geqslant 0 \quad\quad (9-98)$$

公式(9-96)至公式(9-97)中,标量 $\theta \in (0,1)$,$\boldsymbol{S}(k)=\widetilde{\boldsymbol{Q}}(k)\boldsymbol{D}^{-T}\theta\boldsymbol{P}_v\boldsymbol{D}^{-1}\widetilde{\boldsymbol{Q}}(k)$,$\boldsymbol{F}(k)=\boldsymbol{Y}(k)\widetilde{\boldsymbol{Q}}^{-1}(k)$。

根据以上 LMIs,可在滚动优化过程中,实时求解矩阵 $\boldsymbol{F}(k)$,并利用状态反馈控制律公式(9-91)计算求解引舰载机的升降舵及油门的控制量,达到舰载机抑制舰尾流的目的。

证明:在 k 时刻,如系统状态满足 $\boldsymbol{x}(k+i|k)^{\mathrm{T}}\widetilde{\boldsymbol{Q}}^{-1}(k)\boldsymbol{x}(k+i|k)<1$,则可保证 $\boldsymbol{x}(k+i|k)$ 在正不变集 ε_x 内,因此只需要考虑 $\boldsymbol{x}(k+i|k)^{\mathrm{T}}\widetilde{\boldsymbol{Q}}^{-1}(k)\boldsymbol{x}(k+i|k)\geqslant 1$ 的情况,由于舰尾流扰动量满足 $\boldsymbol{v}(k+i|k)^{\mathrm{T}}\boldsymbol{P}_v\boldsymbol{v}(k+i|k)\leqslant 1$,因此公式(9-99)成立[152,159]:

$$\boldsymbol{v}(k+i|k)^{\mathrm{T}}\boldsymbol{P}_v\boldsymbol{v}(k+i|k)\leqslant \boldsymbol{x}(k+i|k)^{\mathrm{T}}\widetilde{\boldsymbol{Q}}^{-1}(k)\boldsymbol{x}(k+i|k) \quad (9-99)$$

公式(6-95)和公式(9-99)可分别表示为

$$\begin{bmatrix} \boldsymbol{x}(k+i|k) \\ \boldsymbol{v}(k+i|k) \end{bmatrix}^{\mathrm{T}} \boldsymbol{M}(k) \begin{bmatrix} \boldsymbol{x}(k+i|k) \\ \boldsymbol{v}(k+i|k) \end{bmatrix} \geqslant 0 \quad (9-100)$$

$$\begin{bmatrix} \boldsymbol{x}(k+i|k) \\ \boldsymbol{v}(k+i|k) \end{bmatrix}^{\mathrm{T}} \boldsymbol{N}(k) \begin{bmatrix} \boldsymbol{x}(k+i|k) \\ \boldsymbol{v}(k+i|k) \end{bmatrix} \geqslant 0 \quad (9-101)$$

公式(9-100)和公式(9-101)中

$$\boldsymbol{M}(k)=\begin{bmatrix} \widetilde{\boldsymbol{Q}}^{-1}(k) & 0 \\ 0 & -\boldsymbol{P}_v \end{bmatrix}$$

$$N(k) = \begin{bmatrix} \widetilde{Q}^{-1}(k) - (A+BF)^{\mathrm{T}}\widetilde{Q}^{-1}(k)(A+BF) - \dfrac{F^{\mathrm{T}}RF}{\gamma} - \dfrac{Q}{\gamma} & * \\ -D^{\mathrm{T}}\widetilde{Q}^{-1}(k)(A+BF) & -D^{\mathrm{T}}\widetilde{Q}^{-1}(k)D \end{bmatrix}$$

由于公式(9-99)成立的条件也是公式(9-95)成立的条件,因此根据 S 过程理论[160],存在标量 $\theta \in (0,1)$,使下式成立:

$$\begin{bmatrix} \widetilde{Q}^{-1}(k) - (A+BF)^{\mathrm{T}}\widetilde{Q}^{-1}(k)(A+BF) - \dfrac{F^{\mathrm{T}}RF}{\gamma} - \dfrac{Q}{\gamma} & * \\ -D^{\mathrm{T}}\widetilde{Q}^{-1}(k)(A+BF) & -D^{\mathrm{T}}\widetilde{Q}^{-1}(k)D \end{bmatrix}$$

$$\geqslant \theta \begin{bmatrix} \widetilde{Q}^{-1}(k) & 0 \\ 0 & -P_v \end{bmatrix} \tag{9-102}$$

根据 Schur 补引理,可将公式(9-102)化成

$$\widetilde{Q}^{-1}(k) - (A+BF)^{\mathrm{T}}\widetilde{Q}^{-1}(k)(A+BF) - \dfrac{F^{\mathrm{T}}RF}{\gamma} - \dfrac{Q}{\gamma} - \theta\widetilde{Q}^{-1}(k) -$$

$$(A+BF)^{\mathrm{T}}[\widetilde{Q}^{-1}(k)D(\theta P_v - D^{\mathrm{T}}\widetilde{Q}^{-1}(k)D)^{-1}D^{\mathrm{T}}\widetilde{Q}^{-1}(k)](A+BF) \geqslant 0 \tag{9-103}$$

并且需同时满足 Schur 补引理的前提条件:

$$\theta P_v - D^{\mathrm{T}}\widetilde{Q}^{-1}(k)D \geqslant 0 \tag{9-104}$$

由于扩展后的矩阵 D 为可逆方阵,并且 $\widetilde{Q}$ 为正定对称阵,因此 $\widetilde{Q}^{-T}(k)D$ 和 $D^{\mathrm{T}}\widetilde{Q}^{-1}(k)$ 存在可逆矩阵,则有下式成立:

$$\widetilde{Q}^{-T}(k)D(\theta P_v - D^{\mathrm{T}}\widetilde{Q}^{-1}(k)D)^{-1}D^{\mathrm{T}}\widetilde{Q}^{-1}(k)$$

$$= (D^{-1}\widetilde{Q}^{\mathrm{T}}(k))^{-1}(\theta P_v - D^{\mathrm{T}}\widetilde{Q}^{-1}(k)D)^{-1}(\widetilde{Q}(k)D^{-T})^{-1}$$

$$= [(\widetilde{Q}(k)D^{-T})(\theta P_v - D^{\mathrm{T}}\widetilde{Q}^{-1}(k)D)(D^{-1}\widetilde{Q}^{\mathrm{T}}(k))]^{-1}$$

$$= (\widetilde{Q}(k)D^{-T}\theta P_v D^{-1}\widetilde{Q}^{\mathrm{T}}(k) - \widetilde{Q}(k))^{-1} \tag{9-105}$$

设 $S(k) = \widetilde{Q}(k)D^{-T}\theta P_v D^{-1}\widetilde{Q}^{\mathrm{T}}(k)$,$F(k) = Y(k)\widetilde{Q}^{-1}(k)$,将公式(9-103)和公式(9-105)联立得

$$\widetilde{Q}^{-1}(k) - (A+BF)^{\mathrm{T}}\widetilde{Q}^{-1}(k)(A+BF) - \dfrac{F^{\mathrm{T}}RF}{\gamma} - \dfrac{Q}{\gamma} - \theta\widetilde{Q}^{-1} -$$

$$(A+BF)^{\mathrm{T}}(S(k) - \widetilde{Q}(k))^{-1}(A+BF) \geqslant 0 \tag{9-106}$$

将公式(9-106)两边同时左乘 $\widetilde{Q}^{\mathrm{T}}(k)$、右乘 $\widetilde{Q}(k)$ 可得

$$(1-\theta)\widetilde{\boldsymbol{Q}}(k) - (\boldsymbol{A}\widetilde{\boldsymbol{Q}} + \boldsymbol{B}\boldsymbol{Y})^{\mathrm{T}}\widetilde{\boldsymbol{Q}}^{-1}(k)(\boldsymbol{A}\widetilde{\boldsymbol{Q}} + \boldsymbol{B}\boldsymbol{Y}) - \frac{\boldsymbol{Y}^{\mathrm{T}}\boldsymbol{R}\boldsymbol{Y}}{\gamma} - \frac{\boldsymbol{Q}^{\mathrm{T}}\boldsymbol{Q}\boldsymbol{Q}}{\gamma} -$$

$$(\boldsymbol{A}\widetilde{\boldsymbol{Q}} + \boldsymbol{B}\boldsymbol{Y})^{\mathrm{T}}(\boldsymbol{S}(k) - \widetilde{\boldsymbol{Q}}(k))^{-1}(\boldsymbol{A}\widetilde{\boldsymbol{Q}} + \boldsymbol{B}\boldsymbol{Y}) \geqslant 0 \qquad (9-107)$$

即有下式成立：

$$(1-\theta)\widetilde{\boldsymbol{Q}}(k) - (\boldsymbol{A}\widetilde{\boldsymbol{Q}} + \boldsymbol{B}\boldsymbol{Y})^{\mathrm{T}}\widetilde{\boldsymbol{Q}}^{-1}(k)(\boldsymbol{A}\widetilde{\boldsymbol{Q}} + \boldsymbol{B}\boldsymbol{Y}) - (\boldsymbol{R}^{0.5}\boldsymbol{Y})^{\mathrm{T}}\gamma^{-1}(\boldsymbol{R}^{0.5}\boldsymbol{Y}) -$$

$$(\boldsymbol{Q}^{0.5}\widetilde{\boldsymbol{Q}})^{\mathrm{T}}\gamma^{-1}(\boldsymbol{Q}^{0.5}\widetilde{\boldsymbol{Q}}) - (\boldsymbol{A}\widetilde{\boldsymbol{Q}} + \boldsymbol{B}\boldsymbol{Y})^{\mathrm{T}}(\boldsymbol{S}(k) - \widetilde{\boldsymbol{Q}}(k))^{-1}(\boldsymbol{A}\widetilde{\boldsymbol{Q}} + \boldsymbol{B}\boldsymbol{Y}) \geqslant 0$$

$$(9-108)$$

根据 Schur 补引理，公式(9-108)可化成公式(9-98)的 LMI 形式，但同时满足前提条件

$$\boldsymbol{S}(k) - \widetilde{\boldsymbol{Q}}(k) \geqslant 0 \qquad (9-109)$$

公式(9-104)和公式(9-109)可化成公式(9-97)和公式(9-98)的形式。

定理 9：存在矩阵 $\widetilde{\boldsymbol{Q}}$ 满足下面 LMI，使系统满足不变集约束公式(9-94)：

$$\begin{bmatrix} 1 & * \\ \boldsymbol{x}(k|k) & \widetilde{\boldsymbol{Q}}(k) \end{bmatrix} \geqslant 0 \qquad (9-110)$$

根据 Schur 补引理，公式(9-94)容易化成公式(9-110)的 LMI 形式，这里不做赘述。

定理 10：存在矩阵 $\boldsymbol{Y}$ 和 $\widetilde{\boldsymbol{Q}}$ 满足下面 LMI，可使系统公式(9-86)的输入满足约束条件：$|\boldsymbol{u}_j(k|k)| \leqslant \boldsymbol{u}_{j,\max}, j = 1, 2$。

$$\begin{bmatrix} \boldsymbol{U} & * \\ \boldsymbol{Y}^{\mathrm{T}} & \widetilde{\boldsymbol{Q}}(k) \end{bmatrix} \geqslant 0, \boldsymbol{U}_{jj} < \boldsymbol{u}_{j,\max}^2, j = 1, 2 \qquad (9-111)$$

证明：由于 $\boldsymbol{x}(k+i|k)^{\mathrm{T}}\widetilde{\boldsymbol{Q}}^{-1}(k)\boldsymbol{x}(k+i|k) \leqslant 1$ 和 $\boldsymbol{F} = \boldsymbol{Y}\widetilde{\boldsymbol{Q}}^{-1}(k)$，则成立

$$\max_{i \geqslant 1}|\boldsymbol{u}_j(k+i|k)_j|^2 = \max_{i \geqslant 1}|\boldsymbol{Y}\widetilde{\boldsymbol{Q}}^{-1}(k)\boldsymbol{x}(k+i|k)_j|^2 \leqslant \max_{i \geqslant 1}\|\boldsymbol{Y}\widetilde{\boldsymbol{Q}}^{-0.5}(k)\|_2^2$$

$$(9-112)$$

为使 $|\boldsymbol{u}_j(k|k)| \leqslant \boldsymbol{u}_{j,\max}, j = 1, 2$ 成立，则有

$$\|\boldsymbol{Y}\widetilde{\boldsymbol{Q}}^{-0.5}(k)\|_2^2 \leqslant \boldsymbol{u}_{j,\max}, j = 1, 2 \qquad (9-113)$$

利用 Schur 补引理，公式(9-113)可转化为公式(9-111)。

定理 11：存在矩阵 $\boldsymbol{Y}$ 和 $\boldsymbol{Q}$ 满足下面 LMI，可使系统公式(9-86)的输出满足约束条件 $|\boldsymbol{y}_l(k|k)| \leqslant \boldsymbol{y}_{l,\max}, l = 1, 2, 3, 4$。

$$\begin{bmatrix} 0.5y & * & * \\ (A\widetilde{Q}+BY)^{\mathrm{T}}C^{\mathrm{T}} & \widetilde{Q} & * \\ D^{\mathrm{T}}C^{\mathrm{T}} & 0 & P_v \end{bmatrix} \geqslant 0, y_{ll} < y_{l,\max}^2, l=1,2,3,4 \qquad (9-114)$$

证明：

$$\begin{aligned} \max \mid y(k+i+1) \mid^2 &\leqslant \max \parallel y(k+i+1) \parallel^2 \\ &= \max \parallel C(k)x(k+i+1) \parallel^2 \\ &= \max \parallel C(k)[(A(k)+B(k)F)x(k+i)+D(k)v(k+1)] \parallel^2 \end{aligned}$$
$$(9-115)$$

将 $F(k)=Y(k)\widetilde{Q}^{-1}(k)$ 代入公式 $(9-115)$ 得

$$\max \mid y(k+i+1) \mid^2$$

$$\leqslant \max \left\| C[(A+BY\widetilde{Q}^{-1}) \quad D] \begin{bmatrix} x(k+i) \\ v(k+1) \end{bmatrix} \right\|^2$$

$$= \max \left\| C[(A+BY\widetilde{Q}^{-1}) \quad D] [\widetilde{Q} \quad 00] \begin{bmatrix} \widetilde{Q} & 0 \\ 0 & 1 \end{bmatrix}^{-1} \begin{bmatrix} x(k+i) \\ v(k+1) \end{bmatrix} \right\|^2$$

$$= \max \left\| C[(A\widetilde{Q}+BY) \quad D] \begin{bmatrix} \widetilde{Q}^{-1} & 0 \\ 0 & 1 \end{bmatrix} \begin{bmatrix} x(k+i) \\ v(k+1) \end{bmatrix} \right\|^2$$

$$= C[(A\widetilde{Q}+BY) \quad D] \begin{bmatrix} \widetilde{Q}^{-1} & 0 \\ 0 & 1 \end{bmatrix} \begin{bmatrix} x(k+i) \\ v(k+i) \end{bmatrix} [x(k+i)^{\mathrm{T}} \quad v(k+1)^{\mathrm{T}}] \cdot$$

$$\begin{bmatrix} \widetilde{Q}^{-1} & 0 \\ 0 & 1 \end{bmatrix} \begin{bmatrix} (A\widetilde{Q}+BY)^{\mathrm{T}} \\ D^{\mathrm{T}} \end{bmatrix} C^{\mathrm{T}}$$

$$= C[(A\widetilde{Q}+BY) \quad D] \begin{bmatrix} \widetilde{Q}^{-1}x(k+i|k)x(k+i|k)^{\mathrm{T}}\widetilde{Q}^{-1} & \widetilde{Q}^{-1}x(k+i|k)v(k+i)^{\mathrm{T}} \\ v(k+i)x(k+i|k)^{\mathrm{T}}\widetilde{Q}^{-1} & v(k+i)v(k+i)^{\mathrm{T}} \end{bmatrix} \cdot$$

$$\begin{bmatrix} (A\widetilde{Q}+BY)^{\mathrm{T}} \\ D^{\mathrm{T}} \end{bmatrix} C^{\mathrm{T}} \qquad (9-116)$$

由于 $\varepsilon_x = \{x \mid x(k|k)^{\mathrm{T}}\widetilde{Q}^{-1}(k)x(k|k) \leqslant 1\}$ 是系统的正不变集,并且扰动有界,因此公式 $(9-117)$ 成立：

$$\begin{cases} x(k+i|k)^{\mathrm{T}}\widetilde{Q}^{-1}x(k+i|k) \leqslant 1 \\ v(k+i)^{\mathrm{T}}P_v v(k+i) \leqslant 1 \end{cases} \qquad (9-117)$$

则有公式(9-118)成立:

$$\begin{cases} \widetilde{\boldsymbol{Q}} \geqslant \boldsymbol{x}(k+i|k)\boldsymbol{x}(k+i|k)^{\mathrm{T}} \\ \boldsymbol{P}_{\mathrm{v}}^{-1} \geqslant \boldsymbol{v}(k+i)\boldsymbol{v}(k+i)^{\mathrm{T}} \end{cases} \quad (9-118)$$

根据公式(9-118)可得

$$\begin{bmatrix} \widetilde{\boldsymbol{Q}}^{-1} & 0 \\ 0 & \boldsymbol{P}_{\mathrm{v}}^{-1} \end{bmatrix} \geqslant \begin{bmatrix} \widetilde{\boldsymbol{Q}}^{-1}\boldsymbol{x}(k+i|k)\boldsymbol{x}(k+i|k)^{\mathrm{T}}\widetilde{\boldsymbol{Q}}^{-1} & 0 \\ 0 & \boldsymbol{v}(k+i)\boldsymbol{v}(k+i)^{\mathrm{T}} \end{bmatrix}$$

$$(9-119)$$

$$\begin{bmatrix} \widetilde{\boldsymbol{Q}}^{-1} & 0 \\ 0 & \boldsymbol{P}_{\mathrm{v}}^{-1} \end{bmatrix} - \begin{bmatrix} 0 & \widetilde{\boldsymbol{Q}}^{-1}\boldsymbol{x}(k+i|k)\boldsymbol{v}(k+i)^{\mathrm{T}} \\ \boldsymbol{v}(k+i)\boldsymbol{x}(k+i|k)^{\mathrm{T}}\widetilde{\boldsymbol{Q}}^{-1} & 0 \end{bmatrix}$$

$$= \begin{bmatrix} \widetilde{\boldsymbol{Q}}^{-1} & 0 \\ 0 & \boldsymbol{P}_{\mathrm{v}}^{-1} \end{bmatrix} - \begin{bmatrix} 0 & \widetilde{\boldsymbol{Q}}^{-1}\boldsymbol{x}(k+i|k)\boldsymbol{v}(k+i)^{\mathrm{T}}\boldsymbol{P}_{\mathrm{v}} \\ \boldsymbol{v}(k+i)\boldsymbol{x}(k+i|k)^{\mathrm{T}} & 0 \end{bmatrix} \cdot$$

$$\begin{bmatrix} \widetilde{\boldsymbol{Q}}^{-1} & 0 \\ 0 & \boldsymbol{P}_{\mathrm{v}}^{-1} \end{bmatrix}$$

$$= \begin{bmatrix} \widetilde{\boldsymbol{Q}}^{-1} & 0 \\ 0 & \boldsymbol{P}_{\mathrm{v}}^{-1} \end{bmatrix}\begin{bmatrix} 1 & \widetilde{\boldsymbol{Q}}^{-1}\boldsymbol{x}(k+i|k)\boldsymbol{v}(k+i)^{\mathrm{T}}\boldsymbol{P}_{\mathrm{v}} \\ \boldsymbol{v}(k+i)\boldsymbol{x}(k+i|k)^{\mathrm{T}} & 1 \end{bmatrix} \quad (9-120)$$

$$\begin{bmatrix} 1 & \widetilde{\boldsymbol{Q}}^{-1}\boldsymbol{x}(k+i|k)\boldsymbol{v}(k+i)^{\mathrm{T}}\boldsymbol{P}_{\mathrm{v}} \\ \boldsymbol{v}(k+i)\boldsymbol{x}(k+i|k)^{\mathrm{T}} & 1 \end{bmatrix}$$ 的二阶顺序主子式为

$$1 - \widetilde{\boldsymbol{Q}}^{-1}\boldsymbol{x}(k+i|k)\boldsymbol{v}(k+i)^{\mathrm{T}}\boldsymbol{P}_{\mathrm{v}}\boldsymbol{v}(k+i)\boldsymbol{x}(k+i|k)^{\mathrm{T}}$$

$$\geqslant 1 - \widetilde{\boldsymbol{Q}}^{-1}\boldsymbol{x}(k+i|k)\boldsymbol{x}(k+i|k)^{\mathrm{T}} \geqslant 0 \quad (9-121)$$

所以有

$$\begin{bmatrix} \widetilde{\boldsymbol{Q}}^{-1} & 0 \\ 0 & \boldsymbol{P}_{\mathrm{v}}^{-1} \end{bmatrix} \geqslant \begin{bmatrix} 0 & \widetilde{\boldsymbol{Q}}^{-1}\boldsymbol{x}(k+i|k)\boldsymbol{v}(k+i)^{\mathrm{T}} \\ \boldsymbol{v}(k+i)\boldsymbol{x}(k+i|k)^{\mathrm{T}}\widetilde{\boldsymbol{Q}}^{-1} & 0 \end{bmatrix}$$

$$(9-122)$$

联立公式(9-119)和公式(9-122)得

$$2\begin{bmatrix} \widetilde{\boldsymbol{Q}}^{-1} & 0 \\ 0 & \boldsymbol{P}_{\mathrm{v}}^{-1} \end{bmatrix} \geqslant \begin{bmatrix} \widetilde{\boldsymbol{Q}}^{-1}\boldsymbol{x}(k+i|k)\boldsymbol{x}(k+i|k)^{\mathrm{T}}\widetilde{\boldsymbol{Q}}^{-1} & \widetilde{\boldsymbol{Q}}^{-1}\boldsymbol{x}(k+i|k)\boldsymbol{v}(k+i)^{\mathrm{T}} \\ \boldsymbol{v}(k+i)\boldsymbol{x}(k+i|k)^{\mathrm{T}}\widetilde{\boldsymbol{Q}}^{-1} & \boldsymbol{v}(k+i)\boldsymbol{v}(k+i)^{\mathrm{T}} \end{bmatrix}$$

$$(9-123)$$

因此公式(9-116)可化为

$$\max |\boldsymbol{y}(k+i+1)|^2$$

$$\leqslant 2\left\{\boldsymbol{C}(k)\left[(\boldsymbol{A}\widetilde{\boldsymbol{Q}}+\boldsymbol{BY})\quad \boldsymbol{D}\right]\begin{bmatrix}\widetilde{\boldsymbol{Q}}^{-1}&0\\0&\boldsymbol{P}_{\mathrm{v}}^{-1}\end{bmatrix}\times\begin{bmatrix}(\boldsymbol{A}\widetilde{\boldsymbol{Q}}+\boldsymbol{BY})^{\mathrm{T}}\\\boldsymbol{D}^{\mathrm{T}}\end{bmatrix}\boldsymbol{C}^{\mathrm{T}}\right\}$$

$$=2\left\|\boldsymbol{C}\left[(\boldsymbol{A}\widetilde{\boldsymbol{Q}}+\boldsymbol{BY})\quad \boldsymbol{D}\right]\begin{bmatrix}\widetilde{\boldsymbol{Q}}^{-0.5}&0\\0&\boldsymbol{P}_{\mathrm{v}}^{-0.5}\end{bmatrix}\right\|^2 \tag{9-124}$$

为使系统满足输出约束,需有公式(9-125)成立:

$$2\left\|\boldsymbol{C}\left[(\boldsymbol{A}\widetilde{\boldsymbol{Q}}+\boldsymbol{BY})\quad \boldsymbol{D}\right]\begin{bmatrix}\widetilde{\boldsymbol{Q}}^{-0.5}&0\\0&\boldsymbol{P}_{\mathrm{v}}^{-0.5}\end{bmatrix}\right\|^2\leqslant \boldsymbol{y}_l^2 \tag{9-125}$$

式中,$\boldsymbol{y}_l$ 表示输出的上限约束值。

由公式(9-123)可得

$$\boldsymbol{C}\left[(\boldsymbol{A}\widetilde{\boldsymbol{Q}}+\boldsymbol{BY})\widetilde{\boldsymbol{Q}}^{-0.5}\quad \boldsymbol{D}\boldsymbol{P}_{\mathrm{v}}^{-0.5}\right]\begin{bmatrix}\widetilde{\boldsymbol{Q}}^{-0.5}(\boldsymbol{A}\widetilde{\boldsymbol{Q}}+\boldsymbol{BY})^{\mathrm{T}}\boldsymbol{C}^{\mathrm{T}}\\\boldsymbol{P}_{\mathrm{v}}^{-0.5}\boldsymbol{D}^{\mathrm{T}}\boldsymbol{C}^{\mathrm{T}}\end{bmatrix}\leqslant\frac{\boldsymbol{y}_l^2}{2} \tag{9-126}$$

公式(9-126)的代数不等式形式为

$$\frac{\boldsymbol{y}_l^2}{2}-\boldsymbol{C}(\boldsymbol{A}\widetilde{\boldsymbol{Q}}+\boldsymbol{BY})\widetilde{\boldsymbol{Q}}^{-1}(\boldsymbol{A}\widetilde{\boldsymbol{Q}}+\boldsymbol{BY})^{\mathrm{T}}\boldsymbol{C}^{\mathrm{T}}-\boldsymbol{C}\boldsymbol{D}\boldsymbol{P}_{\mathrm{v}}^{-1}\boldsymbol{D}^{\mathrm{T}}\boldsymbol{C}^{\mathrm{T}}\geqslant 0 \tag{9-127}$$

根据 Schur 补引理,公式(6-127)可化为公式(9-114)的形式。

由于较大的计算量会在一定程度上降低 MPC 算法的计算速度,为增加 MPC 算法求解速度,本书采用离线鲁棒 MPC 算法来求解最优化问题[161-163],具体步骤如下:

(1)随机选取一系列状态值 $\boldsymbol{x}_i$,$i=1,2,\cdots N$,用 $\boldsymbol{x}_i$ 代替公式(6-71)中的 $\boldsymbol{x}(k)$,使通过公式(6-71)计算得到的正不变集满足:$\varepsilon_{\widetilde{Q}_{i+1}^{-1}}\subset\varepsilon_{\widetilde{Q}_i^{-1}}$,$\widetilde{\boldsymbol{Q}}_{i+1}^{-1}>\widetilde{\boldsymbol{Q}}_i^{-1}$,$\forall i\neq N$,该做法可保证在优化过程中,系统状态始终在正不变集 $\varepsilon_{\widetilde{Q}_i^{-1}}$ 内,并被驱使向 $\varepsilon_{\widetilde{Q}_{i+1}^{-1}}$ 方向变化。通过求解一系列状态反馈增益 $\boldsymbol{F}_i$ 和正不变集 $\varepsilon_{\widetilde{Q}_i^{-1}}=\{\boldsymbol{x}|\boldsymbol{x}_i^{\mathrm{T}}\widetilde{\boldsymbol{Q}}_i^{-1}\boldsymbol{x}_i\leqslant 1\}$,保存 $\boldsymbol{F}_i$ 和 $\widetilde{\boldsymbol{Q}}_i^{-1}$ 供在线查找。

(2)本书假设当前系统状态均是可测的。在每个采样时间 k,根据当前状态 $\boldsymbol{x}(k)$,在步骤(1)建立的表中查找满足条件的最大 i 值,使 $\boldsymbol{x}(k)^{\mathrm{T}}\widetilde{\boldsymbol{Q}}_i^{-1}\boldsymbol{x}(k)\leqslant 1$,此时控制量为 $\boldsymbol{u}(k)=\boldsymbol{F}_i\boldsymbol{x}(k)$。

通过以上步骤,满足公式(9-95)的所有状态反馈增益 $\boldsymbol{F}_i$ 使系统在正不变集

$\varepsilon_{\widetilde{Q}_i^{-1}}$内保持稳定性,假设初始状态满足$x(0)^T\widetilde{Q}_i^{-1}x(0)\leqslant1$,则系统在整个滚动优化过程都是稳定的。

3. 仿真结果与分析

为验证本书设计的抑制舰尾流引导律,本书与参考文献[141]中提出的不考虑舰尾流扰动的 MPC 算法进行仿真对比,仿真初始工况见表 9 – 2。

表 9 – 2　仿真初始工况表

参数名称	初始值
初始纵向偏差/m	16
初始迎角偏差/(°)	0.5
初始俯仰角速度偏差(°·s⁻¹)	0
初始俯仰角偏差/(°)	0
甲板风速度/(m·s⁻¹)	15

在 15 m/s 的甲板风情况下,根据军用规范导出的雄鸡尾流曲线,舰尾流的水平分量和垂直分量峰值不超过 3.5 m/s 和 2.0 m/s,为满足公式(6 – 64)条件,本书设 $P_v=\mathrm{diag}\{0.01,0.5\}$,参考文献[141]方法中的性能指标权值矩阵取单位阵,仿真曲线如图 9 – 35 至图 9 – 42 所示。

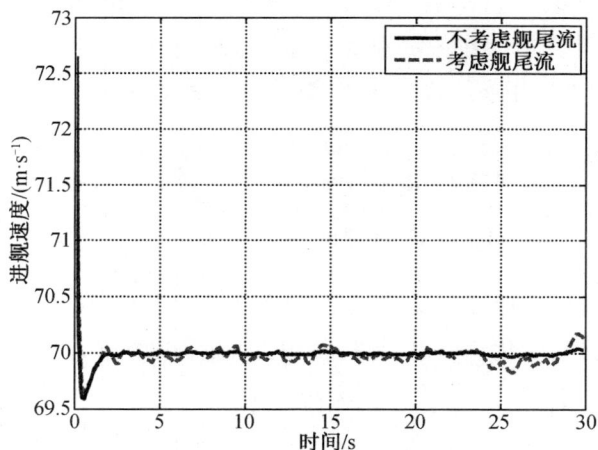

图 9 – 35　进舰速度仿真曲线

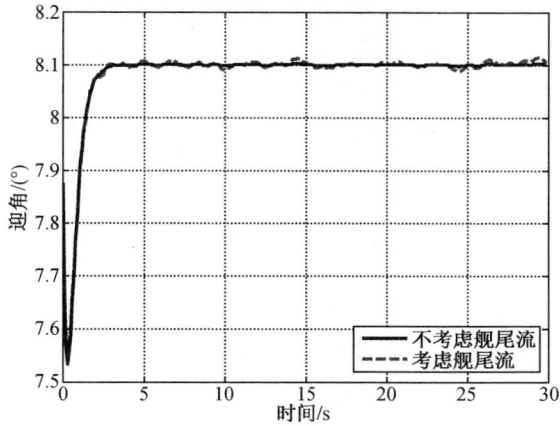

图 9 - 36 迎角仿真曲线

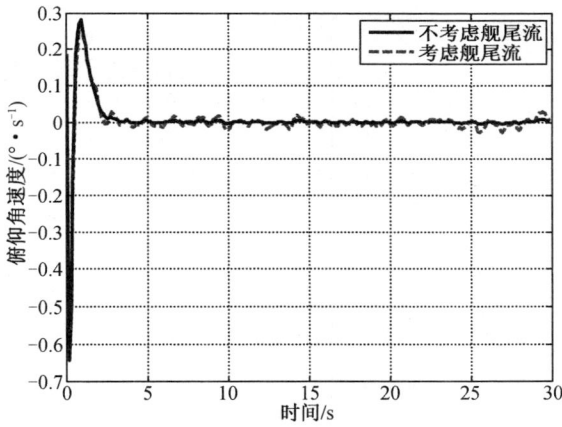

图 9 - 37 俯仰角速度仿真曲线

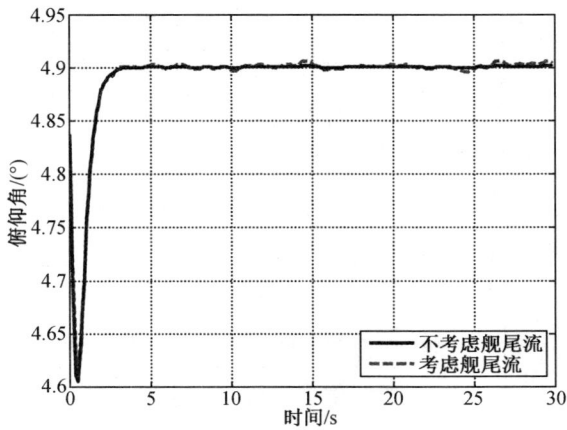

图 9 - 38 俯仰角仿真曲线

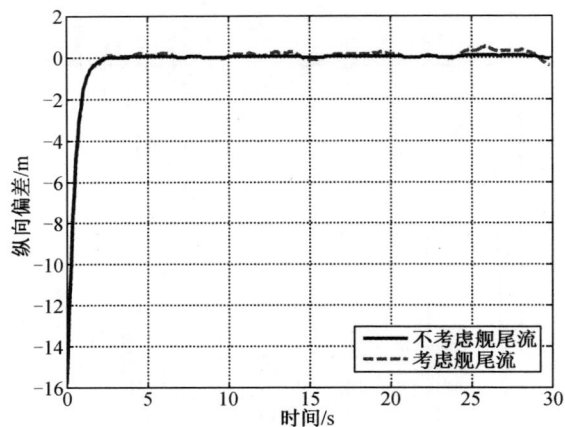

图 9 – 39　纵向偏差仿真曲线

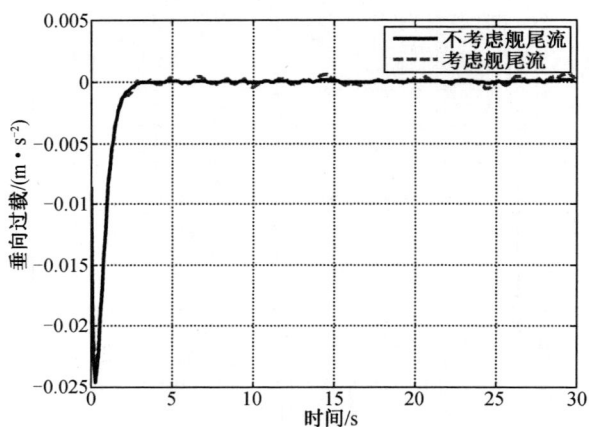

图 9 – 40　垂向过载仿真曲线

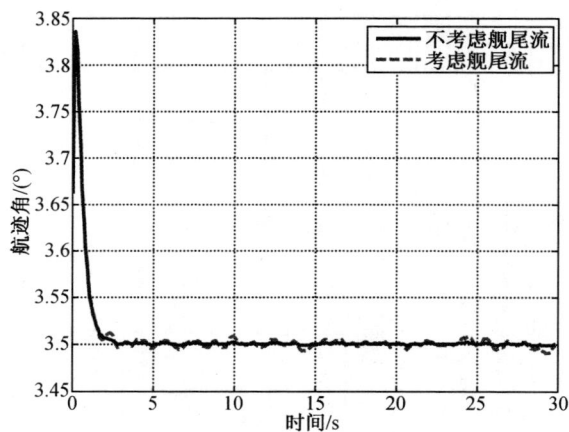

图 9 – 41　航迹角仿真曲线

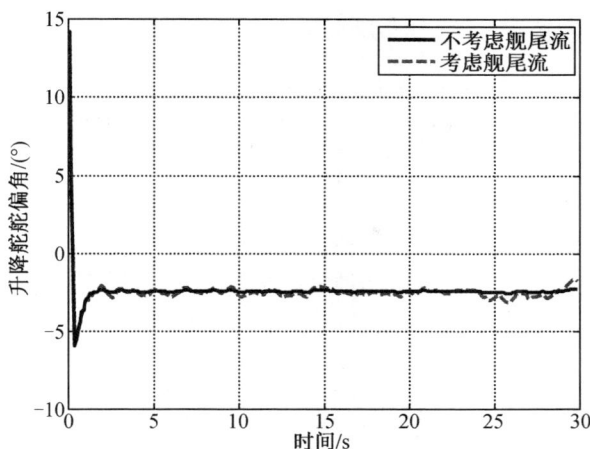

图 9 - 42　升降舵舵偏角曲线

如图 9 - 35 至图 9 - 42 所示,仿真初期舰载机各状态初始偏差相对较大,飞控系统以消除状态偏差为主要目的,两种方法都可在仿真开始前 3 s 内基本消除偏差,系统进入相对稳定状态。当各状态值趋于平衡态时,不考虑舰尾流的算法具有消除状态偏差、在一定程度上可间接抑制舰尾流扰动,但抑制效果不明显,特别在进舰速度和俯仰角速度回路的舰尾流扰动抑制效果较差。而本书提出的抑制舰尾流扰动引导律在考虑最小化性能指标的同时,引入专门抑制扰动的 LMIs,对舰尾流的抑制效果十分明显。两种方法进入稳态后状态偏差对比见表 9 - 3。

表 9 - 3　抑制舰尾流结果对比

状态偏差名称	不考虑舰尾流算法	考虑舰尾流算法
进舰速度偏差/(m · s^{-1})	0.25	0.05
迎角偏差/(°)	0.3	0.05
俯仰角速度偏差(° · s^{-1})	0.3	0.005
俯仰角偏差/(°)	0.005	0.001
纵向偏差/m	0.5	0.05

另外,本书提出的算法可以保证舰载机以极小的纵向偏差、稳定的进舰速度和迎角顺利着舰,因此抑制舰尾流扰动的引导律,既能有效抑制舰尾流的扰动,又能达到自动着舰的目的。

9.2.4 自动着舰引导律切换策略方法研究

在舰载机整个着舰过程中,进场飞行风险主要体现在舰载机从进入下滑道至阻拦挂索前的空间区域;着舰风险主要体现在舰载机从航母舰尾至阻拦挂索时的空间区域;而舰尾流的扰动影响通常是从距舰尾 800 m 至舰尾处的空间区域。也就是说,进场飞行风险、着舰风险及舰尾流扰动是舰载机在不同着舰阶段所关心的问题,为此本书在前几节设计的引导律基础上,提出根据不同着舰阶段来切换自动着舰引导律的策略,达到有针对性地抑制进场飞行风险、着舰风险及舰尾流扰动的目的。这里需要说明一点,由于时变权值 MPC 引导律可对舰载机的横向和纵向自动控制,而带有着舰风险项的 MPC 引导律和抑制舰尾流扰动的引导律只对纵向自动控制,为此本节关于各引导律之间的切换策略只针对舰载机纵向开展。

在本章,将舰载机着舰过程划分为如下三个阶段:

第一阶段:舰载机距舰尾 1 400 m 至距舰尾 800 m。

在第 3 章中介绍了舰载机着舰过程中 X 关键位置为距舰尾 3/4 n mile,约 1 400 m。根据美国军用规范的介绍,舰尾流扰动较为明显开始于距舰尾 800 m 处,为此这一阶段为舰载机距舰尾 1 400 m 至距舰尾 800 m。该阶段影响舰载机安全性的主要是进场飞行风险,为此这一阶段采取的自动着舰引导律为基于进场飞行风险的时变权值 MPC 引导律,用以抑制进场飞行风险。

第二阶段:舰载机距舰尾 800 m 至距舰尾 100 m。

在该阶段,舰尾流从舰载机距舰尾 800 m 处扰动较为明显,其中分量中影响最大的雄鸡尾流在舰载机距舰尾约 100 m 处开始明显减弱,为此这一阶段为舰载机距舰尾 800 m 至距舰尾 100 m。为有效抑制舰尾流扰动,同时在一定程度上消除着舰状态偏差,采取的控制律为抑制舰尾流扰动的引导律。

第三阶段:舰载机距舰尾 100 m 至挂索阻拦。

该阶段为舰载机最后的着舰阶段,影响舰载机安全性的主要是着舰风险,为此采取的控制策略为带有着舰风险项的 MPC 引导律,用以消除最后的着舰风险。

因此本章自动着舰引导律切换策略阶段示意图如图 9 - 43 所示。

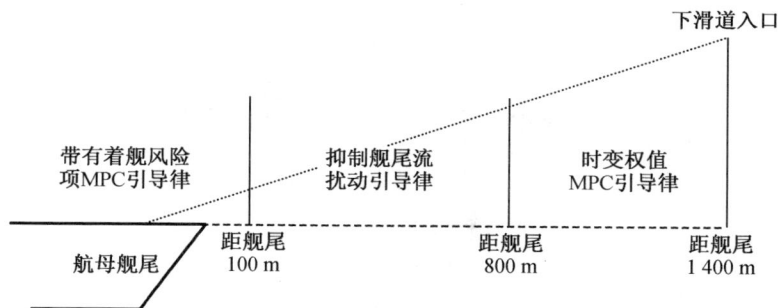

图 9 - 43　引导律切换策略阶段示意图

需要重点说明一下各引导律切换过程的稳定性问题。根据本书 9.2 节介绍可知,基于进场飞行风险的时变权值 MPC 引导律、带有着舰风险项的 MPC 引导律及抑制舰尾流扰动的引导律在各自运行过程中都是稳定的,即在各引导律中均存在不变椭圆集。只要需要保证前一个引导律的末状态在后一个引导律的不变椭圆集内,就可保证整个切换系统是稳定的[164]。为了达到这个目的,在本书提出的方法为在时变权值 MPC 引导律中增加抑制舰尾流扰动引导律中的不变集约束(定理 9),并且在抑制舰尾流扰动引导律增加带有着舰风险项 MPC 引导律的不变椭圆集约束(定理 3),使前一个引导律末状态在后一个引导律的不变椭圆集内,如图 9 - 44 所示。

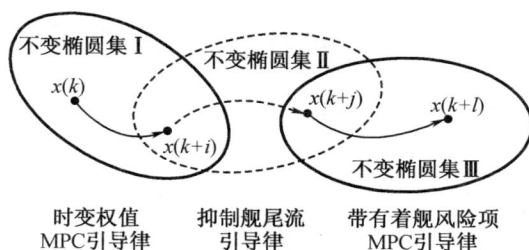

图 9 - 44　切换引导律的不变椭圆集

在由时变权值 MPC 引导律切换至抑制舰尾流引导律,再切换至带有着舰风险项 MPC 引导律过程中,着舰状态从不变椭圆集 Ⅰ 中移动到不变椭圆集 Ⅱ 中,再移动到不变椭圆集 Ⅲ 中,着舰状态始终在相应的不变椭圆集中,也就是说在引导律切换过程中可保证系统的稳定性。

在上述切换引导律基础上,此处开展仿真工作,设定初始状态为舰载机纵向位置低于理想下滑道 15 m。初始空速为 70 m/s,初始迎角为 7°,初始俯仰角为

4.6°。仿真时间 22.8 s,舰载机相对于航母的水平距离为 1 631 m。舰载机航迹变化曲线如图 9 – 45 所示,在 – 800 m 对应的时刻加入甲板运动补偿。因此在 – 800 m 到舰尾的距离范围内舰载机的期望跟踪轨迹是理想下滑道加甲板运动补偿的航迹,仿真曲线如图 9 – 45 至图 9 – 53 所示。

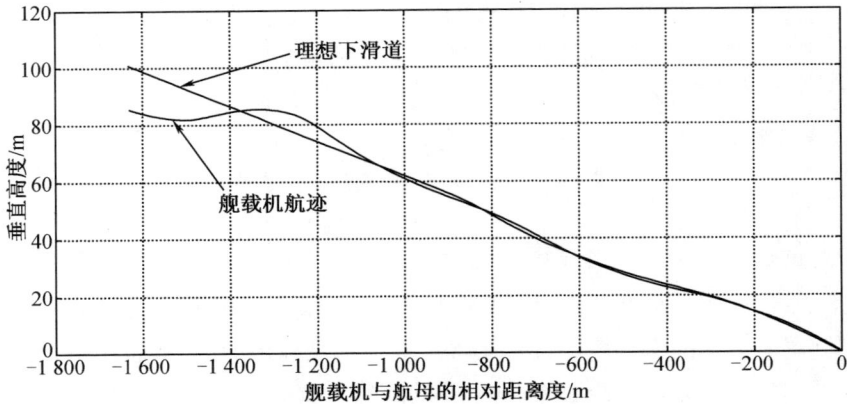

图 9 – 45　舰载机航迹变化曲线

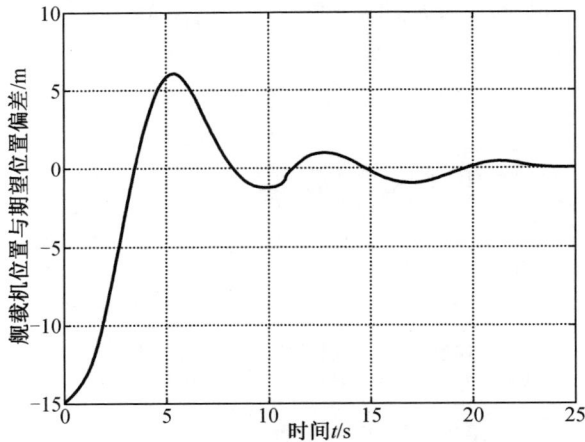

图 9 – 46　垂直误差变化曲线

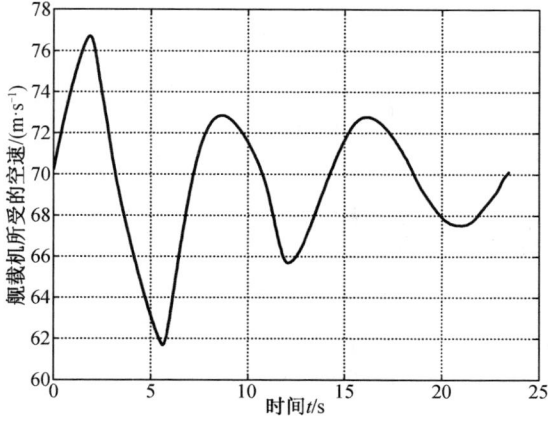

图 9 - 47　舰载机空速响应曲线

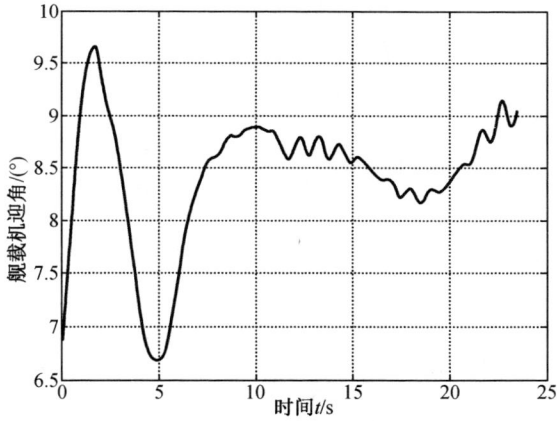

图 9 - 48　迎角响应曲线

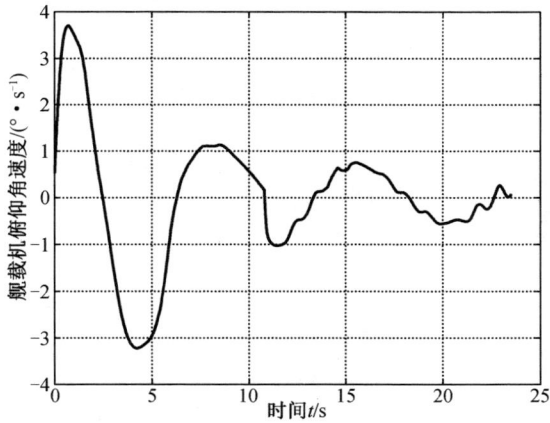

图 9 - 49　俯仰角速率响应曲线

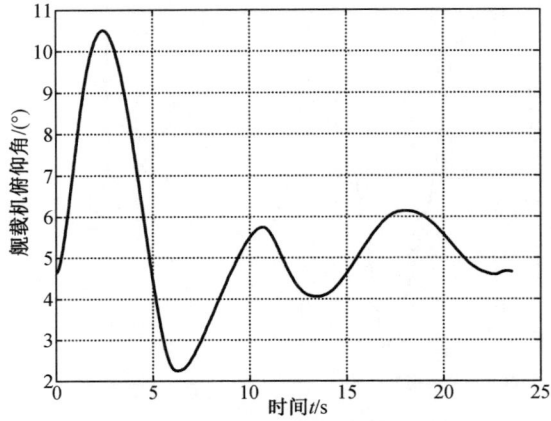

图 9 - 50　俯仰角响应曲线

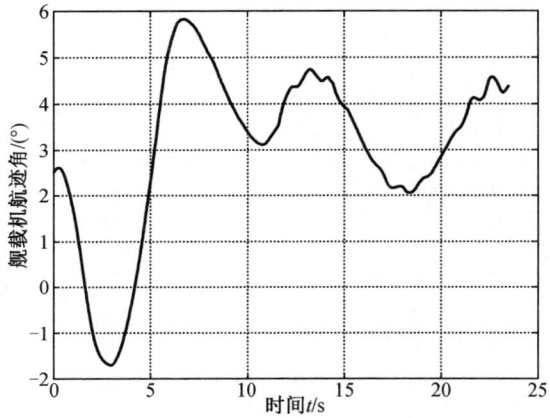

图 9 - 51　航迹角响应曲线

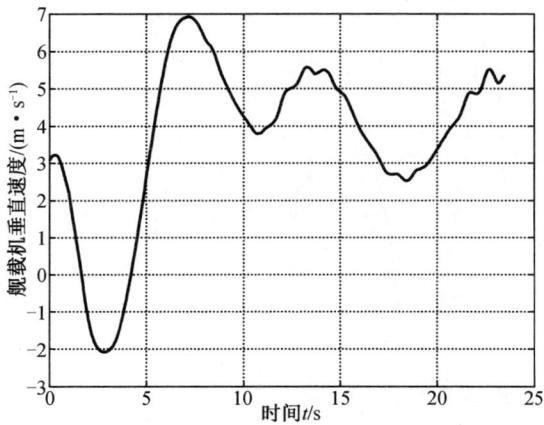

图 9 - 52　垂直速度响应曲线

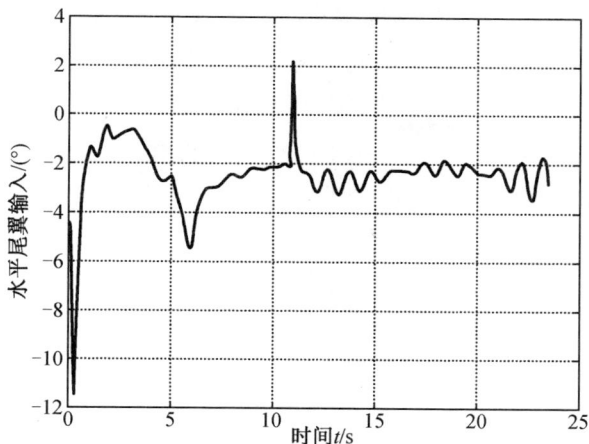

图9-53　水平尾翼输入

如图9-45至图9-53所示,以纵向仿真数据为例:舰载机垂直误差如图9-46所示,在15 s之后,垂直误差基本上是由甲板运动引起的。空速在加入甲板运动补偿和舰尾流之后的图9-47,舰载机要跟随甲板运动,所以要不断调整速度,并且受到舰尾流的影响,但波动不大,空速在4 m/s的范围内波动。舰载机所受的迎角变化曲线如图9-48所示,在接近舰尾的部分扰动气流较强,因此迎角存在较小的波动。图9-49为俯仰角速率响应曲线,在着舰开始后11 s的时刻,俯仰角速率存在波动,这是引入甲板运动补偿的时刻,有较大的垂直轨迹偏差引起的俯仰角速率的突然跳变。图9-50为俯仰角响应曲线,俯仰角初始阶段变化较大,这是为了消除15 m的初始垂直高度偏差,12.5 s之后俯仰角的变化目的是消除跟踪甲板运动跟踪误差。舰载机的垂直速度响应曲线如图9-52所示,在接近航母舰尾的最后10s舰载机的垂直速度变化较小,说明对舰尾流有较好的抑制能力。在11 s时刻加入了甲板运动补偿,此刻扰动的偏差量较大,水平尾翼产生突然的输入控制量,由于水平尾翼的变化速度受到限幅,水平尾翼不可能提供瞬间的变化值,水平尾翼变化曲线如图9-53所示。

本书提出设计引导着舰引导律抑制自动着舰风险的控制策略,建立了三种自动着舰引导律,分别为基于进场飞行风险的时变权值MPC引导律、带有着舰风险项的MPC引导律以及抑制舰尾流扰动的引导律。三种引导律分别用于抑制进场飞行风险、着舰风险以及舰尾流扰动。基于进场飞行风险的时变权值MPC引导律通过性能指标中状态项和控制项的时变权值来有针对性地控制着舰状态,进而消除进场飞行风险。带有着舰风险项的MPC引导律通过在性能指标中增加着舰风险项来改变滚动优化过程中对着舰状态的控制力度,达到抑制着舰风险的目的。抑制舰尾流扰动的引导律通过正不变集和二次有界原理抑制有界扰动的方法,达到抑制舰尾流的目的。并且提出了对以上各引导律的切换策略,可在不同的着舰阶段使用不同的引导律。通过与其他引导律的仿真对比,验证了提出的各引导律抑制相应风险和扰动的正确性和优越性。

参 考 文 献

［1］张顺华,陈和彬. 在刀尖上跳舞:航母舰载机模拟训练[J].兵器知识,2013 (7)66－69.

［2］陈咏丽.舰载机引导雷达[J].兵器知识,2011,8:56－58.

［3］李杰.海上安全形势与航母发展[J].国防科技,2010,31(1):1－6.

［4］施征.航母一出谁与争锋?世界航母发展简史[J].海洋世界,2010,8:17－21.

［5］唐凤,远林.航母发展:从世界到中国[J].科学新闻,2011(9)18－25.

［6］PERVAN B, CHAN F C, DEMOZ G E, et al. Performance analysis of carrier-phase DGPS navigation for shipboard landing of aircraft[J]. Journal of the Institute of Navigation,2003, 50(3): 181－191.

［7］URNES J M, HESS R K. Development of the F/A-18A automatic carrier landing system[J]. Journal of Guidance, 1985, 8(3): 289－295.

［8］DURAND T S. Carrier landing analysis[R]. [S. l. : s. n.], 1967(2)23－37.

［9］DAI Y, TIAN J, RONG H, et al. Hybrid safety analysis method based on SVM and RST: an application to carrier landing of aircraft[J]. Safety Science, 2015, 80: 56－65.

［10］BOBYLEV A V, VYSHINSKY V V, SOUDAKOV G G, et al. Aircraft vortex wake and flight safety problems[J]. Journal of Aircraft,2010, 47(2): 663－674.

［11］BAYEN A M, MITCHELL I M, OSIHI M M, et al. Aircraft autolander safety analysis through optimal control-based reach set computation[J]. Journal of Guidance, Control, and Dynamics,2007, 30(1): 68－77.

［12］SHAN N M, GEVAERT G, LYKKEN L O. The effect of aircraft eneironment on category Ⅲ autoland performance and safety[C]. Los Angeles:[s. n.],1972.

［13］田瑾,赵廷弟.舰载机着舰安全的多维状态空间分析[J].北京航空航天大学学报,2011, 37(2): 155－160.

［14］王永庆,罗云宝,王奇涛,等. 面向机舰适配的舰载飞机起降特性分析[J].航空学报,2016, 37(1): 269－277.

［15］张放,蒙文巩,杜亮.舰载机着舰舰面效应及其补偿方法研究[J].飞行力

学,2016,34(1):77-81.

[16] 李晓磊,赵廷弟.基于模糊推理的舰载机进舰过程安全性仿真分析[J].航空学报,2013,34(2):325-333.

[17] 杨启舶,田瑾,刘芳.基于Bayes判别方法的舰载机着舰安全分析[J].系统工程与电子技术,2016,38(9):2208-2214.

[18] MAXWELL D W. Landing Signal Officer Reference Manual[M]. Virginia:U. S. Navy Landing Signal Officers School,1999.

[19] 李晖,朱齐丹,张智,等.基于模糊控制的舰载机着舰指挥官引导系统建模[J].航空兵器,2013(5)40-44.

[20] 石明,崔海亮,屈香菊.舰载飞机进舰降落信号员模型建模[J].北京航空航天大学学报,2006,32(2):135-138.

[21] 叶兵,孙洪波,张力,等.眼位影响下着舰信号官指挥战位位置[J].指挥控制与仿真,2014,36(6):82-84,87.

[22] 张力,叶兵,孙洪波,等.基于Matlab的着舰信号官眼位研究[J].指挥控制与仿真,2013,35(4):71-74.

[23] 希弦.微观航母之着舰指挥官与自动着舰系统[J].兵器知识,2014(12):70-75.

[24] DAVIES W D, NOURY R. AN/SPN-42 automatic carrier landing system[R]. New York:Bell Aerospace Division of Textron,1974.

[25] LI J N, DUAN H B. Simplified brain storm optimization approach to control parameter optimization in F/A-18 automatic carrier landing system [J]. Aerospace Science and Technology,2015,42:187-195.

[26] RAO M K K VD, GO H T. Automatic landing system design using sliding mode control[J]. Aerospace Science and Technology,2014,32(1):180-187.

[27] GUAN Z Y, MA Y P, ZHENG Z W, et al. Prescribed performance control for automatic carrier landing with disturbance[J]. Nonlinear Dynamics, 2018, 94(2):1335-1349.

[28] WANG L P, ZHU Q D, ZHANG Z, et al. Modeling pilot behaviors based on discrete-time series during carrier-based aircraft landing[J]. Journal of Aircraft,2016,53(6):1-10.

[29] JUDD ,THOMAS M. A modified design concept, utilizing deck motion prediction for the A-7E automatic carrier landing system[R]. Monterey:[s. n.], 1973.

［30］ LUNGU M. LUNGU R. Automatic control of aircraft lateral-directional motion during landing using neural networks and radio-technical subsystems［J］. Neurocomputing,2016, 171: 471 – 481.

［31］ CRASSIDIS J L, MOOK D J. robust control design of an automatic carrier landing system［C］. Washington: AIAA Astrodynamics Conference, 1992: 1471 – 1481.

［32］ URNES J M. HESS R K. MOOMAW R F. Development of the navy H-Dot automatic carrier landing system designed to give improved approach control in air turbulence［C］. Washington :AIAA Guidance and Control Conference,1979: 491 – 501.

［33］ BHATTACHARY R, BALAS G J, KAYA M A,et al. Nonlinear receding horizon control of an F-16 aircraft［J］. Journal of Guidance, Control, and Dynamics, 2002, 25(5): 924 – 931.

［34］ CHOI H S, LEE S, LEE J, et al. Aircraft longitudinal auto-landing guidance law using time delay control scheme［J］. Transactions of the Japan Society for Aeronautical and Space Sciences,2010, 53(181): 207 – 214.

［35］ SCHUST A P, YOUNG P N, SIMPSON W R. Automatic Carrier Landing System (ACLS) Category Ⅲ Certification Manual［R］. Maryland:Naval Air Test Center, 1982.

［36］ STEINBERG M. A fuzzy logic based FA-18 automatic carrier landing system ［C］. Washington :AIAA Guidance, Navigation and Control Conference,1992.

［37］ SWEGER J F. Design specifications development for unmanned aircraft carrier landings: a simulation approach［R］. Annapolis: United States Naval Academy, 2003.

［38］ MARC E, ARNOLD D S, AUDEH N F. AN/SPN-46 precision approach landing system (PALS)［J］. IEEE Transactions on Aerospace and Electronic Systems, 1994, 30(3): 950 – 957.

［39］ ANDREW B, PETER O, ALEKSANDAR J, et al. JPALS performance model using a flexible simulation framework［C］. ［S. l. ］ :Proceedings of the 18th International Technical Meeting of the Satellite Division of The Institute of Navigation, 2005.

［40］ PRESTON G, TIM M. JPALS: scattering model for aircraft carrier multipath errors ［C］. San Diego: National Technical Meeting of the Institute-of-

Navigation, 2008.

[41] 董然. ACLS 纵向内回路控制系统研究[D]. 哈尔滨:哈尔滨工程大学,2013.

[42] 彭兢. 舰载飞机进舰着舰的自动引导和控制研究[D]. 北京:北京航空航天大学,2001.

[43] 朱齐丹,闻子侠,张智,等. 舰载机着舰侧回路混合 y_{ab} 模型参考 LPV 控制[J]. 哈尔滨工程大学学报,2013,34(1):83-91.

[44] 朱齐丹,王立鹏,张智,等. 舰载机着舰侧回路时变风险权值矩阵线性变参数预测控制[J]. 控制理论与应用,2015,32(1):101-109.

[45] 朱齐丹,孟雪,张智. 基于非线性动态逆滑模的纵向着舰系统设计[J]. 系统工程与电子技术,2014,36(10):2037-2042.

[46] 姜星伟,朱齐丹,闻子侠,等. 舰载机着舰侧向回路的滚动时域控制[J]. 计算机仿真,2013,30(6):90-93,120.

[47] 焦裕松,谢蓉,王新民,等. 超机动飞机的动态建模与控制律设计及仿真[J]. 控制与决策,2010,25(5):744-747,757.

[48] 巩鹏潇,詹浩,柳子栋. 舰尾流影响下的舰载机着舰控制与仿真研究[J]. 航空工程进展,2013,4(3):339-345,357.

[49] 黄得刚,章卫国,邵山,等. 舰载机自动着舰纵向控制系统设计[J]. 控制理论与应用,2014(12)1731-1739.

[50] 董文瀚,孙秀霞,林岩. 飞机纵向运动模型参考反推自适应 PID 控制[J]. 控制与决策,2007,22(8):853-858,863.

[51] 王敏,张晶,申功璋. 基于甲板运动预报的自动着舰系统综合设计[J]. 系统仿真学报,2010,22(51):119-122.

[52] 余勇,杨一栋,代世俊,等. 中性稳定的舰载飞机着舰模态研究[J]. 飞行力学,2002,20(4):22-26.

[53] 郑峰婴,杨一栋. 变后掠翼舰载机抗侧风自动着舰引导系统[J]. 飞行力学,2011,29(2):37-40.

[54] 袁锁中,杨京,龚华军,等. 着舰导引系统 H_∞ 控制器设计[J]. 南京航空航天大学学报,1998,40(4):3-5.

[55] 张智,李佳桐,董然,等. 针对舰艉流抑制的 ACLS 纵向控制律优化设计[J]. 哈尔滨工程大学学报,2016,37(6):802-811.

[56] 彭秀艳,王志文,吴鑫. 舰载机纵向自动着舰控制[J]. 智能系统学报,2011,6(2):172-177.

［57］刘凯，朱纪洪，余波. 推力矢量飞机纵向鲁棒动态逆控制［J］. 控制与决策，
2013，28（7）：1113 – 1116.

［58］陶杨，侯志强，贾忠湖. 舰载机进舰过程舰尾流仿真建模［J］. 兵工自动化，
2010，29（10）：9 – 12.

［59］彭兢，金长江. 航空母舰尾流数值仿真研究［J］. 北京航空航天大学学报，
2000，26（3）：340 – 343.

［60］焦鑫，江驹，王新华，等. 基于模型参考模糊自适应的舰尾流抑制方法［J］.
南京航空航天大学学报，2013，45（3）：396 – 401.

［61］王奇，吴文海，胡国才. 抗尾流干扰的自动着舰非线性控制研究［J］. 飞行
力学，2013，31（4）：317 – 320.

［62］代世俊，杨一栋，余勇. 基于 LMI 的 H_∞ 飞行/推力综合控制系统设计［J］.
南京航空航天大学学报，2002，34（4）：386 – 390.

［63］BUMROONGSRI P, KHEAWHOM S. Robust model predictive control with time-
varying tubes［J］. International Journal of Control Automation and Systems.
2017，15（4）：1479 – 1484.

［64］邵敏敏，龚华军，甄子洋，等. 基于 H_2 预见控制的舰载机自动着舰控制方
法［J］. 电光与控制，2015，22（9）：68 – 71.

［65］郑峰婴，龚华军，甄子洋. 基于积分滑模控制的无人机自动着舰系统［J］.
系统工程与电子技术，2015，37（7）：1621 – 1628.

［66］朱齐丹，孟雪，张智，等. 基于二阶滑模的着舰航迹角控制仿真研究［J］. 计
算机仿真. 2013，30（6）：103 – 106，283.

［67］YANG Q B, TIAN J, ZHAO T D. Safety is an emergent property：illustrating
functional resonance in air traffic management with formal verification［J］. Safety
science. 2017，93：162 – 177.

［68］TIAN J, DAI Y. Research on the relationship between mishap risk and time margin
for control：a case study for carrier landing of aircraft［J］. Cognition Technology &
Work,2014，16（2）：259 – 270.

［69］TIAN J, ZHAO T D. Controllability-involved risk assessment model for carrier –
landing of aircraft［C］. Reno：Annual Reliability and Maintainability Symposium
（RAMS），2012.

［70］ROSA M V, FERNANDO G C. LUIS M G, et al. The development of probabilistic
models to estimate accident risk（due to runway overrun and landing undershoot）

applicable to the design and construction of runway safety areas[J]. Safety Science, 2011, 49: 633 −650.

[71] TRUCCO P, AMBROGGI M D, LEVA M C. Topological risk mapping of runway of overruns: a probabilistic approach [J]. Reliability Engineering and System Safety, 2015, 142: 433 −443.

[72] MCCAULEY S G, NAGATI M G. An aircraft trajectory model for risk minimization [C]. Reno: AIAA 33rd Aerospace Sciences Meeting and Exhibit,1995.

[73] VIAN J L, MOORE J R. Trajectory optimization with risk minimization for military aircraft[J]. Journal of Guidance, Control, and Dynamics,1987, 12(2): 311 −317.

[74] OLIVEIRA R F, CHRISTOF B. Emergency flight replanning for minimum loss of life risk using a decoupled trajectory optimization approach[C]. Los Angeles:[s. n.],2013.

[75] RASHIDIAN B, NAGATI M G. An effcient algorithm for optimal aircraft trajectories [C]. Hilton Head Island :[s. n.],1992.

[76] RAJAN N, ARDEMA M D. Interception in three dimensions: an energy formulation [J]. Journal of Guidance, Dynamics and Control, 1985(8)23 −29.

[77] HEDRICK J K, ARTHUR E B. Three-dimensional, minimum-time turns for a supersonic aircraft[J]. Journal of Aircraft, 1972,9(2): 115 −121.

[78] DRINKWATER J L, MOLESWORTH B R C. Pilot see, pilot do-examining the predictors of pilots' risk management behaviour[J]. Safety Science,2010, 48 (10): 1445 −1451.

[79] HUNTER D R. Airman research questionnaire: methodology and overall results [R]. Washington:[s. n.],1995.

[80] HUNTER D R. Risk perception and risk tolerance in aircraft pilots [R]. Washington:[s. n.], 2002.

[81] HUNTER D R. Measurement of hazardous attitudes among pilots [J]. Journal of Aviation Psychology, 2005, 15: 23 −43.

[82] HUNTER D R. Risk perception amongst general aviation pilots[J]. International Journal of Aviation Psychology , 2006, 16(2): 135 −144.

[83] HUNTER D R. Retrospective and prospective validity of aircraft accident risk indicators[J]. Human Factors,2001, 43(4): 509 −518.

[84] JI M, YOU X Q, LAN J J, et al. The impact of risk tolerance, risk perception

and hazardous attitude on safety operation among airline pilots in China[J]. Safety Science,2011, 49(10): 1412 – 1420.

[85] KERYN P, DAVID O, MARK W. Risk tolerance and pilot involvement in hazardous events and flight into adverse weather[J]. Journal of Safety Research,2008, 39(4): 403 – 411.

[86] LE GARREC C, KUBICA F. In-flight structural modes identification for comfort improvement by flight control laws[J]. Journal of aircraft,2005, 42(1):90 – 93.

[87] BRINDISI A, CONCILIO A. Passengers' comfort modeling inside aircraft[J]. Journal of aircraft, 2008, 45(6):2001 – 2008.

[88] FAMULARO D, MARTINO D, MATTEI M. Constrained control strategies to improve safety and comfort on aircraft[J]. Journal of Guidance, Control, and Dynamics, 2008, 31(6): 1782 – 1792.

[89] BIZINOS N, REDELINGHUYS C. Tentative study of passenger comfort during formation flight within atmospheric turbulence[J]. Journal of aircraft, 2013, 50 (3): 886 – 900.

[90] RYOTA M. SHINJI S. Modeling of pilot landing approach control using stochastic switched linear regression model[J]. Journal of Aircraft,2010, 47(5): 1554 – 1558.

[91] HESS R A. Simplified approach for modelling pilot pursuit control behaviour in multi-loop flight control tasks[J]. Journal of Aerospace Engineering,2006, 220 (2): 85 – 102

[92] HESS R A. Modeling pilot detection of time-varying aircraft dynamics[J]. Journal of Aircraft,2012, 49(6): 2100 – 2104.

[93] HESS R A. Modeling pilot control behavior with sudden changes in vehicle dynamics[J]. Journal of Aircraft,2009, 46(5): 1584 – 1592.

[94] POOL D M, ZAAL P M, DAMVELD H J, et al. Modeling wide-frequency-range pilot equalization for control of aircraft pitch dynamics[J]. Journal of Guidance, Control, and Dynamics,2011, 34(5): 1529 – 1542.

[95] RICHARD C, ROGER F. Mixed sensitivity h-infinity control design with frequency domain uncertainty modeling for a pilot operated proportional control value[C]. ASME: Annual Dynamic Systems and Control Division Conference, 2012.

[96] HESS R A, MARCHESI F. Pilot modeling with applications to the analytical assessment of flight simulator fidelity[C]. Washington : AIAA Modeling and Simulation Technologies

Conference and Exhibit, 2008.

［97］ GE Z H, XU H J. LIU L. A Variable strategy pilot modeling and application ［C］. Harbin：［s. n. ］, 2007.

［98］ RYOTA M, SHINJI S. Neural network modeling of lateral pilot landing control ［J］. Journal of Aircraft,2009, 46(5)：1721 – 1726.

［99］ HOOKS J T, MCMURRY W S. Pilot behavior models for LSO training systems ［R］. Orlando：［s. n. ］,1983.

［100］谭文倩, EFREMOV A V,屈香菊. 一种预测驾驶员操纵行为的建模方法 ［J］. 北京航空航天大学学报,2010, 36(10)：1140 – 1144.

［101］高健, 郑淑涛, 李洪人. 基于跟踪补偿任务的飞行员感知模型[J]. 沈阳工业大学学报,2012, 34(1)：68 – 72.

［102］范晔, 袁锁中, 杨一栋. 着舰状态飞行员控制策略研究[J]. 飞行力学, 2008, 26(3)：37 – 40.

［103］胡恩勇, 袁锁中, 杨一栋. 跟踪控制状态飞行员建模研究[J]. 飞行力学, 2008, 26(4)：11 – 13,18.

［104］屈香菊, 崔海亮. 舰载机进舰任务中的驾驶员变策略控制模型[J]. 北京航空航天大学学报, 2003, 29(11)：993 – 997.

［105］薛红军, 庞俊锋, 栾义春, 等. 驾驶舱飞行员认知行为一体化仿真建模 ［J］. 计算机工程与应用, 2013, 49(23)：266 – 270.

［106］刘雁飞. 驾驶行为建模研究[D]. 杭州:浙江大学,2007.

［107］李晖. 舰载机着舰信号指挥官引导与评估技术研究[D]. 哈尔滨:哈尔滨工程大学, 2013.

［108］吴森堂, 费玉华. 飞行控制系统[M]. 北京:北京航空航天大学出版社,2005.

［109］方振平, 陈万春, 张曙光. 航空飞行器飞行动力学[M].北京:北京航空航天大学出版社,2005.

［110］肖业伦. 航空航天器运动的建模:飞行动力学的理论基础[M]. 北京：北京航空航天大学出版社, 2003.

［111］ CHAKRABORTY A, SEILER P, BALAS G J. Susceptibility of F/A-18 flight controllers to the falling-leaf mode：linear analysis［J］. Journal of Guidance, Control, and Dynamics,2011, 34(1)：57 – 72.

［112］ CHAKRABORTY A, SEILER P, BALAS G J. Applications of linear and nonlinear robustness analysis techniques to the F/A-18 flight control laws[C]. Chicago：AIAA Guidance, Navigation, and Control Conference,2009.

［113］闻子侠. 基于安全阻拦约束的舰载机引导着舰控制技术研究[D]. 哈尔滨：哈尔滨工程大学,2013.

［114］杨一栋，余俊雅. 舰载飞机着舰引导与控制[M]. 北京：国防工业出版社,2007.

［115］赵希人，彭秀艳. 随机过程基础及其应用[M]. 哈尔滨：哈尔滨工程大学出版社,2008.

［116］WANG L P, ZHANG Z, ZHU Q D. Automatic flight control design considering objective and subjective risks during carrier landing[J]. Proceedings of the Institution of Mechanical Engineers Part I-Journal of Systems and Control Engineering,2020, 234(4)：446－461.

［117］EASTBURG S R. Natops Landing Signal Officer Manual[R]. Patuxent River：[s. n.], 2004.

［118］RASMUSSEN J. The role of hierarchical knowledge representation in decisionmaking and system management[J]. IEEE Transactions on Systems, Man and Cybernetics, 1985, 15：234－243.

［119］SMITH R H. The landing signal officer：a preliminary dynamic model for analysis of system dynamics[R]. Warminster：[s. n.], 1973.

［120］XIA L M, YANG B J, TU H B. Recognition of suspicious behavior using case-based reasoning[J]. Journal of Central South University,2015, 22(1)：241－250.

［121］MORI R, SUZUKI S. Neural network analysis of pilot landing control under real flight condition[C]. Reno：AIAA,2008.

［122］XU S T, TAN W Q, EFREMOV A V, et al. Review of control models for human pilot behavior[J]. Annual Reviews in Control, 2017, 44：274－291.

［123］HEFFLEY R K. Outer-loop control factors for carrier aircraft[R]. Washington：Naval Air Systems Command,1990.

［124］PHILLIPS J M. ANDERSEN M R. A variable strategy pilot model[C]. Washington：Atmospheric Flight Mechanics Conference,2000.

［125］VIRTANEN K, RAIVIO T, HAMALAINEN R P. Modeling pilot's sequential maneuvering decisions by a multistage influence diagram[J]. Journal of Guidance, Control, and Dynamics,2004, 27(4)：665－677.

[126] RUDOWSKY T, COOK S, HYNES M. Review of the carrier approach criteria for carrier-based aircraft [R]. Patuxent River: Naval Air Systems Command,2002.

[127] XU C C, LIU P, WANG W, et al. Effects of behavioral characteristics of taxi drivers on safety and capacity of signalized intersections[J]. Journal of Central South University,2014, 21(10): 4033 – 4042.

[128] 朱齐丹,李晖,夏桂华,等. 舰载机着舰风险动态多属性决策[J]. 哈尔滨工程大学学报, 2013, 34(5): 615 – 622.

[129] JOHNSTONE R B. Development of the wave off decision device and its relationship to the carrier approach problem [C]. Washington: AlAA Guidance, Conlrol, and Flight Dynamics conference, 1968.

[130] DAVIES W D T, NOURY R. AN/SPN-42 automatic carrier landing system [R]. New York : Bell Aerospace Division of Textron, 1974.

[131] LUNGU R, LUNGU M. Design of automatic landing systems using the H-inf control and the dynamic inversion [J]. Journal of Dynamic Systems, Measurement, and Control-Transactions of the ASME. 2016, 138(2): 1 – 5.

[132] TIAN J, WU Y, WANG X Y. Hazard analysis based on human-machine-environment coupling [C]. Lake Buena Vista : Annual Reliability and Maintainability Symposium (RAMS), 2011.

[133] LI X L, TIAN J, ZHAO T D. An improved zonal safety analysis method and its application on aircraft CRJ200[C]. Barcelona:3rd International Conference on Availability, Reliability and Security, 2008.

[134] ZHEN Z Y, JIANG S Y, MA K. Automatic carrier landing control for unmanned aerial vehicles based on preview control and particle filtering[J]. Aerospace Science and Technology,2018, 81: 99 – 107.

[135] KWON S J. Artificial neural networks[M]. New York:Nova Science Publishers,2011.

[136] HOOKS T, BUTLER E A. Design study for an auto-adaptive landing signal officer (LSO) training system [R]. Orlando : Naval Training Equipment Center, 1978.

[137] LI Y Z, FU L M, CHANG S T. The design of LSO integrated decision model [C]. Qingdao:27th Chinese Control and Decision Conference ,2015.

[138] ROBERTSON R M. MAXWELL D W. WILLIAMS C E. The landing signal

officer-auditory aspects [R]. Pensacola : Naval Aerospace Medical Research Laboratory, 1979.

[139] LIANG Y W. Testing an intelligent landing signals officer (LSO) agent for conducting pilot training in a helicopter deck landing simulator [C]. Beijing: 2005 International Conference on Neural Networks and Brain, 2005.

[140] RICHARDS R. Artificial intelligence techniques for pilot approach decision aid logic (PADAL) system [R]. Lakehurst : Naval Air Warfare Center Aircraft Divsion ,2000.

[141] LU Y H, ARKUN Y. Quasi-Min-Max MPC algorithms for LPV systems [J]. Automatica,2000, 36(4): 527 – 540.

[142] KIM T H. SUGIE T. PARK J H. Output feedback model predictive control for LPV systems based on quasi-min-max algorithm [J]. Automatica,2011, 47(9): 2052 – 2058.

[143] KOTHARE M V, BALAKRISHNAN V, MORARI M. Robust constrained model predictive control using linear matrix inequalities [J]. Automatica, 1996, 32 (10): 1361 – 1379.

[144] YAGHOBI M, HAERI M. A new stabilizing GPC for nonminimum phase LTI systems using time varying weighting [C]. Istanbul: 4th World Enformatika Conference, 2005.

[145] WU L G. ZHENG W X. Weighted H_ model reduction for linear switched systems with time-varying delay [J]. Automatica,2009, 45(1): 186 – 193.

[146] 王伟,杨建军,吕博. 基于观测器的鲁棒模型预测控制算法 [J]. 控制与决策,2001, 16(5): 557 – 560,564.

[147] 王伟,杨建军.输入受限系统的滚动时域预测控制 [J]. 自动化学报, 2002, 28(2): 251 – 255.

[148] REBLE M, QUEVEDO D E, ALLGOWER F. Improved stability conditions for unconstrained nonlinear model predictive control by using additional weighting terms [C]. Hawaii: 51st IEEE Annual Conference on Decision and Control (CDC) Maui,2012.

[149] PLUYMERS B, SUYKENS J. MOOR B D. Linear MPC with time-varying terminal cost using sparse convex combinations and bisection search [C]. San Diego : 43rd IEEE Conference on Decision and Control, 2004.

［150］ HOVD M, OLARU S. Piecewise quadratic lyapunov functions for stability verication of approximate explicit MPC［J］. Modeling Indentification and Control, 2010, 31(2): 45 –53.

［151］ 贾亮亮. 舰载机着舰环境扰动影响及其响应分析［D］. 南京:南京航空航天大学, 2013.

［152］ ALESSANDRI A, BAGLIETTO M, BATTISTELLI G. On estimation error bounds for receding-horizon filters using quadratic boundedness［J］. IEEE Transactions on Automatic Control, 2004, 49(8): 1350 –1355.

［153］ DING B C, PAN H G. Output feedback robust MPC with one free control move for the linear polytopic uncertain system with bounded disturbance［J］. Automatica, 2014, 50(11): 2929 –2935.

［154］ LIMON D, ALVARADO I, ALAMO T, et al. Robust tube-based MPC for tracking of constrained linear systems with additive disturbances［J］. Journal of Process Control, 2009, 20(3): 248 –260.

［155］ LUCA A, PEDRO R A, DIDIER D, et al. Buck DC-DC converter control using invariant sets techniques［C］. Valletta: Melecon 2010—2010 15th IEEE Mediterranean Electrotechnical Conference, 2010.

［156］ ALESSANDRI A, BAGLIETTO M, BATTISTELLI G. Design of state estimators for uncertain linear systems using quadratic boundedness［J］. Automatica, 2005, 42(3): 497 –502.

［157］ JALALI A A, MOHAMMADKHANI M A, BAYAT F. Design of explicit model predictive control for constrained linear systems with disturbances［J］. International Journal of Control, Automation, and Systems, 2014, 12(2): 294 –301.

［158］ MAYNE D Q, SERON M M, RAKOVIC S V. Robust model predictive control of constrained linear systems with bounded disturbances［J］. Automatica, 2005, 41(2): 219 –224.

［159］ BUMROONGSRI P, KHEAWHOM S. Off-line robust constrained MPC for linear time-varying systems with persistent disturbances［J］. Mathematical Problems in Engineering, 2014, 20(14): 1 –8.

［160］ 俞立. 鲁棒控制:线性矩阵不等式处理方法［M］. 北京:清华大学出版社, 2002.

［161］ 平续斌,丁宝苍. 动态输出反馈鲁棒模型预测控制离线算法［J］. 自动化学

报,2013,39(6):790－798.

［162］平续斌,丁宝苍,韩崇昭. 动态输出反馈鲁棒模型预测控制［J］. 自动化学报,2012,38(1):31－37.

［163］YANG J, LI S H, CHEN X S, et al. Disturbance rejection of dead-time processes using disturbance observer and model predictive control［J］. Chemical Engineering Research & Design,2010,89(2A):125－135.

［164］刘志林. 分段仿射系统的控制器设计及预测控制方法研究［D］. 哈尔滨:哈尔滨工业大学,2007.